DAS HOHE VENN VON A - Z

Günter Metz

DAS HOHE VENN VON A-Z

GEV

Gewidmet meiner Frau Anneliese und meinen Söhnen Bodo, Ansgar und Erik

„Man sieht nur, was man weiß."
Theodor Fontane

Zum Geleit

Abseits der großen Verkehrswege erstreckt sich im deutsch-belgischen Grenzgebiet zwischen Monschau, Eupen und Malmedy eine weiträumige Moorlandschaft von herbem Reiz, das Hohe Venn, das sich zunehmend zu einem Anziehungspunkt für Naturfreunde und Erholungssuchende aus den Ballungsgebieten entwickelt hat. Dieser letzten natürlichen Lebensgemeinschaft Westeuropas, einer anfälligen und verletzlichen Landschaft, sind besonnene und empfindsame Besucher zu wünschen, die angenehmes Wandern mit nützlichem Wissen zu verbinden suchen.

In einer so einzigartigen und geschichtsträchtigen Landschaft wie dem Hohen Venn sollte man nicht nur die Natur mit offenen Augen genießen, sondern auch Hintergründe wahrnehmen und Verständnis gewinnen wollen. Diesem Ziel dient das vorliegende Nachschlagewerk.

Wissenswertes über Natur und Geschichte dieser Landschaft ist nach Stichwörtern alphabetisch geordnet. Der sprachlichen Grenzlage gemäß ist vieles zweisprachig erwähnt und im Sachverzeichnis ebenso aufgeführt. Der Verfasser hat sich um Vollständigkeit bemüht, ist aber dankbar für jeden Hinweis auf Fehlendes.

Man sagt leichthin, im Venn sei sechs Monate Winter und in den übrigen sechs Monaten nur schlechtes Wetter. Quod erit demonstrandum – was durch Wandern zu beweisen oder zu widerlegen wäre.

So möge dieses Buch all denen ein hilfreicher Begleiter sein, die das Hohe Venn schätzen, lieben und bewahren.

Aachen, im Frühjahr 1995
Günter Metz

Adamsweg (Vôye Adam)

Großes Weghalbrund vom Forsthaus Botrange zwischen dem Turm von Botrange und Sourbrodt bis zur Malmedyer Straße zwischen Baraque Michel und Mont Rigi. Er durchquert das Neûr Lowé-Venn, umrundet das Polleurtal und durchzieht das Waldstück Herbofaye. Er verläuft im östlichen Teil in den Spuren eines alten Weges von Hockai nach Kalterherberg und folgt im Westen der alten Linie Malmedy-Eupen. Ein Unternehmer namens Adam soll ihn um 1900 als erster beschottert haben.

Allée des Deux-Séries (Zweiserienschneise)

Bei der ab 1878 nach preußischem Vorbild beginnenden belgischen Fichtenaufforstung im Hohen Moor (Dûrèt, Fagne des Deux-Séries, Zweiserienvenn) angelegte Hauptschneise. Sie entstand um 1900 und verläuft in 2,5 km Länge schnurgerade von der Dûrètschneise (Vennschutzrand) zwischen Noir Flohay und Geitzbusch bis zur Hill und damit an den Rand des Wallonischen Venns.
Die weiträumige Aufforstung war in zwei Forstbezirke oder Serien aufgeteilt, Dûrèt und Geitzbusch. Die Hauptschneise bildete die Trennlinie der zwei Serien und wurde danach benannt, später die gesamte Vennfläche. Dränung und Fichtenanpflanzung wurden nach dem großen Vennbrand von 1911 eingestellt.

Allée de l'incendie

Sie wurde benannt nach dem Waldbrand (frz. incendie), der 1887 in dieser Gegend wütete. Sie ist eine der längsten Schneisen des Hertogenwaldes und verläuft geradlinig von der Straße Eupen-Belle Croix zur Forststraße von Millescheid.

Allée des Deux Maisonettes (Zweihüttenweg)

Verbindungsweg zwischen den Forsthütten Hasenbusch (Pavillon de Hasebusch) und Siebeneichen (Pavillon de Seveneiken) im Hertogenwald. Er verläuft von der Soor in Richtung Hill.

Allée du Tir

Grünschneise des Herzogenwaldes im Gebiet Longchamp von der Forsthütte Hasenbusch in Richtung Elsenbrouck. Sie wurde benannt nach dem Übungsschießen, das die Soldaten der Eupener Kaserne hier um 1920 abhielten.

Allgemeines Venn

Südwestlich an das Steinleyvenn angrenzendes Venngebiet, von diesem durch den Reinartzhofer Weg getrennt. Urwüchsig und unbegehbar, am Südwestrand von der Getz durchflossen. Es weist zahlreiche Pingos und Palsen auf. Früher diente es der gemeinsamen Nutzung der umliegenden Dörfer, insbesondere Mützenich. Danach wurde es benannt. Der Konnerzvenn genannte Teil östlich des Entenpfuhler Weges trägt vermutlich den Namen eines früheren Pächters, wie auch benachbart die Konnerzmauer und die Konnerzfelder mit dem Familiennamen Konnertz oder Kauves in Verbindung gebracht werden.

Alte Fichten oder Urfichten (Vieux Epicéas)
Etwa 130 Jahre alter Restbestand an der Hill nahe der Einmündung des Ternellbachs. Die Fichten sind bei 3 Metern Stammumfang bis 40 m hoch und enthalten bis zu 12 Kubikmeter Stammholz.

Alter Weg Sourbrodt - Jalhay - Limburg
Wichtiger und bedeutender alter Handelsweg für den lebhaften Verkehr des Trierer Landes und des Herzogtums Luxemburg mit dem Herzogtum Limburg über das Hohe Venn hinweg.
Seine Bedeutung für die damalige Zeit ist heute noch erkennbar an großen und weithin sichtbaren Wegzeichen: Hauptmannsäule, Boulté, Panhaussäule, Kreuz von Hêvremont, teils mit Jahreszahlen von 1566. Man nannte diesen Handelsweg den „königlichen Weg von Limburg nach Luxemburg über Jalhay und Sourbrodt".

Amerikanisches Fliegerdenkmal (Monument Americain)

Nahe der südwestlichen Randschneise des Naturschutzgebietes Großes Moor (Grande Fange) im Waldgebiet Gayetai. Ein dreiflügliger Propeller auf einem Quarzitblock und ein schlichtes Holzkreuz mit der Inschrift „Aux aviateurs Americains" erinnern an zehn amerikanische Flieger, die hier den Tod fanden, als am 07. 04. 1945 zwei ihrer Dakotas C47 im Nebel zusammenstießen.
Die Erinnerungsstätte wurde 1947 errichtet; sie wird unterhalten vom militärgeschichtlichen Zentrum Ensival.

Anglo-kanadisches Fliegerdenkmal (Monument Anglo-Canadien)
Errichtet 1947 im Malchampsvenn am Rande der Vekée zur Erinnerung an 7 englische und kanadische Flieger, die hier am 23.04.1944 abgestürzt sind. Auf einem Bruchsteinsockel steht ein stilisierter Adler, eine Bronzeplatte enthält die Namen der Gefallenen.

Anpflanzen von Fichten
Vor der Anpflanzung von Fichten auf nassen und moorigen Böden wurde zunächst systematisch entwässert:
- Anlegen eines Netzes gleichlaufender Drängräben von einem Meter Breite und 40 cm Tiefe in Abständen von 12 m, die in Sammelgräben mündeten;
- die Erdschollen des Grabenaushubs wurden in Reihen geordnet und mit Fichten bepflanzt;
- diese hatten 1,5 m Abstand nach allen Seiten;
- die Setzlinge waren etwa zwei Jahre alt.
Heute werden auf nassen und moorigen Böden keine Fichten mehr angepflanzt, da die flachen Wurzeln sich nur ungenügend entwickeln und Windbrüche daher recht häufig sind. Auch das geringe Wachstum und die nur mittelmäßige Holzqualität lassen trotz Entwässerung die Anpflanzung von Fichten nicht mehr sinnvoll erscheinen.
Abgesehen von der landschaftsverändernden Befichtung mooriger Vennflächen, die damals als Ödland galten, war die Aufforstung der Waldgebiete im Hohen Venn unumgänglich. Der Zustand der Wälder im Hohen Venn wie auch in der Eifel war um die Mitte des 19. Jahrhunderts trostlos. Buchen- und Eichenbestände waren weitflächig zu Holzkohle vermeilert worden für den Bedarf der Eisen- und Messingindustrie (wie z. B. im Rurbusch). Ungehinderte Winde hatten die Bodendecke verdichtet und ausgetrocknet. Eine Aufforstung mit Buchen und Eichen als dem einzigen anerkannten Nutzholz versprach daher keinen Erfolg. Die Fichte galt zu dieser Zeit noch nicht als Nutzholz. Im Meiler verbrannte sie zu schnell, war für den Hausbau nach damaligen Vorstellungen unbrauchbar und erzielte auf dem Holzmarkt keine Gewinne. Auch ließen ihre Waldun-

Eichenbeständen keine Schweinemast zu. Die preußischen Aufforstungen waren daher unbeliebt, die Fichte als „Preußenbaum" verhaßt. Sie sollte zunächst nur Vorwald sein, mit ihren Wurzeltellern den Boden lockern und für wertvollere Holzarten vorbereiten.
Der industrielle Aufschwung brachte jedoch bald eine gewaltige Nachfrage nach leichtem Bauholz für den Haus-, Berg- und Schiffbau. Auch die Papierindustrie benötigte große Mengen Fichtenholz. Seitdem übertrifft die Fichte mit ihrem schnellen Wachstum in wirtschaftlicher Hinsicht alle anderen Baumarten.

Apfelbaum Herrestadt
Der südliche Teil des Kutenhartvenns, früher ein Rastwäldchen für die Herden von Mützenich und Lauscheid. Ein wilder Apfelbaum war das Merkzeichen dieser abgelegenen Gegend. Den Namen deutet Jean de Walque als Heerstatt, eine militärische Raststelle am römischen Weg vom Brackvenn nach Hattlich. Im Westen dieses etwa einen Hektar umfassenden Gebietes ist ein Steinhügel bemerkenswert, vermutlich Überreste eines Bauwerks.

Apollinaire, Guillaume (1880 Rom- 1918 Paris)
Eigentlich Wilhelm Apollinaris de Kostrowitzky, uneheliche Sohn einer polnischen Adligen, Angélica Kostrowitzky, und eines italienischen Offiziers, Graf Francesco di Aspremont. Verlebte Kindheit und Jugend in Italien, Monaco, Nizza und Paris mit der Mutter, einer Lebedame. Guillaume Apollinaire verbrachte 1899 drei Sommermonate in Stavelot (Hôtel du Mal Aimé), eine „Saison seiner Jugend", verliebte sich in Marie Dubois und erwanderte die belgischen und deutschen Venngebiete. Die Mutter widmete sich derweil den Spielfreuden im Casino Spa. Apollinaire war ein genialer, für das 20. Jahrhundert richtungweisender Lyriker. Er führte den Kubismus in die Lyrik ein, war Wegbereiter des Surrealismus und des absurden Theaters. Er lebte als Bohemien und unterhielt Freundschaften mit kubistischen und futuristischen Malern (Picasso, Matisse, Delaunay, Max Jacob). Bekannte Gedichte: „La Chanson du Mal-Aimé", „Alcools", „La Jolie Rousse". 1914 zieht er, inzwischen französischer Staatsbürger, als Freiwilliger in den Weltkrieg und erleidet 1916 eine schwere Kopfverletzung.

Ardennenoffensive (Unternehmen „Wacht am Rhein")
Nachdem die Alliierten die alte Reichsgrenze erreicht hatten und die Oberbefehlshaber Eisenhower und Montgomery sich über den weiteren Vormarsch nicht einig waren, beschloß Hitler am 12. Dezember 1944 in seinem neuen Hauptquartier in Ziegenberg bei Frankfurt mit den letzten Reserven den bereits

vorbereiteten Vorstoß durch die Ardennen. Am 16. Dezember 1944 treten auf einer Frontlänge von 100 km zwischen Monschau und Echternach (Luxemburg) die deutschen Truppen zum Sturm an. Das schlechte Wetter sollte die alliierte Lufthoheit ausschalten. Ziel der Operation war die Vernichtung des Feindes nördlich der Linie Antwerpen-Brüssel-Bastogne, die Eroberung des Nachschubhafens Antwerpen und die Wiedererlangung der Initiative an der Westfront.
240.000 deutschen Soldaten mit 420 Panzern und 1.900 Artilleriegeschützen standen 83.000 britische und amerikanische Soldaten mit 700 Panzern, 400 Artilleriegeschützen und überlegenen Luftstreitkräften gegenüber. Die Alliierten waren zunächst überrascht, der deutsche Angriff in fünf Stoßkeilen gewann Raum.
Die Entscheidung fiel bereits in der Nacht vom 17. auf den 18. Dezember 1944. Die 101. amerikanische Luftlandedivision gewann das Wettrennen mit der 5. deutschen Panzerarmee um Bastogne. Treibstoff- und Munitionsmangel sowie die alliierten Luftangriffe auf den deutschen Nachschub ließen die Großoffensive scheitern. St.Vith, der Bahnknotenpunkt, und Malmedy wurden Weihnachten 1944 durch alliierte Luftangriffe zerstört.
Am 8. Januar 1945 befahl Hitler den Rückzug, am 16. Januar standen die deutschen Truppen wieder in ihren Ausgangsstellungen. Die Verluste waren auf beiden Seiten hoch: 20.000 Tote, 40.000 Vermißte, 80.000 Verwundete und unzählige Opfer unter der Zivilbevölkerung. Auch die Vennhochfläche war ins Kampfgebiet einbezogen. Den Durchbruch von Volksgrenadieren durch das Hohe Venn sollte das „Luftlandeunternehmen Stösser" unterstützen. In der Nacht zum 17. Dezember 1944 sprangen 800 Fallschirmjäger über Baraque Michel und Mont Rigi ab. Nach zwei Tagen sammelten sich 300 bei Mont Rigi, die übrigen waren abgetrieben und zerstreut. Oberstleutnant Friedrich August von der Heydte, der mit etlichen Ju 52 und 1200 Mann von den Flugplätzen Paderborn und Bad Lippspringe gestartet war, befahl daraufhin den Rückzug.

Asymmetrische Täler
Sie entstanden in der Tundrazeit bei Dauerfrost durch Wind und Schmelzwasser. Diese bildeten ungleiche Talseiten aus, einen Steilhang und einen Flachhang. Ein Beispiel für diese Asymmetrie ist das Polleurtal unterhalb des Poleurvenns, das Tal von Beauloup oder Béleu (frz. boulaie = Birkenwald). Näheres unter „Polleurbach".

Averscheider Wald (Bois d'Averscheid)
Zwischen Sourbrodt und dem südöstlichen Rand des Naturschutzgebietes Wallonisches Venn. Ende 1944 während der Ardennenoffensive (Rundstedt-Offen-

sive) Standort einiger deutscher Artilleriegeschütze in ausgehobenen Erdmulden mit riesigen Munitionsvorräten im „ballistischen Schatten".

Der Name stammt vermutlich aus dem keltischen *Uerisca* = die (im Hinblick auf das benachbarte Venn) höher gelegenen Gewässer. Abgewandelt entstehen Uerischeid, Verischeid und An Verscheid.

Balloch

Das sumpfige Quellgebiet der Weser im nördlichen Steinleyvenn. Den Namen deutet Jean de Walque als vorkeltisch im Sinne von „fließendes Wasser", abgeleitet von Bal- oder Bar-.

Baltiahügel (Butte Baltia)

Treppenhügel (Erdaufwurf) links neben dem Turm von Botrange, 1923 vom belgischen Hochkommissar Generalleutnant Baron Baltia aus Malmedy errichtet. Mit dem 6 m hohen Hügel „mogelte" er die Oberfläche der Bodenplatte von Botrange, mit 694 m die höchste Erhebung Belgiens, auf genau 700 m. Der Hügel gilt als belgischer Höhenmessungspunkt. Baron Baltia war Gouverneur des von 1920 bis 1925 bestehenden Gouvernements Eupen-Malmedy.

Baraque Michel

Michel Schmitz und seine Familie als Retter der Verirrten. Eine schlichte Datentafel soll das Wirken von Michel Schmitz und seiner Familie sowie die Geschichte der nach ihm benannten Baraque Michel im folgenden nachvollziehen.

25.10.1758: Michel Schmitz wird in Sinzig am Rhein geboren.

um 1798: In den napoleonischen Wirren verlegt Schmitz seinen Wohnsitz nach Jalhay.

12. 10. 1799: Er heiratet Margarete Josepha Pottier aus Jalhay und zieht mit ihr auf den schwiegerelterlichen Hof nach Herbiester. Seinen Lebensunterhalt verdient er als Schneider und durch landwirtschaftliche Arbeit.

11. 10. 1800: Sohn Heinrich Joseph Schmitz wird in Herbiester geboren.

um 1808: Michel Schmitz soll sich auf der Hochfläche des Venns verirrt und nach seiner Rettung gelobt haben, hier eine Hütte zur Rettung Verirrter zu bauen. Die Hütte (Baraque), gelegen etwa an der Wegegabel von Jalhay nach Malmedy und Sourbrodt, war bereits auf der Tranchotkarte von 1808 vermerkt.

1809 : Tochter Maria Josepha Schmitz in Herbiester geboren.

1811-1819: In dieser Zeit soll bereits ein bescheidener Steinbau entstanden und erweitert worden sein.

09. 12. 1819: Michel Schmitz stirbt. Frau Schmitz zieht mit den beiden Kindern in das Haus auf der Vennhöhe, um das Werk ihres Mannes fortzusetzen. Der einfache, schreibunkundige Mann hatte als „Eremit vom Venn" vielen verirrten Reisenden aus der Lebensgefahr geholfen.

Dez. 1826: Der Kaufmann de Rondchêne aus Malmedy verirrt sich bei der Jagd und wird von der Familie Schmitz gerettet. Er gelobt, auf der Höhe des Venns eine Kapelle zu bauen.

1827: Chevalier Henri Fischbach-Toussaint, seit 1803 Lederfabrikant in Malmedy und Schwiegersohn von de Rondchêne, läßt an der Baraque Michel eine kleine, alte Signalglocke von 1589 anbringen und richtet das sog. „Eiserne Buch" (livre de fer) ein, mit metallenen Beschlägen, in das sich alle von der Familie Schmitz Geretteten eintragen sollten. Die Buchseiten werden vom Bürgermeister von Jalhay numeriert. Schon 1828/29 wurden 14 Menschen durch die Glocke aus Lebensgefahr gerettet.

um 1830: Fischbach läßt die verfallenden Gebäude der Baraque Michel wiederherstellen und durch Stall und Scheune erweitern. Er kauft der Familie Schmitz Grundstücke zur Anlage von Wiesen, Hafer- und Kartoffelfeldern und eines Gemüsegartens, damit ihnen der weite Weg in die umliegenden Dörfer erspart bleibt.

14. 07. 1831: Nahe dem Haus der Familie Schmitz wird eine kleine Kapelle eingeweiht, von Henri Fischbach erbaut in Erfüllung des Gelübdes des Schwiegervaters und zu Ehren „Unserer lieben Frau von der immerwährenden Hilfe" (Notre Dame de Bon Secours", auch „Petite Notre Dame" genannt). Familie Schmitz bedient das Leuchtfeuer im Türmchen und die Glocke.

1836: Durch die Familie Schmitz sind bisher 93 Verirrte gerettet worden. Maria Josepha Schmitz erhält eine königliche Belohnung von 50 Franken.

1842: Im Eisernen Buch sind bis dahin 126 Gerettete verzeichnet.

1850: Der Bau der Straße Eupen-Malmedy beginnt.

1853: Heinrich Joseph Schmitz stirbt, Nachfolger ist sein Sohn Heinrich Michel Schmitz.

1856: Die Landstraße Eupen-Malmedy ist fertiggestellt, die Zeiten des armseligen und unsicheren Karrenwegs sind vorbei. Baraque Michel wird Relaisstation für die preußischen Postkutschen. Am 08. 09. 1856 fährt die erste Postkutsche von Eupen nach Malmedy.

1860: Letzte Eintragung ins Eiserne Buch. Zum Gedenken an den Tod der Angestellten Anna Catherine Sarlette von der Baraque Michel am 21.08.1860 stiftet deren Vater ein Holzkreuz, das 1861 an der Hauswand befestigt wurde. Dort hängt es heute noch wie auch unter einem kleinen Schutzdach das Glöckchen mit der Jahreszahl 1589. Da die neue Straße westlich des vorherigen Karrenwegs verläuft und die Baraque Michel der neuen Straße die Rückseite zukehrte, wurde aus deren Material das neue Haus an der jetzigen Stelle erbaut. Die gegenüberliegenden Stallungen blieben erhalten.

14. 09. 1889: Baraque Michel wird bei einem Brand vernichtet, ebenso das Eiserne Buch. Zufällig wurden einige Wochen vor dem Brand von Vennfreunden aus Verviers Abschriften hergestellt, die erhalten sind. Die Gebäude werden wieder aufgebaut.

1894: Der letzte Nachfahr des Michel Schmitz, sein Enkel Heinrich Michel Schmitz, stirbt kinderlos.

1919: Nach mehrmaligem Besitzerwechsel erwirbt Marcel Delincé die Baraque Michel. Er bleibt bis 1954.

1929: Marcel Delincé erweitert die Gast- und Übernachtungsräume durch einen großen Anbau, die noch bestehenden Stallungen gegenüber werden abgerissen. Dieser Zustand besteht noch heute. Die Herkunft der Bezeichnung „Baraque Michel" ist strittig. Naheliegend ist „La Baraque de Michel", Michels Hütte. Dagegen spricht die Meinung, es heiße „Michel de la braque", also *Michel vom Brack* (= schlechtes Gelände); vgl. Brackwasser, Brackvieh, brackig. Überdies hatte dieses Gebiet schon jahrhundertelang den Namen „Communes Saint Michel" nach dem Schutzpatron der Kirche von Jalhay, wie noch heute auf den Karten der „Amis de la Fagne" verzeichnet. Die Bezeichnung „Baraque Michel" wurde 1838 von der Gemeinde Jalhay in „Hameau Fischbach" (Weiler Fischbach) umbenannt in der Erwartung, hier werde eine Ortschaft entstehen. Chevalier Fischbach hatte dies angeregt, doch kam der Name nicht über die Archive hinaus. Baraque Michel in 674 m Höhe ist heute Belgiens höchstgelegenes Hotel und ein Anziehungspunkt des modernen Fremdenverkehrs.

Bastin, Abbé Joseph (1870-1939)
Geistlicher aus Faymonville, Sprachwissenschaftler und Vennforscher, Religionslehrer am Staatlichen Gymnasium in Malmedy und Direktor eines freien Internats. Stieß im Sommer 1932 zwischen Drossart und Les Wéz auf einer Länge von 7 km auf die Via Mansuerisca. Er veranlaßte drei Freilegungen der Römerstraße:

- an der Hill bei Les Wéz,
- nördlich des Wäldchens Brochepierre (Steinmann)
- und im Waldgebiet Les Biolettes. Ein kleines Fichtenwäldchen unweit der Hillausgrabungsstelle erhielt ihm zu Ehren den Namen Bouquet Bastin (Bastinwäldchen).

Bayehon

Das Quellgebiet dieses Bachs liegt westlich von Botrange. Der Bach durchfließt das Neûr Lowé-Venn, bildet bei der alten Eiche von Longfaye ein urtümliches Tälchen mit alten Wacholderbeständen und Neupflanzungen und stürzt sich als stürmischer Wildbach in zwei Wasserfällen zu Tal (Cascades de Bayehon). Der große Bayehonwasserfall ist mit neun Metern Fallhöhe der höchste des Hohen Venns. Von einer hohen Klippe stürzt der Bach im tiefen Taleinschnitt in eine prächtige Felskufe. Nach Unterqueren der Landstraße Longfaye-Ovifat erreicht er die Bayehonmühle (Moulin de Bayehon), nimmt den Zusammenfluß der beiden Vennbäche Ruisseau du Pouhon und Rû de Rognay auf, die vorher die Fliehburg Hoffrai-Longfaye umrunden und mündet nach 8 km Gesamtlänge in die Warche. Die Namensherkunft ist ungeklärt.

Bayehonmühle (Moulin de Bayehon)

Sie liegt am Unterlauf des romantischen Bayehonbachs in unmittelbarer Nähe der Landstraße Longfaye-Ovifat. Um 1875 zunächst als Getreidemühle erbaut, seit 1938 auch als Gaststätte und Pension betrieben. Der Mühlenbetrieb wurde nach 1945 aufgegeben.

Beirbum (Birnbaum, Vennhorn)

Er bezeichnete die Grenze zwischen der Reichsabtei Kornelimünster und dem Herzogtum Limburg und wurde 1607 aufgestellt nach cincm Treffen der Vertreter des Herzogtums und der Hauptstadt Limburg, der Bank Walhorn und des Abts Heinrich von Gertsen, genannt Sinzig, „mit vielen Untertanen". Deutlich lesbar ist die Inschrift „Beirbum", ein Cornelyhorn ist aus dem Stein herausgemeißelt. Das Horn des Auerochsen war zeitweilig ein Hoheitszeichen der Reichsabtei Kornelimünster. Aus dem Lateinischen übersetzt, bedeutet *Cornelius* „das kleine Horn". Bereits 1646 beschrieben als „Pfahl am Bierbäumgen", heißt der Stein später „Pierboom" und 1807 „Birnbaum". Der Name „Am Birnbäumchen" geriet in Vergessenheit. Bis heute erhalten hat sich die Bezeichnung „Am Vennhorn" nach dem wunderschön gestalteten Cornelyhorn. Der Beirbum steht neben dem deutsch-belgischen Grenzstein 895 von 1920, nordwestlich des Genagelten Steins zwischen Inde und Landstraße Münsterbildchen-Roetgen.

Belgische Hauptwanderwege (Sentiers de Grande Randonnée)

Der GR 5 ist der belgische Abschnitt des europäischen Fernwanderweges von den Niederlanden bis zum Mittelmeer. Er ist markiert mit weiß-roten Querstreifen. Doppelte Querstreifen zeigen eine Richtungsänderung an, gekreuzte Querstreifen sind dagegen ein Hinweis auf eine falsch eingeschlagene Richtung.
Der **GRE** (Sentier de **G**rande **R**andonnée des Cantons de l'**E**st) markiert mit den Hinweiszeichen des GR die Wanderwege in den belgischen Ostkantonen. Zuständig für die Hauptwanderwege im belgischen Naturpark Hohes Venn / Eifel ist das „Comité National Belge des sentiers de Grande Randonnée" in Lüttich.

Bellesforter Brücke

Um 1840 erbaute Weserbrücke im Verlauf der Forststraße vom Vennkreuz über den Dombend (Thomaswiesen). Bis dahin Bellesfurt, Weserfurt des Öslinger Weges von Raeren zum Reinart. Der alte Öslinger Weg verlief mit der Furt rechts der Brücke und ist als tiefer Hohlweg noch heute zu sehen. Der erste Teil des Namens Bellesfort ist ungeklärt.

Benneltjen

Ein Teilstück des Kutenhartvenns im Winkel zwischen Nahtsief und Getz. Diese früher von Mützenich genutzte Viehweide hieß zunächst „Bentgen" und „Bendchen", also „kleine nasse Wiese".

Béole, La

Waldstück und Schutzhütte zwischen dem Ostrand des Wallonischen Venns und dem Kaltenborner Venn (Fagne de Calbour oder Fagne de Cléfay). Der frühere Birkenwald (frz.: *boulaie*) wurde später durch Fichten ersetzt.

Bergervenn

Östlich des Kaltenborner oder Cléfayvenns gelegenes naturgeschütztes Vennstück mit schönem Birkenbestand. Das Bergervenn ist ein sogenanntes Hangmoor. Die Bezeichnung stammt von dem Ort Berg in der Gemeinde Bütgenbach, der die Nutzungsrechte hatte.

Bergscheidleger

Im Hertogenwald gelegen zwischen dem oberen und dem unteren Waldgebiet Bergscheid. Sprachlich ein „Lager". Hier wurde über Nacht das Waldweidevieh in eine Pferch getrieben.

Bieley

Malerischer Quarzitfels aus dem Devon in 550 m Höhe am Schwalmbachtal (Perlenbachtal) gegenüber dem Galgendamm oberhalb von Gut Heistert. Liegt seit 1958 auf belgischem Gebiet aufgrund einer 1956 beschlossenen Grenzverschiebung. Wegen der üppigen Blütenpracht im Frühling (Narzissen, Sumpfveilchen, Seidelbast, Anemonen) wird dieser Teil des Schwalmbachtals gerne von Touristen und Wanderern aufgesucht. Der Name erklärt sich aus dem germanischen *bili* (= *Vorsprung*) und *ley* (= *Fels*).

Bilisse-Felsen (Rocher de Bilisse)

Steiler Felsabbruch aus Quarziten und Phylliten des Kambriums, dem frühen Erdaltertum vor 500 Millionen Jahren. Gelegen an der rechten Hangseite im unteren Stattetal.
Der Name bedeutet „vorspringender Fels"; er enthält den germanischen Wortteil *bili* (=*Vorsprung*) und den bretonischen *lech* (=*Fels*). Der steile Felsanstieg wird von Bergsteigern gerne als Übungsfelsen benutzt.

Biolettes

Im Herzogenwald ein Distrikt zwischen Petershaus (Mon Piette) und der Pavée de Charlemagne (Via Mansuerisca). Der Name ist sprachlich abzuleiten von frz. *petits bouleaux = kleine Birken*.

Bleihaag

Beim Forsthaus Heisterberg (Hestreux) gelegenes Waldstück des Hertogenwaldes. Die Bezeichnung ist rätselhaft, da Blei in diesem Gebiet nicht vorkommt.

Bois Raquet

Ein Waldgebiet am Polleurbach, östlich der Pont du Centenaire. J.M. Klinkenberg vermutet einen Personennamen, Jean de Walque leitet die Bezeichnung ab von *Brack = nutzloses Gelände*.

Bonjean-Gedenkstein (Monument Bonjean)

Zum Gedenken an Albert Bonjean (1858-1939), Rechtsanwalt aus Verviers und Venndichter. Eine Bronzetafel zeigt sein Profil. Schon 1911 gründete er eine Vereinigung zum Schutz des Hohen Venns (Ligue de la Défense de la Fagne) in Verviers. Seine Romane, Novellen und Gedichte schildern Menschen und Landschaften des Hohen Venns. Er entdeckte dichterisch die zauberhafte Anmut dieser Landschaft, und man nennt ihn daher den „Sänger des Venns". Bekannt sind seine „Légendes et profils des Hautes Fagnes", besonders stimmungsvoll seine

Gedichte „La Fagne tragique" und „La procession", die Schilderung einer Wallfahrt zur Fischbachkapelle. Der Gedenkstein von 1938 für den Venndichter steht gegenüber der Gaststätte „Baraque Michel" am Rande des Parkplatzes, wohin er 1975 versetzt wurde.

Botrange

Botrange ist mit 694 m nicht nur die höchste Kuppe der Vennhochfläche, sondern auch die höchste Erhebung Belgiens. Sie wird gerne als „Gipfel des Hohen Venns" bezeichnet. Als „Sicco Campo" erscheint sie 670 in einer Grenzurkunde des Frankenkönigs Childerich II. anläßlich der Begehung der Grenzen für den Klosterbezirk Stabuletum-Malmundarium (Stablo-Malmedy). Die in lateinischer Sprache abgefaßte Urkunde meint „an der trockenen Fläche" im Gegensatz zu den umliegenden Mooren. Der lateinische Ursprung ist erhalten im französischen *„Setchamp"*, das ein Waldstück zwischen Baraque Michel und Mont Rigi bezeichnet, und im wallonischen *„duzo setche champs"* für ein Vennstück südlich von Botrange.

Der Name Botrange stammt von dem den Bewohnern geläufigeren germanischen Wort Baldringen (ahd. *balt* = *tapfer, kühn*) und Bodringen (altfr. *baut* = *tapfer, kühn*) als dem sinnbildlichen Sitz des germanischen Lichtgottes Baldur, dem Tapferen, dem Kühnen. Botrange ist geschichtlich bedeutendes Gelände. Hier wurden bereits 670 die Grenzen der späteren reichsunmittelbaren Fürstabtei Stavelot-Malmedy festgelegt, hier errichtete Bartholomäus Hauptmann aus Eupen 1566 die Hauptmannsäule als großen Wegweiser auf dem Handelsweg von Sourbrodt nach Limburg, hier kennzeichnete Maria-Theresia 1755 die Dreiländerecke Luxemburg, Limburg und Stavelot mit dem Dreikantenstein. Als trigonometrischer Punkt diente die Botrange um 1810 dem französischen Oberst Tranchot (Tranchotpyramide) zu der von Napoleon veranlaßten ersten genauen Vermessung des linken Rheingebiets, und auch der preußische Generalstab setzte hier 1894 einen Vermessungsstein. 1923 entstand hier ein Feuerwachtturm, und mit dem Baltiahügel wurde im gleichen Jahr die Höhe von 694 auf 700 m symbolisch aufgewertet. 1933/34 schließlich entstand der jetzige Aussichtsturm (Signal de Botrange) mit Gaststätte. Heute ist Botrange beliebter Ausgangspunkt für Wanderungen.

Botrange, Signal de

Anstelle des verfallenen Feuerwachtturms von 1923 wurde 1933-34 auf der höchsten Kuppe der Vennhochfläche (694 m) ein 24 m hoher Aussichtsturm mit Gaststättenanbau errichtet. Den Anstoß zu diesem Bau gab der Vennforscher Franz Fagnoul (1883 Robertville - 1941 Botrange), der auch die Gaststätte

bis zu seinem Tode bewirtschaftete. Der Turm befand sich zunächst im Privatbesitz Franz Fagnouls, des Försters Joseph Marquet († 1958) und des Erbauers Dethier; er ging 1952 in Gemeindebesitz über. Nach dem Tode Fagnouls übernahm Joseph Marquet die Gaststätte.

Nach einem Brand wurde sie 1985 umgebaut. Sie hat jetzt 200 Sitzplätze und wird von Alexandre Féchir bewirtet. Die Turmhöhe liegt 718 m über NN und bietet auf ihrer Plattform nach allen Richtungen eine weite Rundsicht. Auf dem

Turm befindet sich eine Wetterstation, im Anbau seit April 1993 eine Auskunfts- und Beratungsstelle für die Besucher des Hohen Venns. Eingerichtet wurde sie vom Ministerium der Wallonischen Region in Zusammenarbeit mit der Gemeinde Weismes.
Sie ist täglich geöffnet von 9 bis 17 Uhr. (Tel. 080/44.72.73)

Bouhon do Leup (Buisson du Loup)
Dieser „Wolfsbusch", eine alte Buchengruppe im Sourbrodter Wald südlich des Wallonischen Venns, war eines der vielen Rastwäldchen der Vennhochfläche, prandj'lâhe oder prandj'lohe genannt. Hier fanden Hirten und Herden aus Sourbrodt ein schattiges Plätzchen zur Mittagsrast.

Boulté (auch: Boultay)

Standort: schräg gegenüber der Fischbachkapelle am Straßenrand. Gilt als Wahrzeichen des Hohen Venns, ziert das Vereinsabzeichen der Vennfreunde (Amis de la Fagne) und wird auch „Perron de la Fagne" genannt. Die Säule ist 4,5 m hoch. Es ist eines der ältesten Monumente des Hohen Venns, vermutlich ein Wegzeichen von 1566, aufgestellt von den Familien Hauptmann-Panhaus. 1749 liegen Bruchstücke im Straßengraben, 1878 von der deutschen Verwaltung umgelegt, um Verwechslungen mit dem in der Nähe stehenden Grenzstein 154 auszuschließen. Die Säulenspitze wird in Malmedy aufbewahrt. Die noch am Standort lagernden Reste sollten zur Straßenbeschotterung genutzt werden. Vor der völligen Vernichtung bewahrt wurde der Boulté von den Pfarrern Beckmann (Xhoffraix) und Pietkin (Sourbrodt) sowie von Henri Hoen (Mont Rigi) und dem Venndichter Albert Bonjean. Sie erreichten die Wiederaufrichtung des Boulté am 30. September 1905, der 1906 mit einem in Malmedy gefundenen Pinienzapfen – vermutlich ein Rest eines während der Französischen Revolution zerstörten Malmedyer Perrons – gekrönt wurde. 1945 wurde der Boulté bei Straßenbauarbeiten von einer amerikanischen Planierraupe umgestürzt, aber schon 1947 von den „Amis de la Fagne" wiederaufgerichtet. Dabei erhielt der Pinienzapfen ein kleines Kreuz, wie früher bei den Perrons der Städte im Fürstbistum Lüttich üblich. Die feierliche Einweihung fand statt am 15. Juni 1947 im Beisein von geistlichen und weltlichen Würdenträgern aus Verviers und Eupen. Bei der Verbreiterung der Landstraße Eupen-Malmedy im Jahre 1958 wurde die Säule um einige Meter zum Waldrand hin versetzt.

Bouquet Bastin (Bastinwäldchen)
Kleines Fichtenwäldchen im Hohen Moor (Zweiserienvenn, Dûrèt), benannt nach dem Malmedyer Heimatforscher und Vennkenner Abbé Bastin. Ihm gelang im Sommer 1932 die Wiederentdeckung der alten Römerstraße Via Mansuerisca auf einer Länge von 7 km, die er an drei Stellen zwischen Drossart und Les Wéz freilegen ließ. Die Ausgrabungsstelle an der Hill bei Les Wéz (Fouilles de la Via Mansuerisca) liegt südlich des nahen Bastinwäldchens.

Bouvygraben (Fossé Bouvy)
Unter der Herrschaft Maria-Theresias wurde 1770 der Eupener Graben angelegt, um die Quellwasser der Gileppe der Soor zuzuleiten und damit den Eupener Wollfabrikanten mehr Wasser zuzuführen. 1890 sollte diesem Eupener Graben durch Verlängerung bis Noir Flohay zusätzlich Wasser aus dem Hohen Moor (Dûrèt) zugeleitet werden. Das bis zur halben Strecke fertiggestellte Stück ist benannt nach Emil Bouvy aus Jalhay, dem Aufseher des Arbeitstrupps. Der Bouvygraben liegt in der C-Zone des Naturschutzgebietes und ist nur in Begleitung eines amtlichen Vennführers erreichbar.

Brachkopf
Eine der weichen Waldkuppen um Botrange, 569 m über NN, nördlich des Steinleyvenns. Der Name leitet sich ab von *Brache = brachliegendes Land*. Der Brachkopf war schon früh ein Gebiet regen Durchgangsverkehrs, über ihn verbanden große Verkehrsadern den Norden mit dem Süden. Schon zur römischen Zeit verlief hier eine Straße von Aachen über Reinartzhof, Getzfurt, Brackvenn und Grünkloster nach Amel, ebenso die spätere Pilgerstraße Aachen-Trier über Kornelimünster, Reinartzhof, Steling, Kalterherberg. Sie führte nordwärts zum Karlsschrein nach Aachen und südwärts zur Reliquie des heiligen Matthias in Trier. Auch die jüngere Kupferstraße von Stolberg nach Paris überquerte das Brachkopfgebiet wie letztlich die heutige Landstraße napoleonischen Ursprungs von Aachen nach Monschau. Auf der Kuppe an den Kreuzwegen steht ein verschlossenes Forsthaus. Die Weitsicht ist durch Baumaufwuchs behindert.

Brackvenn

Sprachlich vom germanischen „*brack*" (wie Wrack) für etwas Minderwertiges, Schlechtes, wie in diesem Fall nutzloses Gelände, ödes Land, Venn.
Das Brackvenn bildet beiderseits der Landstraße Eupen-Mützenich einen nördlichen und einen südlichen Teil. Das nördliche Brackvenn ist stark verwachsen und verstrüppt und von kleinen Moorwäldchen durchsetzt. Hier befindet sich nahe dem Zollamt Mützenich der Flughügel von 1909 des Aachener Segelfliegers Erich Offermann. Im westlichen Drittel wird das Vennstück durchschnitten von der Forststraße Nahtsiefweg. Hieran der Pingo „Entenpfuhl". Im offenen südlichen Brackvenn befinden sich zahlreiche Pingos, eiszeitliche Ringwallweiher sowie alte Torfstiche. Der schnurgerade von der Getzfurt kommende Eupener Grenzgraben teilt bachähnlich das westlich liegende Torfmoor Misten ab. Der Höllenkessel (Hellenketel), ein Pingo von über 300 m Durchmesser, liegt teils im nördlichen, teils im südlichen Brackvenn, durchschnitten von der Landstraße.

Brand

Teil des Hertogenwaldes nördlich der Gileppetalsperre. Diesen „Brand von Membach" nutzten die Bewohner der umliegenden Dörfer früher als „Feuerbrandwald".

Brandehaag

Teil des Hertogenwaldes zwischen Hill und Geitzbusch. Vermutlich, nach Jean de Walque, erklärbar als „Rand" im Sinne von Grenze, da hier im 14. Jh. die südliche Grenze des Herzogtums Limburg verlief.

Brochepierre (Steinbruch)

Bezeichnung für ein winziges, schütteres Fichtenwäldchen im Zweiserienvenn zwischen zwei Ausgrabungsstellen der Via Mansuerisca, nämlich Hill und Steinmann, 1932 von Abbé Bastin angelegt. Hier verlief auch der alte Weg von Jalhay nach Kalterherberg, und hier fanden die Römer um 200 n. Chr. Vennwacken (Steinbrocken) als Packlage für ihre mit Birkenknüppeln belegte Via Mansuerisca. Am östlichen Rand des Wäldchens, an dieser alten Wegkreuzung, liegt die Quelle „Au Pas". Einer Deutung zufolge soll sich der Name ableiten vom Pfahl, der hier den Weg kennzeichnete (Fontaine au pal). Einer anderen Deutung zufolge geht die Benennung auf einen abgebrochenen Grenzstein Limburg-Lüttich zurück. Das Wäldchen Brochepierre liegt in der C-Zone des Naturschutzgebiets.

Bütgenbacher Talsperre
Dieser „obere Warchestausee" wurde von 1929 bis 1932 von dem belgischen Stromversorgungsunternehmen ESMA als Reserve für den Stausee von Robertville erbaut. Die Sperrmauer ist 23 m hoch, 140 m lang und zwischen 50 und 80 cm dick. Sie umfaßt 11 Steinbögen auf 20 m hohen Pfeilern. Sie staut 11 Millionen Kubikmeter Wasser bei einer Wasserfläche von 120 Hektar. Das Abzugsvermögen beträgt 105 Kubikmeter Wasser je Sekunde. Das Kraftwerk leistet 2 Millionen Kilowattstunden.
Der Stausee ist ein beliebtes Wassersportgebiet, besonders zum Segeln. Hier befindet sich auch das Ferienzentrum Worriken.

Bulten und Schlenken
Die Moorfläche ist nicht eben. Trockenere Erhöhungen (Bulten) wechseln ab mit tiefer gelegenen nassen Senken (Schlenken). Sie entstehen durch verschieden starkes Pflanzenwachstum auf den unterschiedlich feuchten Böden. In der feuchten bis nassen Schlenke stehen meist Torfmoos, schmalblättriges Wollgras, Sumpfblutauge und Rosmarin. Die trockeneren Bulten werden bevorzugt von Sonnentau, Moosbeere, Glockenheide und Beinbrech (Vennlilie) im unteren Bereich, den oberen Teil des 10 bis 50 cm aus der Umgebung herausragenden Bults besiedeln Widertonmoos, Scheidiges Wollgras, Preiselbeere, Rauschbeere und Waldbeere. Die höchsten Stellen des Bults krönt Heidekraut. Die Wechselwirkung von Schlenken und Bulten, das Hochwachsen einer Schlenke zum Bult, wird wissenschaftlich die Bult- und Schlenkenfolge der Sphagnetalia genannt, d.h. der torfaufbauenden Sphagnien und der torfzehrenden Ericeen. Die oben immer trockener werdenden Bulten wachsen nicht weiter, die umgebenden sehr feuchten Schlenken wachsen dagegen stark und schließlich über die Bulten hinaus. So werden aus den alten Bulten neue

ken und aus den alten Schlenken neue Bulten, ein besonderes Zeichen des echten Hochmoores im Wachstum.

Bungert, Großer und Kleiner (Grand Bongard, Petit Bongard)
Von der Hill durchflossene, am Waldstück Eckel gelegene frühere Baumgärten des Hertogenwaldes. Heute weit und licht und nur noch mit wenigen Laubbäumen bestanden.

Cabane de Negus (Negushütte)

Der Elektroingenieur Léon Rinquet (1891 Stavelot- 1974 Xhoffraix), Professor der Mathematik und Physik, zog sich um 1930 in die Einöde des Fraineuvenns zurück. 1937 und 1959 brannte seine Hütte nach einem Blitzeinschlag aus. Er war als Naturfreund hochgeehrt, wurde Holzfäller und Privatlehrer. Wegen seines schwarzen Bartes nannte man ihn „Negus". Er starb verarmt und liegt in Xhoffraix begraben. Heute befindet sich anstelle seiner Einsiedelei eine Schutzhütte aus bodenständigem Stein. Sie liegt an der Nordspitze des Fraineuvenns und ist erreichbar vom Parkplatz Trôs Marets-Brücke an der Landstraße Mont-Hockai.

Charliermühle (Weserfurt)
500 Meter südwestlich von Roetgen führte eine Furt über die Weser, Teil des uralten Weges durch den Hertogenwald und den Raerener Stuhl zur Inde. Hier entstand 1768 die Mühle des Müllers Charlier. Die Weser ist hier überbrückt.

Chateau Sagehomme
Gelegen linksseits der Straße Jalhay-Belle Croix und um 1850 errichtet von Frédéric Sagehomme aus Dison. Diese Hofgründung im unzugänglichen Venngebiet war für die damalige Zeit ein kühnes Unterfangen. Die Nachkommen des Gründers bewohnen den Hof noch heute.

Cléfayvenn (Fagne de Cléfay, Kaltenborner Venn, Fagne de Calbour)
Nordsüdlich langgestrecktes, naturgeschütztes Venngebiet westlich des Wallonischen und Zweiserienvenns. Der Name leitet sich ab vom lateinischen *clarus fagus* = *helle Buche*. Anfang der 80er Jahre wurde der wilde Fichtenaufwuchs beseitigt, nachdem schon 1961 mit den Besitzern des Cléfayvenns, den Gemeinden Elsenborn, Bütgenbach und Faymonville, gegen Pachtzins vereinbart wurde, während 30 Jahren dieses Venn weder zu dränen noch mit Fichten zu bepflanzen.

Communes Saint-Michel
Ein Vennstück im Großen Moor / Hohen Moor beidseits der Straße Belle Croix-Baraque Michel. Es wurde von den Bürgern aus Jalhay genutzt und nach dem hl. Michael benannt, dem Pfarrheiligen der Gemeinde. Zur Baraque Michel besteht keinerlei Namensverbindung.

Cossonfay
Das nördlich der Alten Vekée gelegene Waldstück ist benannt nach einer hier bereits seit dem 14. Jh. ansässigen Familie Cosson. Die Nachsilbe bedeutet sinngemäß „Buchenwald" (frz. hêtraie).

Deutsch-Belgischer Naturpark (Parc Naturel Germano-Belge)
Vorläufer waren das staatlich-belgische Naturreservat Hohes Venn von 1957 und der Naturpark Nordeifel von 1960. 1969 wurde der Naturpark Nordeifel um einen kleinen Teil in Rheinland-Pfalz erweitert auf 1761,2 qkm. Gleichzeitig wurde auf belgischer Seite der 678,5 qkm große Naturpark Hohes Venn-Eifel gegründet. Durch einen Staatsvertrag vom 3. Februar 1971 erfolgte der Zusammenschluß dieser beiden Naturparks unter dem Begriff „Deutsch-Belgischer Naturpark" (Parc Naturel Germano-Belge) mit insgesamt 2485 qkm Fläche. Diese großräumige Landschaft von besonderer Eigenart und Schönheit soll, unbeschadet der wirtschaftlichen Nutzung, in ihrer vorhandenen Form erhalten bleiben, der menschlichen Erholung dienen und dabei das Überqueren der Grenzen auf stillen Wanderwegen ohne erschwerende Formalitäten ermöglichen. Die durch die Ländergrenzen geteilten Naturparkteile werden in der

Trägerschaft von Vereinen in Aachen und Lüttich verwaltet. 45 Prozent des Naturparkgebiets sind Wald, die Hälfte davon Laubwald. Sein großer Wasserreichtum hat zum Bau zahlreicher Talsperren geführt, darunter die älteste (Gileppe) und die größte (Wesertalsperre) Belgiens sowie die größte Deutschlands (Rurtalsperre). Das Hohe Venn ist das reizvolle Kernstück des Naturparks, der sich nordsüdlich von Aachen bis zur luxemburgischen Grenze (75 km) und westöstlich von Malmedy bis Euskirchen (60 km) erstreckt.

Dicke Eiche (Chêne du Rendez-vous)
Uralte Eiche am Verbindungssträßchen von Béthane (Weser) nach Heisterberg (Hestreux). Der frz. Name stammt aus dem 19. Jh., als sich hier ein Sammelplatz und Treffpunkt für organisierte Jagden im Hertogenwald befand.

Disonmühle (Moulin de Dison)
Die alte Getreidemühle an der Straße von Jalhay nach Solwaster wurde 1840 errichtet von Charles-Guillaume Davignon aus Ensival.

Dolmen
Großer Quarzitblock im unteren Stattetal, dessen Herkunft und Bedeutung ungeklärt ist. Er wurde 1887 von Vater und Sohn Britte entdeckt. Das Wort ist keltischen Ursprungs und bedeutet Steingrab. Ein Zusammenhang mit den Steintischen der Megalithkulturen (Großsteingräber, Hünengräber, Dolmen, Menhire) des nord- und westeuropäischen Formenkreises ist höchstwahrscheinlich auszuschließen, da deren Hinterlassenschaften sich grundsätzlich in der Nähe der Atlantikküste befinden.

Drei Buchen (Trois Hêtres)
Historisch zunächst uralte Buchen als Richtpunkte an der Schnittstelle früherer Straßen von Hockai nach Longfaye und von Botrange nach Xhoffraix. Standort: links des Landstraßenabschnittes Mont Rigi-Mont im Waldgebiet Trois Hêtres in Höhe des Parkplatzes Trôs Marets. Die namengebenden Bäume wurden gegen Ende des 19. Jh. von Anwohnern gefällt. Reste liegen noch verwittert am Boden. Eine sofortige Neuanpflanzung durch Pfarrer Beckmann aus Xhoffraix verkümmerte. Zur Erinnerung an die historischen Bäume setzte die Forstverwaltung 1960 nochmals drei Buchen in den Fichtenforst.

Drei Eichen (Les Trois Chênes)
Sie erinnern an die Vennkenner und unzertrennlichen Wanderfreunde Alphonse Petit († 1942), Louis Pirard († 1948) und Jean Wisimus († 1953) und wurden

gepflanzt jeweils ein Jahr nach deren Tod. Die Stelle befindet sich nördlich von Hockai, an der Einmündung der Forststraßen Moréfange und Tapeuxkreuz.

Drei Grenzsteine (Les Trois Bornes)
Standort: im Zweiserienvenn im nassen Gebiet Les Wéz an der Hill.
- Einer der zwei Maria-Theresien-Steine (Bornes Marie-Thérèse) mit der Jahreszahl 1755 und den Angaben der Herzogtümer LUX(emburg) und LIM(burg) am oberen Waldrand.
- Der Stein aus der Grenzziehung des Wiener Kongresses von 1815 bezeichnet die Grenze zwischen dem Königreich der Vereinigten Niederlande (KN) sowie B(ütgenbach) und W(eismes).
- Unmittelbar am Hillsteg: der preußisch-belgische Grenzstein 157, der 1839 nach der Loslösung Belgiens aus dem Königreich der Vereinigten Niederlande gesetzt wurde und die neue Grenze zwischen P(reußen) und B(elgien) markierte.

Dreiherrenstein
Grenzstein von 1733 mit der Inschrift Schleiden (Ostseite) und Monschau (Monioye) auf der Westseite. Die dritte namengebende Herrschaft war der früher ebenfalls hier angrenzende Dreiherrenwald. Die Buchstaben B und D zur Kennzeichnung der seit 1956 hier verlaufenden deutsch-belgischen Grenze sind nachträglich hinzugefügt worden. Der Stein steht am Zollhaus Wahlerscheid in der Gabelung der beiden hier zweigenden Straßen nach Rocherath und zum Erkelenzer Kreuz. Der Standort ist uralter Grenzpunkt, seit dem Ende des 11. Jh. als Gemeindegrenze der zum Herzogtum Limburg gehörenden Gemeinden Monschau und Bütgenbach.
Er blieb es auch, als um die Mitte des 15. Jh. Monschau von Jülich und Bütgenbach von Luxemburg abhängig wurde. Unverändert blieb dieser Grenzpunkt auch trotz der Grenzstreitigkeiten während der folgenden burgundischen, habsburgischen und spanischen Herrschaften. Erst 1791, gegen Ende der österreichischen Herrschaft, wurde die Grenze zwischen den Herzogtümern Limburg (Jülich) und Luxemburg erstmals genau festgelegt; auch diesmal verblieb der Dreiherrenstein am Grenzverlauf. Die Grenzsteine J und L sind noch vorhanden. Auch die neue Grenzziehung des Versailler Vertrages von 1920 verblieb zumindest am Grenzpunkt Dreiherrenstein, wie auch die letzte Grenzverschiebung nach Norden von 1956.

Dreiherrenwald
Hochwald im Osten der Vennhochfläche, nordsüdlich langgestreckt zwischen

Wahlerscheid und Losheimergraben. Quellgebiet der Holzwarche, Olef, Kyll und Our. Die höchste Erhebung Weißerstein ist mit 690 m fast so hoch wie Botrange. Der ursprünglich karolingische Wald gehörte jahrhundertelang als gemeinsamer Besitz mit ungeklärten Grenzrechten zur Herrschaft Schleiden, zum Kurfürstentum Trier (Herrschaft Schönberg) und zum Herzogtum Luxemburg (Herrschaft Bütgenbach) und war daher der Dreiherrenwald. 1794 wurde er den benachbarten Gemeinden (u. a. Rocherath und Büllingen) als Gemeindewald zugeteilt. Der Name Dreiherrenwald hat sich lediglich im östlichen Teil entlang der dt.-belgischen Grenze erhalten, etwa zwischen der Olef und dem Jansbach.

Dreikantenstein (Pierre à trois cornes, Pierre à trois coins)

Dreikantiger Grenzstein an der Spitze zwischen der Landstraße Mont Rigi-Sourbrodt und der Maria-Theresia-Schneise. Im Volksmund auch Maria-Theresia-Stein genannt. Maria Theresia, habsburgische Kaiserin von 1740 bis 1780 und Landesherrin von Brabant-Limburg, erreichte 1755/56 in einem Grenzvertrag den Verzicht der Fürstabtei Stablo-Malmedy auf ein Stück Venngebiet, so daß nunmehr neben Stablo-Malmedy und Luxemburg auch Limburg bis Botrange reichte. Der Dreikantenstein mit den Inschriften LUX(emburg), LIM(burg) und Stavelot, aufgestellt 1756, erinnert an diese Grenzverschiebung.

Dreilägerbachtalsperre

Erbaut 1909-1912 nach Plänen des Professors Dr. Otto Intze (1843-1904) vom damaligen Aachener Polytechnikum (jetzt RWTH). Nach seinem Prinzip – Gewichtslast am Fuß der Staumauer – sind europaweit 60 Talsperren gebaut worden. Nach der Gileppetalsperre von 1878 und der Urfttalsperre von 1904 ist sie die drittälteste dieser Region. Gestaut wird der Dreilägerbach, dessen Quellgebiet im Wollerscheider Venn liegt.

Die Talsperre liegt auf dem Gebiet der Gemeinde Roetgen und wird vom Wasserwerk des Landkreises Aachen betrieben. Sie dient der Trinkwasserversorgung des Kreises Aachen (ohne Eifel) und von Teilen der Stadt Aachen. Das Vorbecken faßt 73. 000 Kubikmeter. Die Staumauer ist 240 m lang und 33 m hoch. Der Stausee faßt 4,2 Millionen Kubikmeter Wasser und bedeckt eine Fläche von 40 ha. Zur Hochwasserentlastung wird überschüssiges Wasser in den Schleebach abgelassen. Von 1990 bis 1993 wurde die Talsperre für 42 Millionen DM überholt und modernisiert. Die Wasserseite der Mauer erhielt als neue Schale einen doppelwandigen Hohlkasten vorgesetzt, der durch zwei Kontrollgänge begehbar ist.

Die Dreilägerbachtalsperre ist nördlicher Endpunkt des Verbundsystems der Eifelstauseen. Das Wasser gelangt von der Oleftalsperre (1955-58) über die Urfttalsperre (1900-1904), den Obersee Paulushof, eine Hangrohrleitung (3 km) und den Heinrich-Geis-Stollen (3,7 km) in die Kalltalsperre (1934-35). Diese versorgt über den Kallstollen (6,3 km) die Dreilägerbachsperre.

Drello (Drèlô)
Die lehmige Erhebung des Wallonischen Venns in 640 m Höhe war jahrhundertelang ein Waldstück auf der Wasserscheide zwischen Hill und Rur. Zu Beginn des 20. Jh. wurde hier ein Fichtenwäldchen angelegt. Sein größerer nördlicher Teil wurde bereits 1958 aus Naturschutzgründen niedergelegt, 1988 wurde der kleinere südliche Rest abgeholzt. Die Neubewaldung erfolgt seitdem durch Ebereschen (Vogelbeerbäume) und Karpatbirken mit Unterholz aus Rauschbeeren, Rosmarinheiden und Torfmoosen, hauptsächlich jedoch Pfeifengras. Weite Pfeifengrasflächen umgeben die Lößkuppe, eine Folge der Austorfung. Alte Torfstiche befinden sich in unmittelbarer Nähe; ihre senkrechten Wände können durch Steigleitern überwunden werden. Das Wäldchen liegt in der C-Zone des Naturschutzgebietes. Dem alten Namen liegt wahrscheinlich das ahd. *„in der Lo"* = *im Wald* zugrunde.

Drossart (Raussart)
Gelegen an der Malmedyer Straße links vor der Waroneuxbrücke (Pont de Waroneux) über die Gileppe. Alte Bezeichnung nach der Rausse, einer Steinschicht im Boden. Um 1837 noch sichtbare Mauerreste, vermutlich von einem römischen Bauwerk. 1873 Bau eines Forsthauses, 1877/78 eines zweiten Forsthauses. „A gene Waroni" genannt nach dem nahegelegenen Waldgebiet Waroneux. 1944 wurden beide Forsthäuser zerstört und später abgetragen. Die Stelle ist heute nicht mehr erkennbar. Das Gelände ist aufgeforstet. Forstinspektor Dechèsne untersuchte um 1837 die Ruinen und entdeckte die Fundamente von zwei Gebäuden, eines mit einer Grundfläche von 90 qm und vier Räumen, ein zweites, 40 m entfernt, 260 qm groß. Der deutsche Forscher Oberleutnant von Cohausen fand in den Trümmern römische Baureste, Dach- und Mauerziegel. Henri Schuermans bestätigte dies 1872 durch den Fund eines römischen Dachziegelrestes. Inzwischen gilt als sicher, daß hier an der Via Mansuerisca ein römisches Gebäude gestanden hat. Ob es ein Pferdewechsel (mutatio) oder eine

Unterkunft (mansio) war, ist nicht mehr feststellbar. Am Drossart mündet die Via Mansuerisca (hier: Pavée de Charlemagne) in die heutige N68 nach Eupen.

Dûrèt, Le
Nordöstlicher Teil des Hohen Moors (Zweiserienvenn). Dieser Name wurde auch für das gesamte Hohe Moor verwendet. Er ist wallonisch, bedeutet „hartes Venn" und ist bereits auf der Tranchot-Karte von 1804 als „Grande Duré" verzeichnet. Diese C-Zone des Naturschutzgebietes ist nur mit einem amtlichen Vennführer begehbar.

Dûrètschneise
Nördlicher Vennschutzrand des Hohen Moors (Zweiserienvenn) zwischen Mockelkreuz und Hill. Gebräuchlich ist auch die Bezeichnung „Allée du Grand Fossé".

Duzos Moûpa
Die nördlich der Höhe Planérèces gelegenen naturgeschützten Venngebiete befinden sich unterhalb (wallon. = *duzos*) des Walddistrikts Moûpa und sind nach dieser Lage benannt.

Eau Rouge (Rotwasserbach)
Dieser Vennbach entspringt in den inzwischen naturgeschützten Venngebieten von Duzos Moûpa nordwestlich von Mont. Er umrundet die Waldkuppe Planérèces (525,5 m) und nimmt den Tarnionbach (Rû du Tarnion) auf. Als Grenzbach trennte er bereits die civitas tungrensis von der civitas coloniensis, die römischen Siedlungszentren Tongeren und Köln, später das Fürstbistum Lüttich und das Erzbistum Köln. Mit dem Tarnionbach zusammen bildete er seit dem Wiener Kongreß 1815 die preußische Grenze gegen die Vereinigten Niederlande und seit 1830 zu Belgien. Die Grenzsteine 146-142 am Tarnionbach und 141 am Eau Rouge sind erhalten. Sie wurden ab 1839 aufgestellt. Das Eau Rouge unterquert die Autobahn Verviers-St.Vith, folgt dem westlichen Teil der Rennstrecke Spa-Francorchamps und mündet bei Stavelot in die Amel. Die zahlreichen rostfarbenen eisenhaltigen Sickerquellen an seinen Ufern gaben ihm den Namen.

Eckel
Rechtsseits der Hill gegenüber dem Großen und Kleinen Bongard gelegenes Waldstück. Der Name bedeutet „Ecke", da hier bis 1794 die Herzogtümer Jülich, Limburg und Luxemburg eine „Dreiländerecke" bildeten.

Eiche von Longfaye (Alte Eiche, Vieux Chêne)
Berühmteste Eiche im Hohen Venn; sie steht verwittert und über 500 Jahre alt im oberen Bayehontal am Rande des Longfayevenns. Früher ein Wegzeichen und Richtpunkt an der alten Eisenstraße (voie du fer). Der ehrwürdige Baum ist seit 1935 als Naturdenkmal geschützt. Die Wallonen bezeichnen ihn als „tschâne âs tschânes", die Eiche aller Eichen. Die frz. Bezeichnung „le chêne des chênes" bedeutet nach Jean de Walque „chêne du chemin", Wegbaum.

Eisenstraße (Voie du fer)
Vom 15. bis 18. Jh. ein Transportweg für Schleidener Eisen nach Franchimont und Lüttich. Der Weg führte von Schleiden über Kalterherberg, Hilltal, Cléfay, Kaltenborn, Bosfagne, Sourbrodt, oberes Bayehontal, Alte Eiche, Alte Vekée nach Hockai. Auf den Vennkarten sind heute noch einige Wegstücke als „Voie du fer" bezeichnet, z. B. im Waldgebiet G'Hâster, an der Alten Eiche von Longfaye und kurz vor Hockai rechts der Straße Mont-Hockai. Das Wegstück von der Landstraße Sourbrodt-Botrange bis zum oberen Bayehontal wurde nach 1815 als Schmugglerweg bekannt. Auf ihm wurden während der preußischen Zeit Lebensmittel aus Belgien in die sog. preußische Wallonie geschmuggelt.

Elsenborn
Idyllisches Venndorf in ursprünglicher Landschaft südlich des Truppenübungsplatzes Lager Elsenborn. Das Wahrzeichen der Gemeinde ist der Trouschbaum, eine 400jährige Eiche an der Lagerstraße. Das Dorf wurde 1501 erstmals urkundlich erwähnt, doch lassen Reste eines Römerlagers und mittelalterliche Siedlungsversuche auf ein wesentlich höheres Alter schließen. 1893 enteignete Preußen viele Elsenborner Bauern und errichtete ein Manövergelände, den Truppenübungsplatz Elsenborn. Dieser wurde nach dem Ersten Weltkrieg von der belgischen Armee übernommen.

Englisches Fliegerdenkmal (Monument Anglais)
Der Quarzitblock mit Bronzeplatte an einer Forststraße im Waldgebiet Moréfange (Statte) wurde 1954 errichtet zum Gedenken an sieben englische Flieger, deren Flugzeug hier 1943 explodierte.

Entenpfuhl
Gelegen am Rande des Naturschutzgebietes Brackvenn an der Einmündung des Entenpfuhler Weges in den Nahtsiefweg. Eiszeitlicher Ringwallweiher (Pingo), der durch Drängräben mit Wasser gefüllt wurde, das zu Löschzwecken bei Vennbränden dient. Den Namen hat der Weiher von Wildenten, die hier beob-

achtet wurden. In der preußischen Zeit ging hier vorbei Schmuggelware von Belgien in die preußische Wallonie.

Entenpfuhler Weg (Konzener Weg)
Forststraße vom Entenpfuhl, dem Pingo im nördlichen Brackvenn, durch das Allgemeine Venn und am Ostrand des Steinleyvenns entlang nach Konzen.

Ermessief
Dieser Bach entspringt im Bovellervenn nördlich des Pannensterzkopfes (Bovel) und mündet bei Reichenstein in die Rur. Zwischen den Grenzsteinen 685 bis 690 von 1920 bildet er auf einer Länge von etwa 500 m die deutsch-belgische Grenze. Der erste Namensteil ist nicht gedeutet, -sief steht für Rinnsal.

Ermitage (Einsiedelei von Bernister)
Die Klause liegt etwa 400 m östlich von Bernister und besteht seit 1446 (unter der Herrschaft von Heinrich von Merode, Fürstabt von Stablo-Malmedy). Das jetzige Gebäude stammt von 1742, wurde 1925 erneuert und 1985 als Gebetsstätte restauriert. Das kleine Standbild im Innern aus dem 13. Jh. wird der heiligen Luzia zugeschrieben, einer Märtyrerin aus Syrakus, die auf Anzeige ihres Verlobten bei einer allgemeinen Christenverfolgung des römischen Kaisers Diokletian (240-313) um 303 hingerichtet wurde. Ihr Namenstag ist der 13. Dezember, der nach dem alten astronomischen Kalender des 15. Jh. der kürzeste Tag des Jahres war. Luzia wird auch als Lichtspenderin (lux = Licht) verehrt.

Eschbach
Seine Quellen liegen im Venngebiet Kutenhart. Er durchfließt in starken Windungen unterhalb des Raerener Stuhls ein romantisches Bruchwaldtal, nimmt im Waldgebiet Domgarten den Steinbach auf und ergießt sich bei der Weserbrücke (Oude Brug) in die Weser. Vom 14. bis in die Mitte des 15. Jh. erstreckte sich der Aachener Reichswald über den Augustinerwald, den Reinart und den Raerener Stuhl bis an den Eschbach. Dieser hieß im 17. Jh. Isbach oder auch Ijsbach. Auf seinem ganzen Lauf bildete der Eschbach die Grenze zwischen den Herzogtümern Jülich und Limburg.
Um ein Ausfuhrverbot für Messingwaren der Jülichschen Herrschaft zu umgehen, errichtete die Stolberger Kupferindustrie am Eschbach auf Limburger Gebiet mit Erlaubnis der zuständigen Brüsseler Regierung 1765 eine Kupfermühle. Diese bestand bis 1794, als die Herzogtümer von der franz. Besatzung aufgelöst wurden. Reste der Kupfermühle sind nahe der Weserbrücke noch heute erkennbar.

Bachabwärts rechts des Eschbachs die sog. Kinktenhard, heute ein Fichtenforst, früher vermutlich ein Rast- und Weideplatz für Maultiere auf dem Weg zum Reinart.

Eupen (wall. Néau) 17.000 Einwohner
Gelegen am Zusammenfluß von Weser und Hill, umgeben von Wiesenland und Wald am Fuß des Hohen Venns, gegliedert in Oberstadt und Unterstadt. Als Ortschaft der Hochbank Baelen im Herzogtum Limburg 1213 als Oipen erstmals urkundlich erwähnt. 1288 durch die Schlacht bei Worringen zum Herzogtum Brabant, 1387 an das Haus Burgund, 1713 durch den Vertrag von Utrecht an die österreichischen Habsburger. Ab 1794 gehörte Eupen während der franz. Herrschaft zur Unterpräfektur Malmedy und Präfektur Lüttich im Departement Ourthe. Von 1815 bis 1920 preußische Kreisstadt, seit 1920 belgisch. Vom 18. Mai 1940 bis 11. September 1944 war Eupen ins Deutsche Reich eingegliedert. Eupen wurde 1648 freie Herrlichkeit mit eigenem Gericht, erhielt am 12. Juni 1674 das Stadtrecht, 1695 eine Pfarre.

Am 21. Dezember 1864 wurde der Stadt durch König Wilhelm von Preußen das, abgesehen von kleinen Veränderungen, heute noch geführte Stadtwappen verliehen. Eupen war früher eine bedeutende Tuchmacherstadt, begründet durch seit dem 12. Jh. eingewanderte flämische Weber.

Um 1680 begann die Blütezeit der Feintuchmanufaktur, noch heute ist das Stadtbild geprägt von den stattlichen Patrizierhäusern der reichen Tuchkaufleute des 18. Jahrhunderts. 1431 wurde eine Eisenhütte gegründet, 1463 ein Hammerwerk erwähnt.

Die Verkehrsanbindung begann 1777 mit dem Anschluß an die Straße Aachen-Lüttich über Herbesthal-Weißes Haus. 1827/28 folgte die sog. Aktienstraße nach Aachen, 1846 die Straße nach Monschau, 1856 nach Malmedy. Mit dem 1. März 1864 wurde Eupen Bahnstation an der Stichbahn vom Grenzbahnhof Herbesthal, am 2. August 1887 erhielt Eupen über eine Nebenstrecke Anschluß an die Vennbahn Aachen-Ulflingen, seit 1895 führt eine Zweigbahn nach Dolhain. Ab 1906 war Eupen durch eine Kleinbahnlinie mit Aachen verbunden, das Netz wurde 1910 nach Herbesthal und zur Unterstadt verlängert.

An die Stelle der Tuchfabrikation trat in den 30er Jahren die Herstellung von Elektrokabeln, Elektrogeräten und Filterstoffen. Auch das Dienstleistungsgewerbe dehnte sich stark aus. Am 6. Juli 1582 wurde Eupen von niederländischen Söldnern gebrandschatzt. Alle bedeutenden Bauwerke datieren aus späteren Zeiten: Rathaus (fr. Kloster von 1665), Kapelle zum hl. Lambertus (1690), Stadtmuseum (1697), Kapelle zum hl. Johannes Baptist („Bergkapelle", 1712), Pfarrkirche St. Nikolaus (1721-26), Klosterkirche (1776), Klösterchen (1752),

Evangelische Friedenskirche (1851-55), Pfarrkirche St. Joseph (1864-69), Eupener Clown (1958), Friedensbrunnen (1989).

Eupen ist Sitz des Rates der Regierung der Deutschsprachigen Gemeinschaft, liegt im Herzen der Euregio Rhein-Maas zwischen Aachen (18 km) und Verviers (15 km), von Lüttich und Maastricht je 35 km entfernt. Eupen, seit 1977 um die Gemeinde Kettenis vergrößert, gilt als die heimliche Hauptstadt der deutschsprachigen belgischen Ostkantone.

Eupener Graben (Fossé d'Eupen)

1770 unter der Herrschaft Maria-Theresias als bachähnlicher Graben angelegt, um Quellbäche der Gileppe über den Ginsterbach zur Soor abzuleiten. Da die Soor in die Hill mündet, wurde den Eupener Wollfabrikanten mehr Wasser zugeführt.

Der Graben beginnt an der Dûrètschneise, der nördlichen Begrenzung des Naturschutzgebietes Hohes Moor (Dûrèt oder Zweiserienvenn). Er wurde während des Ersten Weltkrieges über die Dûrètschneise ins Hohe Moor verlängert, jedoch nicht fertiggestellt. Dieses Teilstück heißt Bouvygraben (Fossé Bouvy), benannt nach Emil Bouvy, Aufseher des Arbeitertrupps aus Jalhay. Da seit 1962 Soorwasser über einen Stollen (Tunnel Soor-Gileppe) in die Gileppetalsperre geleitet wird, sind die Gräben jetzt wirkungslos. (Nicht zu verwechseln mit dem Eupener Grenzgraben im Brackvenn.)

Eupener Grenzgraben

Angelegt 1774 unter der Herrschaft Maria Theresias zur Beendigung der strittigen Torfnutzung zwischen den Herzogtümern Jülich und Limburg. Der bachähnliche Graben verläuft von der Getzfurt 3,8 km schnurgerade in Nord-Süd-Richtung, unterquert die Landstraße Eupen-Mützenich, bildet die Grenze zwischen dem Brackvenn und dem Torfmoor (Misten) und mündet in den Spohrbach. Nicht zu verwechseln mit dem Eupener Graben an der Dûrètschneise.

Fagne d'Ardenne

Das Waldstück beiderseits der Neuen Vekée beim Kreuz der Verlobten gehörte einst zur Fürstabtei Stablo-Malmedy und lag für die Einwohner von Jalhay im Süden ihres Bannes, also „in den Ardennen".

Fagne Lambotte

Im Hertogenwald am linken Ufer der Gileppe gelegen und benannt nach einer bereits seit dem 16. Jh. in Jalhay beurkundeten Familie.

Fagne Leveau
Venngebiet am Belle Croix rechts der Straße nach Jalhay. Es wurde im 15. Jh. benannt nach dem reichen Grundbesitzer Jehan Le Veau (oder Leveau) aus Jalhay.

Fagne Rasquin
Vermutlich benannt nach einer Person dieses Namens oder in einer der hier üblichen Schreibweisen: Raskin, Raquin, Raquet oder Racket. Bis 1755 zur Fürstabtei Stablo-Malmedy gehörig und bis 1794 zum Herzogtum Luxemburg. Gelegen zwischen Mont Rigi und dem Westrand des Wallonischen Venns.

Fagnoul, Franz (1883 Robertville - 1941 Botrange)
Nach einem arbeitsreichen Leben in Süddeutschland zog es ihn 1933 in seine Vennheimat zurück. Er war es, der den Bau eines festen Aussichtsturms (fertiggestellt 1933/34) anstelle des morschen Feuerwachtturms von 1923 auf Botrange (Signal de Botrange) anregte. Er bewirtschaftete die Schenke im Anbau und war Vennwirt, aber auch anerkannter Vennkenner und -forscher. Insbesondere versuchte er die Herkunft der Ringwälle, der vorgeschichtlichen Weiher (Pingos) im Venn zu ergründen. Seine kleine Privatsammlung, ein Vennmuseum, ging in den Kriegswirren verloren und wurde von den „Amis de la Fagne" und der Universität Lüttich erneuert. Nach ihm wurde die „Piste Fagnoul" benannt, der Vennpfad, der von Botrange geradewegs durch das Wallonische Venn und die Rursenke hinauf zur Höhe Cléfay führt. Die Piste ist bereits seit dem Ende der 70er Jahre aus Naturschutzgründen nicht mehr begehbar.

Fagnoul-Weiher (Vivier Fagnoul)
Eiszeitlicher Pingo im Wallonischen Venn unweit des Drello, entstanden etwa 8300 v. Chr. während des Holozäns. Er war vom Moor bedeckt und wurde durch Torfabbau freigelegt. Der umgebende Ringwall wurde im nordöstlichen Abschnitt 1936 bei den von Franz Fagnoul geleiteten archäologischen Bodenuntersuchungen durchbrochen und der Weiher entwässert. Die „Amis de la Fagne" haben den Abzugsgraben inzwischen versperrt und so die Neubildung eines Niedermoors eingeleitet. Das Innere des Pingos ist von Torfmoosen und Schnabelseggen in Pflanzengesellschaft bewachsen.

Faymonville
Südöstlich von Waimes (Weismes) an den Quellen der Kleinen Warche (Warchenne) gelegen. Die wallonische Gemeinde gehörte im Mittelalter, wie Sourbrodt, nicht zur Fürstabtei Stablo-Malmedy, sondern zum deutschsprachigen

Herzogtum Luxemburg. Daher brauchte sie den Mönchen, im Gegensatz zu den Nachbargemeinden, keine Abgaben für die Finanzierung der Kreuzzüge zu entrichten und stand somit aus der Sicht der neidischen Nachbarn auf der Seite der Türken. Im 16. Jh. nahmen Faymonviller Männer an den Kriegen der deutschen Kaiser gegen die Türken teil. Daher nennt man die Einwohner von Faymonville auch heute noch Türken. Der örtliche Fußballverein ist der FC Turkania, zum Karneval trägt man Türkengewänder und man trifft sich im beliebten „Café au Sultan".

Ferme Libert
Jahrhunderte alter Bauernhof nördlich von Bévercé unweit des Vennbachtals (Trôs Marets). Er war früher im Besitz von Verwandten der berühmten Botanikerin Marie-Anne Libert (1782-1865) aus Malmedy. Seit 1937 befindet sich hier eine moderne Gaststätte.

Fichten im Hohen Venn
Die Vennhochfläche war naturgemäß baumfeindlich, allenfalls gab es lockere Wäldchen von Erlen und Moorbirken. In den Tälern am abfallenden Rand standen einheimische Laubwälder aus Eichen, Ulmen und Linden. Bereits 1775 führten österreichische „Waldmeister" die Fichte im Hertogenwald ein. 1779 wurden Vennstücke im Hertogenwald mit Beständen dieses landfremden Baums ausgetrocknet. Zwischen 1840 und 1850 forstete Belgien den Hertogenwald großflächig mit Fichten auf und führte sie später auch das Venn hinauf. Auch das Statte- und Sawetal wurden zu dieser Zeit mit Fichtenbeständen überzogen. Nach dem Bau der Landstraßen Eupen-Malmedy (1856) und Mont Rigi-Sourbrodt (1857) führte Preußen die Fichte auch auf der Vennhochfläche ein. Die Bauern verteidigten ihren heimatlichen Boden und dessen ertragreiche Nutzung als Torf- und Weidegrund gegen den „Preußenbaum". Einheimische rissen ganze Schonungen wieder aus, Militär mußte eingesetzt werden.
Im echten Hochmoor mit 3 bis 10 m Torftiefe sind die Fichten nicht angegangen, was man noch heute an Restbeständen im Hohen Moor (Dûrèt, Zweiserienvenn) erkennen kann. Die Fichte entzieht dem Boden Feuchtigkeit und vernichtet die vom Wasser abhängige Vennflora. Die weitflächige Verfichtung hat der einmaligen Moorlandschaft ihren ursprünglichen Charakter genommen. Der preußische Hauptbewaldungsplan für die Aufforstung des Hohen Venns vom 2. Februar 1858 erstreckte sich über einen Zeitraum von 30 Jahren und sah vornehmlich Fichten vor. Verantwortlich war Regierungsrat Otto Beck, geboren 1818 in Schwedt/Oder, seit 1855 bei der Bezirksregierung in Aachen tätig. Zwischen 1858 und 1865 wurden im Kreis Malmedy 1016 Morgen mit Fichten

bepflanzt. 1862 wurden 314 Morgen der Gemeinde Elsenborn zwischen Pannensterz und Neckel sogar zwangsweise aufgeforstet. 1860 erreichte die Aufforstung einen Höchststand von 207 Hektar, um dann abzuflachen. Heftige Widerstände und Beschwerden der Venngemeinden waren der Grund.

Die Königliche belgische Regierung verhielt sich zunächst abwartend, forstete dann ab 1878, angeregt durch die preußischen Erfolge, ebenfalls auf. Mit Fichten besetzt wurde Ödland im westlichen Hertogenwald wie auch die Venngebiete von Sart und Jalhay. Im Laufe dieser Jahre sind auf preußischem und belgischem Gebiet insgesamt 8000 ha Venngebiet kultiviert worden. Dabei wurden insgesamt 2000 km Entwässerungsgräben gezogen, die man seit 25 Jahren in den Naturschutzgebieten zu verstopfen sucht, um den starken Wasserabfluß zu hemmen.

FI-CI-Steine (Bornes FI-CI)

Zwei niedrige vierkantige Grenzsteine auf dem inzwischen nicht mehr begehbaren Vennpfad von der Hillquelle links ab zum Wäldchen Brochepierre. An diesem Pfad liegt auch die Grünenborn (Verdte Fontaine) genannte Hauptquelle der Hill. Der Stein bei der Hillquelle ist zerbrochen und in Eisenbänder gefaßt, der zweite steht kurz vor dem Wäldchen Brochepierre. Die Bedeutung der Grenzsteine ist strittig. Vermutlich kennzeichneten sie die heute noch bestehende Grenze zwischen der Gemeinde Jalhay (Marquisat Franchimont) und dem Hertogenwald (Herzogtum Limburg): Nach einer Grenzbegehung von 1724 wäre die Deutung möglich, daß *CI* für *C*ommune de *J*alhay (Gemeinde Jalhay) und *FI* für *F*orêt *I*mpérial (herrschaftlicher Wald = Hertogenwald) steht. Eine andere Vermutung lautet: *FI* = *F*rancimontesis *I*urisdictio (Gerichtsbezirk Franchimont) und *CI* = *C*onventualis *I*urisdictio (Gerichtsbezirk des Klosters Stablo).

Fischbach, Henri, Chevalier (geboren 1772 in Stavelot)

Lederfabrikant in Malmedy, Wohltäter des Hohen Venns. 1827 ließ er an der Baraque Michel eine Glocke zur Rettung Verirrter anbringen, wodurch schon 1828-29 14 Menschen vor dem sicheren Tod gerettet wurden. Um 1830 ließ er die zerfallenden Gebäude der Vennherberge Baraque Michel wiederherstellen, baute Stall und Scheune dazu und kaufte der Familie Schmitz angrenzende Grundstücke zur Bewirtschaftung. An der Grenze zwischen Belgien und Deutschland ließ er zu Ehren „Unserer Lieben Frau von der immerwährenden Hilfe" eine Kapelle errichten, die am 14. Juli 1831 eingeweiht wurde. Sie trägt bis heute seinen Namen: Fischbachkapelle.

Durch allerhöchste Kabinettsorder vom 5. April 1828 wurde bereits sein verdienstvolles Werk huldvoll anerkannt, zwischen 1827 und 1831 erhielt Fischbach den preußischen Roten Adlerorden und hieß fortan Chevalier, d. h. Ritter. In einer Denkschrift vom März 1837 an den Oberpräsidenten der Rheinprovinz forderte Fischbach die Kultivierung des Hohen Venns. Er schlug die Trockenlegung der Moore durch Abzugsgräben vor, den Bau einer Straße von Eupen nach Malmedy, den Bau von Bauernhöfen alle Viertelmeile, deren Schutz durch Buchen- und Nadelbäume und genügend Pachtland zur Kultivierung. Die Vennstraße sollte von Kiefern und Lärchen gesäumt werden.

Chevalier Fischbach dachte dabei nur an den wirtschaftlichen Nutzen, für den ideellen Wert des Hohen Venns fehlte ihm das Verständnis. Er war Unternehmer – und ein Kind seiner Zeit.

Fischbachkapelle

Eingeweiht am 14. Juli 1831 nahe dem Wohnhaus von Michel Schmitz (Baraque Michel) und errichtet von dem Malmedyer Lederfabrikanten Chevalier Henri Toussaint-Fischbach (Ritter des Roten Adler-Ordens) aus Stavelot und seiner Gattin Hubertine de Rondchène aus Malmedy zur Rettung von im Venn Verirrten. Das Gotteshaus wurde der Muttergottes geweiht unter dem Titel „Hilfe der Christen". Im Türmchen wurde allabendlich eine Laterne angezündet; ein Glöckchen hatte Fischbach bereits im November 1827 am Wohnhaus des Michel Schmitz anbringen lassen. Glocke und Laterne wurden von der Familie Schmitz bedient.

130 Verirrte fanden auf diese Weise den Weg zurück, ihre Rettung ist im „Eisernen Buch" des Chevalier Fischbach beschrieben. Das Buch ging bei einem Brand der Baraque Michel am 14. September 1889 verloren, allerdings besteht eine teilweise Abschrift.

Nach dem Tod von Michel Schmitz am 9. Dezember 1819 setzten seine Witwe Margarete Josepha Pottier aus Jalhay, Sohn Henri-Joseph und die Tochter das Werk der Nächstenliebe fort, bis 1856 anstelle des armseligen Karrenwegs von Eupen nach Malmedy die neue Straße gebaut wurde. Die 1885 eröffnete Eisenbahnlinie Aachen-Malmedy mit Zweigverbindung nach Eupen verlagerte viele

Pferdetransporte auf den schnelleren und gefahrlosen Schienenweg. Der Kapellenvorbau wurde ebenfalls 1885 errichtet. Seitdem kamen Fußwallfahrer aus Goé, Membach und Xhoffraix zur Kapelle.

Flahis
Nördlich von Solwaster gelegenes Wiesengelände, auch *Flahys* geschrieben. Sprachlich abzuleiten vom wallon. *flahî = entwurzeln, wenden*, sinngemäß das Gebiet des gewendeten Heus.

Fliegenvenn (Moxheuse Fagne)
Bezirk des Hertogenwaldes südöstlich von Heisterberg links der Landstraße Eupen-Malmedy. Das sumpfige Gebiet wurde früher als Pferdeweide genutzt; die Tiere lockten die Fliegen an.

Flughügel
Unweit des Zollhauses Mützenich liegt rechts der Straße Mützenich-Eupen im moorigen Brackvenn (Puzen) ein langgestreckter, abgeschrägter Erdhügel. Er wurde in den Jahren 1909-1910 auf Veranlassung des Aacheners Erich Offermann angelegt und von ihm in den folgenden Jahren zu Flugversuchen mit Segelflugzeugen benutzt.
Erich Offermann wird im Deutschen Segelflugmuseum auf der Rhöner Wasserkuppe als einer der Flugpioniere gewürdigt, die vor dem Ersten Weltkrieg den Traum vom motorlosen Flug zu verwirklichen suchten.

Forsthaus Botrange
Gelegen an der Straße Mont Rigi-Sourbrodt beim Naturparkzentrum. Es entstand in preußischer Zeit. Die umliegenden Wiesen wurden 1912/13 von Strafgefangenen urbar gemacht, deren Unterkunft sich in einem Anbau befand.

Forsthaus Mospert
Nördlich der Wesertalsperre gelegen, an einem alten Weg von Goé nach Lammersdorf (Monschau), der sogen. Walenstraße. Der Name ist vermutlich entstanden aus „Monjoierpat" (Monschauer Pfad).

Forsthaus Schwarzes Kreuz
1858 von der belgischen Forstverwaltung an der 1856 eingeweihten Malmedyer Straße am Rande des Hertogenwaldes kurz hinter der damaligen preußisch-belgischen Staatsgrenze errichtet. Benannt nach dem Schwarzen Kreuz.

Fraineuse, La
Ein Waldgebiet westlich von Plènesses, das seinen Namen vom wallon. *frênaie* = *Eschenwald* ableitet.

Fraineuvenn
Naturgeschütztes Vennstück rechts der Straße Mont Rigi - Mont, östlich begrenzt vom Vennbach (Trôs Marets). Am nordöstlichen Rand dieses Venns befindet sich die Negushütte (Cabane de Negus). Der Name ist abgeleitet vom wall. *frênaie* = *Eschenwald*.

Frédéricq-Eichen (Les chênes Frédéricq)
Prächtige mehrhundertjährige Eichen im naturgeschützten Venngebiet Duzos Moûpa (unterhalb der Waldhöhe Moûpa), nördlich des jungen Rotwasserbachs (Eau Rouge) und unweit der Frédéricq-Gedenktafel. Die uralte Baumgruppe war früher ein Rastwäldchen für Hirten und Herden aus Béverce.

Frédéricq-Gedenktafel (Monument Frédéricq)

Baron Léon Frédéricq (1851-1935), Professor für Allgemeine Physiologie an der Universität Lüttich, erforschte das Hohe Venn auf geologischem, botanischem und klimatischem Gebiet wie kein anderer vor ihm. Großes Aufsehen erregte 1904 sein Vortrag „Die Eiszeitfauna und -flora auf der Hochfläche des Venns in der Umgebung der Baraque Michel" auf einer öffentlichen Sitzung der Königlichen Akademie Belgiens. 1911 setzte er sich öffentlich für die Schaffung eines Naturschutzparks auf der Vennhochfläche ein. In diesem Jahr wurde auch in Verviers die „Ligue de la Défense de la Fagne" (Liga zum Schutz des Venns) gegründet, die sich als eine der ersten für den Landschaftsschutz des Hohen Venns einsetzte. Da die Verschandelung und Aufforstung des Hohen Venns von der belgischen Regierung nicht verhindert wurde, gründete die Universität Lüttich 1924 auf sein Betreiben die Wissenschaftliche Station auf Mont Rigi mit dem Ziel, die wissenschaftliche und besonders naturwissenschaftliche Erforschung des Venns zu fördern.

1937 enthüllten die „Amis de la Fagne" eine Gedenktafel zu Ehren von Professor Frédéricq am Quarzitfelsen von Moûpa am Tarnionbach (Rû de Tarnion). Der Standort befindet sich im wilden Vennwald zwischen Hockai und Bévercé.

Frehes Mougnes
Westlich der alten preußisch-belgischen Grenze nahe dem Delvoiekreuz gelegenes venniges Waldstück. Diese Bezeichnung ist aus dem 1543 beurkundeten wallonischen „Frèhes Commoignes" entstanden. Dessen Bedeutung ist noch ungeklärt.

Freyens, Antoine (1897 Teuven- 1978 Brüssel)
Mittelschullehrer in Aalst, nach 1928 in Verviers. Er verschrieb sich dem Schutz des Hohen Venns, das er durch seine Mutter, die aus Jalhay stammte, lieben gelernt hatte. Um 1935 drohte die Planung einer Talsperre am Oberlauf der Hoegne, der Bau eines Hotels gegenüber vom Klumpenmacherhaus (Belle Croix) und eine industrielle Ausbeutung der Torflager im Wallonischen Venn.
Freyens gründete 1935 mit gleichgesinnten Freunden die Vereinigung „Amis de la Fagne" (Vennfreunde), deren Vorsitzer er wurde. Ziel der Vereinigung ist die Verteidigung des Venns gegen alle Entstellungen und seine Beschreibung in Wort und Bild (Wahlspruch: défendre, illustrer).
Dasselbe Ziel verfolgte auch die 1935 von Freyens gegründete Zeitschrift „Hautes Fagnes". Freyens verfaßte weiter einen „Führer durch das Hohe Venn" und veröffentlichte die erste übersichtliche Karte des Hohen Venns. 1957 erreichte er sein Hauptziel, die Gründung des Naturschutzparks Hohes Venn, der aufgrund seiner Bemühungen 1964 und 1974 erweitert wurde. Gekrönt wurden seine und die Bemühungen seiner Freunde 1971 mit der Gründung des deutsch-belgischen Naturparks Eifel-Hohes Venn. 1960 wurde Freyens bei einem Autounfall schwer verletzt und siedelte nach Brüssel über. Sein Werk wird weitergeführt von den „Amis de la Fagne".

Fringshaus
1806 bis 1811 wurde gemäß einem Erlaß Napoleons aus dem Jahr 1804 die Landstraße Aachen-Monschau gebaut. Sie verläuft von Aachen über Brand, Kornelimünster, Walheim, Friesenrath, Kalkhäuschen, Relais Königsberg, Himmelsleiter, Münsterbildchen, Roetgen, Hoscheit, Konzen, Imgenbroich nach Monschau. Sie führte damals streckenweise durch einsames Venngelände. An der höchsten Stelle (570 m) eröffnete Arnold Frings aus Konzen 1827 eine Vennherberge, ein langgestrecktes Gebäude mit Wohnhaus, Scheune und Stallungen. Hier labten sich nach Überwindung der Himmelsleiter und der Roet-

gener Steigung (Ruetsches Heck) Fuhrleute und Zugtiere. Bis zur Fertigstellung der Vennbahn 1885 war hier auch eine Relaisstation der preußischen und später deutschen Post. 1890 verkauften die Enkel des Gründers das Anwesen an August Esser vom Reinartzhof. 1926 wurde angebaut und vergrößert. 1946 brannten die Gebäude nach Ausbesserung von Kriegsschäden völlig ab. 1947-1950 wurden die heute vielbesuchte Gaststätte und die Stallungen errichtet. Fringshaus und das Wiesendreieck gegenüber liegen seit 1920 auf belgischem Gebiet. Neu-Fringshaus an der Landstraße nach Lammersdorf, 1926 gegenüber von Fringshaus erbaut, liegt auf deutschem Gebiet. Die Gaststätte an der B 258 wird seit 1992 von den beiden Familien van Winckel und Mullaert geführt.

Fürstabtei Stablo-Malmedy

Im Rahmen der iro-schottischen Mission des fränkisch-merowingischen Raums gründete 648 der heilige Remaklus († 669) aus dem Vogesenkloster Luxeuil „in arduinna silva" das Benediktinerkloster Malmundarium, das erste nördlich der Alpen, und 650 das Schwesterkloster Stabuletum, 12 km enfernt. Durch großzügige Schenkungen des austrasischen Merowingerherrschers Grimoald I. war der Klosterbesitz anfangs sehr umfangreich, wurde später auf die Hälfte beschränkt und 670 durch das Diplom des Frankenkönigs Childerich II. endgültig festgelegt. Er umfaßte ungefähr das wallonische Sprachgebiet des Hohen Venns. Die Grenze verlief von Hockai zur Vekée bis Mockelkreuz, über die Via Mansuerisca und Sicco Campo (Botrange) nach Sourbrodt, Robertville, Weismes, Wolfsbusch bis Recht, umrundete Stablo und Malmedy und gelangte über Francorchamps nach Hockai zurück. Innerhalb dieser Grenzen entstanden später die Ortschaften Xhoffraix, Mont, Longfaye, Ovifat, Robertville und Sourbrodt. Die Klosteranlagen wurden 881 beim Einfall der Normannen gebrandschatzt.

Vermutlich aufgrund einer königlichen Schenkung unterhielt die Reichsabtei in Aachen auf dem römischen Ruinengelände des heutigen Elisengartens eine selbständige Niederlassung. Sie bestand nach einer Kaiserurkunde von 1137 aus einem Herrenhaus, 30 Wohngebäuden und einer Gutskapelle, die der merowingischen Prinzessin Aldegundis geweiht war.

Die Grenzlinie Hockai-Mockelkreuz wurde um 1300 zur heutigen Baraque Michel verkürzt und an der Hill entlang bis zur Via Mansuerisca geführt. Der weitere Verlauf über Botrange blieb unberührt. Vorsteher des Doppelklosters war der Abt, der spätere Fürst und Reichsabt; die beiden Abteien unterstanden jeweils einem Prior. Die Reichsäbte hatten Sitz und Stimme im deutschen Reichstag und beeinflußten die Geschicke des mittelalterlichen Deutschen Reichs nicht unerheblich. Viele Äbte waren maßgebliche Berater deutscher Kaiser und Könige. Eine bedeutende Persönlichkeit war im 12. Jh. Abt Wibald. Im

15. Jh. erreichte die reichsunmittelbare Fürstabtei Stablo-Malmedy den Höhepunkt ihrer Macht. Der Abteibesitz blieb bis 1794 unabhängig.
Nach frz. Herrschaft bis 1814 wurde der ehemalige Klosterbesitz 1815 beim Wiener Kongreß geteilt. Stavelot mit Hinterland wurde, da zum Fürstbistum Lüttich gehörig, dem Königreich der Vereinigten Niederlande zugeteilt und kam 1830 zum neugegründeten Königreich Belgien. Malmedy gelangte mit den zum Erzbistum Köln gehörenden Gebieten zu Preußen und bildete mit seinem Kreis die preußische Wallonie. Durch den Versailler Vertrag wurden 1920 beide Teile der früheren Fürstabtei im Königreich Belgien wieder vereint.

Galgendamm
Natürlicher oder künstlicher Damm gegenüber der Bieley jenseits des Perlenbachs (Schwalm). Die Muschelbänke des Perlenbachs wurden zunächst von der Bevölkerung genutzt. Durch herzoglich-jülichschen Erlaß von 1667 war die Perlenfischerei dem Landesherrn vorbehalten. Wildfischerei wurde mit Strafen bedroht und zur Abschreckung wurde 1746 auf dem Damm ein Galgen errichtet. Er wurde während der Französischen Revolution abgerissen, die herzoglichen Muschelbänke wurden 1794 von der Bevölkerung zerstört und damit dem Alleinrecht des Adels entzogen. An den herzoglichen Muschelbänken bestand zwischen 1667 und 1794 eine blühende Perlenfischerei. Sowohl der Bau des Westwalls (1938-1939) als auch der Perlenbachtalsperre (1952-1953) schädigten das für die Perlmuschel zur Perlbildung unerläßliche Sedimentgestein nachhaltig. Die Perlen der Flußmuschel bestehen zu 90 % aus Kalziumkarbonat .

Gasthaus „Zum Schönen Kreuz" (Auberge de la Belle Croix)
1875 baute der wallonische Klumpenmacher Adolphe François mit seiner Familie eine Hütte an der Einmündung der Straße von Jalhay in die Malmedyer Straße von Eupen nach Malmedy. Das Geschäft mit den Holzschuhen blühte so sehr, daß er bereits 1877 hier ein festes Haus bezog. Dieses wurde Klumpenmacherhaus, Schusterhaus oder „Maison du Sabotier" genannt. Auch „Saboti" ist überliefert.
Kurz vor der Fertigstellung des Hauses fanden Bauarbeiter vor ihrer Baubude ein auffallend schön geschnitztes Holzkreuz, das ein Unbekannter in der Nacht dorthin gelegt hatte. An die Tür hatte er mit Kreide geschrieben: „Mon Dieu, si je vous ai offensé, pardonnez-moi!" (Mein Gott, wenn ich Dich beleidigt habe, verzeih mir!) Das Kreuz wurde an der Hauswand des Neubaus aufgehängt, und die in dem Neubau eröffnete Gaststätte hieß seitdem „Auberge de la Belle Croix".
Im Jahr 1900 wurde der Sohn des Klumpenmachers, Theodor François, des

Mordes an dem Jagdaufseher Jules Toussaint Michel verdächtigt. Wegen Diebstahls erhielt er vier Jahre Gefängnis. Der Mord blieb unaufgeklärt, der gute Ruf der Gaststätte war dahin. Sie wurde 1906 aufgegeben. Das Haus diente als Jagdunterkunft und brannte 1912 ab. Den baldigen Neubau übernahm die „Gesellschaft der Hertogenwaldjagd". 1934 verpachtete König Leopold III. es an einen Fabrikanten aus Dalhem, dessen Förster es bis 1936 bewohnte. 1937 wurde das Haus belgische Militärunterkunft, 1938 Unterkunft für die Grenzschutzsoldaten der Eupener Kaserne. Am 15. April 1940 wurden Straßenkreuzung und Haus gesprengt. Erst 1961 wurde an dieser Stelle das jetzige Belle Croix errichtet.

Gayetai
Waldstück beim Amerikanischen Fliegerdenkmal. Die Bezeichnung geht zurück auf den Beinamen einer Familie in der Bedeutung „Nußbaum", wie aus alten Texten ersichtlich.

Geitzbusch (wall. Longue Hâye)
Alter Eichenwald im Hohen Moor (Dûrèt, Zweiserienvenn) östlich von Noir Flohay. Hier wurde früher – nachweislich noch 1890 – Lohe (Eichenrinde) zum Gerben von Leder gewonnen. Der deutsche Name ist entstanden aus Geißbusch (Ziegenwald).

Genagelter Stein
Der große Felsblock von gut 4 m Länge und 1,50 m Höhe am Grolisbach rechts neben dem unteren Teil der Landstraße Münsterbildchen-Roetgen ist ein alter Roetgener Grenzpunkt. Er ist das älteste natürliche Grenzzeichen in dieser Gegend und wird schon Anfang des 16. Jh. erwähnt. 1646 wird er erwähnt als „Pfal (Grenzstein) mit eisern Nägeln so 3 Herrn Lande schet (scheidet) als Münster, Monschaw und Limburgisch Lant". Drei Nägel machten ihn kenntlich als Dreiländerpunkt zwischen dem Herzogtum Limburg, der Reichsabtei Kornelimünster und dem Monschauer Land im Herzogtum Jülich. Volkstümlich heißt er auch „Hunnenstein". Noch 1949 sollen sich Eisennägel im Stein befunden haben.
Unmittelbar neben dem Genagelten Stein steht ein Dreikanten-Grenzstein aus preußischer Zeit nach 1815. Er markiert die Grenzen der damals gebildeten Gemeinden.
Seitenrichtig sind eingemeißelt: W (Walheim), R5 (Raeren) und 1R (Roetgen). Hier stand früher der noch aus dem 30jährigen Krieg stammende Gasthof Hütten, der inzwischen durch einen Neubau in der Nähe ersetzt worden ist.

Genster
Teil des Hertogenwaldes nördlich der Porfayschneise in der Bedeutung „mit Ginster bewachsene Fläche".

Geografie des Hohen Venns
Geografisch betrachtet ist das Hohe Venn eine der größten Hochebenen der Ardennen, durch Verwitterung (Erosion) abgeflacht und von Wasserläufen zertalt.
Begrenzt im Norden durch die Weser und im Süden durch die Warche, liegt es etwa zwischen Eupen, Malmedy, Spa und Mützenich. Mit 4000 ha ist es das größte und älteste Naturschutzgebiet Belgiens. Vor 200 Jahren wies die Ferraris-Karte noch 12.000 h Moorfläche aus. 8.000 ha wurden hauptsächlich im 19. Jh. kultiviert, und zwar im früheren preußischen Gebiet zwischen 1857 und 1875 und im belgischen seit 1878.
Von 1815 bis 1920 waren 70% des Hohen Venns belgisch (zwischen Francorchamps, Spa, Polleur, Jalhay, Hockai und Baraque Michel) und 30% preußisch (zwischen Mont, Longfaye, Sourbrodt, Leykaul, Kalterherberg, Elsenborn, Roetgen und Eupen).
Um Botrange (694 m), die höchste Erhebung der Vennhochfläche, reiht sich mit weitem Abstand ein Kranz weicher Kuppen: Weißer Stein (690 m), Baraque Michel (675 m), Pannensterz (659 m), Steling (658 m), Noir Flohay (640 m), Beaulou (640 m), Lonlou (630 m), Wahlerscheid (628 m), Geitzbusch (610 m), Drei Buchen (610 m), Hoscheit (600 m), Fringshaus (570 m), Brachkopf (569 m), Planérèces (525 m) und Struffelt (450 m).
In den Mulden und Senken dazwischen sind in Jahrtausenden zahlreiche Moore entstanden: Wallonisches Venn, Zweiserienvenn (Dûrèt oder Hohes Moor), Großes Moor (Grande Fange), Wihonfagne (Bienenvenn), Poleurvenn, Neûr Lowé, Sétay, Fraineu, Kaltenborner Venn (Fagne de Calbour oder Fagne de Cléfay), Bergervenn, Schwarzes Venn, Herzogenvenn, Nesselo (Zwischenbuschvenn), Rurvenn, Hoscheit, Kutenhart (Nahtsiefvenn), Steinleyvenn, Brackvenn, Misten (Torfmoor), Wollerscheider Venn.
Ständige atlantische West- und Nordwestwinde regnen ihre hohe Feuchtigkeit an der Vennhöhe ab (bis 1350 mm). Durch das kühl-feuchte Klima übersteigt die mittlere Jahrestemperatur selten 7°C.
Das Hohe Venn entwässert mit der Wasserscheide Botrange überwiegend in der belgischen Maas: Weser, Hill, Soor, Gileppe, Taureau, Save, Statte, Polleur/Hoegne, Vennbach (Trôs Marets), Bayehon und Warche.
In die niederländische Maas münden nur Rur und Perlenbach.

Geologie des Hohen Venns

Das Vennmassiv oder „Massiv von Stavelot" entstand als Teil der Ardennen im Kambrium, der Frühzeit des Erdaltertums vor 500 Millionen Jahren. Die benachbarte Eifel, Bestandteil des Rheinischen Schiefergebirges, ist zumeist devonischen, also jüngeren Ursprungs (350 Millionen Jahre). Das Hohe Venn ist der nordöstliche Ausläufer des Massivs. Harte kambrische Quarzite treten zutage in der Felsgruppe Bilisse im unteren Stattetal und in den Vennwacken, weißlich geäderten Steinblöcken im Moor. Devonische Gesteine sind Bieley und Ríchelsley am Vennrand. Am Hang des Warchetals zwischen Reinhardstein und Bayehontal stoßen Kambrium und Devon sichtbar zusammen (Steinbrüche von Cheneux). Jünger ist der „Puddingstein von Malmedy" (Poudingue de Malmedy), ein rötliches Gemengsel von Geröll in Ton aus dem Perm (250 Millionen Jahre). Die in den Vennbächen, u.a. Hill, Rur, Bayehon, Polleur, und bei Baraque Michel häufig auftretenden Feuersteine (Silex) sind entstanden aus dem Schlick kieselhaltiger Organismen des Kreidemeers vor 135 Millionen Jahren. Sie sind bräunlich und vielfach von Kreide umgeben. Die Steinströme (pierriers) in den Tälern von Soor, Warche und Bayehon sind vor etwa 10.000 Jahren während der letzten Eiszeit entstanden, als oberflächig aufgetaute Massen von Tonschlamm der zeitweiligen Gefrornis mit Geröllhaufen über metertief gefrorene Hänge der ständigen Gefrornis abrutschten (sog. Solifluktion).

Getz (Gethe)

Wildromantischer Bach aus dem Brackvenn (Kutzenborn). Mündet nach einem Gefälle von 300 m auf einer Gesamtlänge von 9 km in die Wesertalsperre. Der Name, urspünglich Gatja, stammt vom ndl. *geet = fließendes Wasser*.

Getzfurt (Gethvaerde)

Furt (mit seitlichem Holzsteg) über die Getz an der Nahtstelle zwischen Steinleyvenn und Kutenhart (Nahtsiefvenn). Derzeit ist die Getz hier nicht überbrückt.

Gileppe

Sie entspringt an der Dûrètschneise des Hohen Moors (Zweiserienvenn) bei Courtil Piette (Petershaus), fließt zwischen Drossart und Belle Croix unter der Landstraße N68 hindurch (Waroneuxbrücke), passiert kurz darauf die Pont Noir einer Forststraße und bildet im Hertogenwald ein großartiges Bachbett.
Sie speist die Gileppetalsperre und fließt bei Béthane in die Weser. Der gesamte Bachlauf ist 13 km lang.

Gileppe-Aussichtsturm mit Gaststätte

80 m hoher Betonriese an der Gileppetalsperre mit Aussichtsplattform und Gaststätte. Anfang der 70er Jahre von Touristikfachleuten gefordert, vom belg. Staat für 7 Mio DM als Ausgleichsgewährung an die Provinz Wallonien für den Ausbau des flämischen Hafens Zeebrügge erbaut. Der Architekt Marcel Geenen erhielt 1975 den Bauauftrag, die Bauarbeiten begannen 1978 gegen den Widerspruch der Gastwirte aus Jalhay. Das Bauwerk war 1984 vollendet, wurde ministeriell eingeweiht und blieb verschlossen, da sich kein Pächter fand. Die Instandhaltung der Steigleitungen für Trink- und Brauchwasser kostete den belgischen Steuerzahler jährlich 1.200.000 BEF (oder 60.000 DM).

Der ursprünglich vergessene Zufahrtsweg ist inzwischen angelegt, ein Pächter gefunden und die Turmgaststätte seit Juli 1993 eröffnet. Besitzer ist der Tourismusverband der Provinz Lüttich.

Gileppe-Talsperre (Lac de la Gileppe)

Sie nutzt wie alle Talsperren Ostbelgiens den Wasserreichtum des Hohen Venns und wird außer von der Gileppe und der Louba von unzähligen Vennbächen gespeist. Sie dient der Trinkwasserversorgung für die Stadt Verviers und Umgebung und wurde in den Jahren 1869 bis 1876 von E. Bidaut als dritte Talsperre Europas und älteste Belgiens erbaut. König Leopold II. weihte sie am 28. Juli 1878 feierlich ein. Eine 47 m hohe Staumauer von 235 m Länge und 47 m Höhe bei einer Dicke von 65 bis 19,50 m sperrte einen Stausee von über 13 Mio m^3 Wasserinhalt. Der Steinlöwe des Bildhauers Felix Bouré auf der Staumauer entstand 1878 aus 187 Sandsteinblöcken mit einem Gesamtgewicht von 130 Tonnen. Mit einer Sockelhöhe von 8 m und einer Löwenhöhe von 13,5 m ist das insgesamt 21,5 m hohe Standbild weithin sichtbar. Der Löwe blickt (bewußt) nach Deutschland. 1952 wurde die aus dem Hohen Moor kommende Soor über einen 3 km langen Stollen mit der Gileppetalsperre verbunden, um ihr im Bedarfsfall zusätzliches Wasser zuzuführen. Der Stollenausgang liegt im Gebiet Trou Malbrouck. Von 1967 bis 1971 wurde die Staumauer auf 54 m und somit das Fassungsvermögen auf 24 Mio m^3 erhöht. Die feierliche Einweihung der vergrößerten Talsperre durch König Baudouin fand statt am 20. Oktober 1971.

Gnitzen (Bartmücken)

Winzige Stechmücken, die von Juni bis September in moorigem Gelände den Wanderer erheblich belästigen. Die saugenden Weibchen benötigen zur Eireifung Eiweiß aus Menschen- oder Tierblut. Die Stiche verursachen starken Juckreiz und große Quaddeln. Die Mückenweibchen werden besonders angelockt durch gelbe Farbtöne und heftige Bewegungen. Kurzzeitig lassen sie sich abschrecken durch ätherische Öle, z. B. des Eukalyptus, länger wirksam ist die Einnahme von Vitamin B1. Heilend wirken Zitronenscheiben oder zerdrückte Kletten- und Wegerichblätter.

Graesbeck
Teil des Hertogenwaldes zwischen Schornstein und Kreuzberg. Der Name ist abgeleitet vom Grasbach, der hier in die Hill mündet.

Emile Graff- Gedenktafel
Gegenüber dem Forsthaus Gospinal erinnert eine Bronzetafel, 1949 von den „Amis de la Fagne" angebracht, an den Vennkenner Emile Graff (1869-1948) aus Verviers.

Grand Vivier (Vivier Frédéricq)
Ringwallweiher (Pingo) im Großen Moor (Grande Fange), 1936 erforscht von Wissenschaftlern der Station Mont Rigi und benannt nach dem Baron Léon Frédéricq (1851-1935). Prof. Raymond Bouillenne und Abbé Charles Dubois entdeckten eigenwillige Pfahlkonstruktionen, die auf Quarzitblöcken verankert waren.
Es wird angenommen, daß in sehr früher Zeit Menschen die Vertiefungen der Pingos als Zufluchtstätte aufgesucht und mit Holzkonstruktionen gesichert und eingerichtet haben.

Großer Oneux (Groneux, Gros Oneux)
Lichtes Wäldchen auf lehmiger Kuppe im Wallonischen Venn, umgeben von torfigen Heiden und Pfeifengrasflächen. Ein Kahlschlag beseitigte 1957 bei der Gründung des Naturschutzgebietes den hier anstehenden Fichtenwald. Inzwischen ist die Wiederbewaldung mit Ebereschen und einzelnen Buchen angelaufen. Besenginster hat sich massenhaft ausgebreitet. Oneux ist abgeleitet vom lat. *alnus,* frz. *aulne = Erle.* Das Wäldchen steht zwischen dem Fliegerkreuz und den Vier Buchen.

Großes Moor (Grande Fange)
Urtümliches, naturgeschütztes Venngebiet und unmittelbare Fortsetzung des Hohen Moors (Zweiserienvenn) rechts der Landstraße Eupen-Baraque Michel, südöstlich begrenzt von der Neuen Vekée, der früheren preußisch-belgischen Grenze. Im Großen Moor befindet sich nahe der Landstraße die Panhaussäule, ferner das frühere Wäldchen Prandj'lâhe und der eiszeitliche Pingo Grand Vivier, auch Vivier Frédéricq genannt. Weiche Moospolster und braune Moor-

tümpel machen das Gebiet auch bei trockenem Wetter schwer begehbar. Das gesamte Moorgebiet unterliegt den Einschränkungen der C-Zonen.

Große Steine am Oneux

Im Wallonischen Venn gelegen am Pfad (Piste B) von den Vier Buchen hinab in die Mulde der jungen Rur, unweit des (Kleinen) Oneux. Die zwei auffälligen, rot und weiß geäderten, senkrecht in 26 m Abstand voneinander stehenden Quarzitblöcke dürften während der Eiszeiten durch Bodenfluß (Solifluktion) und frostbedingte Blockhebung sichtbar geworden sein (siehe Vennwacken).

Großgängsbroich

Dieses Waldgebiet nordwestlich vom Kreuz im Venn wird auch Großjängsbroich geschrieben. Es liegt im Verlauf der alten Kupferstraße und bedeutet in etwa „Sumpf am großen Durchgang".

Grünes Kloster

Die Bezeichnung für ein Waldstück rechts der Bundesstraße B 258 zwischen Roetgen und Fringshaus läßt auf geschichtliche Hintergründe schließen. Die Bedeutung des hier verlaufenden, stellenweise sehr tiefen, gebogenen Doppelgrabens ist bisher nicht geklärt. Auf Blatt 2 der Vennkarte der „Amis de la Fagne" ist für dieses Gebiet der Begriff „Schanzenkopf" vermerkt.

Grünkloster (Trou de l'Abbaye)

Geländedreieck zwischen der Rur (Roer, Roule) und dem Zufluß des Windgenbachs nordöstlich von Sourbrodt. Fundamente eines umfangreichen Gebäudes, dreier Türme und eines Rundgrabens mit Erdwall sowie einer Talbarriere der Rur lassen auf ein Bauwerk aus der Römerzeit (vermutlich der Zeit Caesars) schließen. Scherbenfunde aus dem Jahr 1961 konnten wissenschaftlich eindeutig als römisch bestätigt werden, u.a. terra sigillata, tönernes römisches Gebrauchsgeschirr der Kaiserzeit mit stark glänzender, rotgebrannter Glasur.
Walram le Rux ließ hier um 1300 ein neues Kloster errichten (Porta Coeli, Himmelspforte). 1532 wurde der Ort „trô de la Nouvelle Abbaye", seit 1755 „Trou

de l'Abbaye" genannt. *Trou* (frz.) bzw. *trô* (wall.) bedeuten in diesem Fall Unterkunft. Ob römische Anlagen zum Kloster umgebaut wurden oder ein Klosterneubau stattfand, ist ungeklärt.

Die Stelle lag an einer alten Römerstraße von Amel über den Reinart und Roetgen in Richtung Gressenich. Hier wie überall sind die römischen Mauerreste über Jahrhunderte von den Einwohnern der umliegenden Ortschaften als Steinbruch genutzt worden. Grünklöster nennt man im allgemeinen untergegangene Klöster, zumeist an abseitigen Stellen in der Nähe alter Römerstraßen gelegen, die noch Siedlungsmauern im Boden bergen.

Gutshof Grosfils (Ferme Grosfils)
Waldrodung zwischen den Vennbächen Sawe und Nou Ru (Ruisseau de Piron-Chêneu) im Waldgebiet Belle Bruyère, daher früher auch Ferme de Belle Bruyère genannt. Die Weidewirtschaft wurde 1880 von Pierre Grosfils aus Verviers begründet. Das langgestreckte Wiesengelände ist gut einen Kilometer lang, 250 m breit und umfaßt etwa 25 ha und zwei langgestreckte Gebäude. Die schlechte Ertragslage führte zu häufigem Besitzerwechsel.

Gutshof Maria-Theresia (Ferme Marie-Thérèse)
Der Gutshof aus dem 19. Jh. mit etwa 10 ha Weideland liegt an der Straße Jalhay-Belle Croix. Er beherbergt seit etwa 1960 ein ländliches Café.

Hahnheister
Südöstlich des Brackvenns auf einem Hügel (640 m) gelegenes Waldstück, das früher von den Schäfern aus Kalterherberg genutzt wurde. Der Name bedeutet etwa „Hagheister" von *Hag = Gehege* für Buchen und Eichen = *Heister (vgl. Hestreux)*.

Haie des Morts
Im Hertogenwald südwestlich der Dicken Eiche gelegenes Waldstück. Der Name bedeutet sinngemäß Totenkopf, ist jedoch rätselhaft.

Haie des Pauvres
Im Hertogenwald nördlich des Fagne Lambotte gelegenes Waldstück, das im 17. Jh. im Besitz der Gemeinde Jalhay war und von deren armen Bürgern genutzt werden durfte (Armenwald).

Haie de Souck
Die Südspitze des Wallonischen Venns erscheint auf der Samin-Karte von 1755

als „Bois du Sucre", wahrscheinlich eine Anspielung auf einen Grenzvorfall, der sich hier im 17. oder 18. Jh. ereignet hat.

Haie du Procureur
Wie J. Feller vermutet, wahrscheinlich der Waldbesitz eines Staatsanwalts beim Gerichtshof in Jalhay, der bis 1794 dort bestand. Lage westlich der ehemaligen Weideflächen von Plènesses.

Haie du Renard (Vosseboecker)
Im Hertogenwald nördlich der Porfayschneise im Distrikt Longchamp. Das früher in sich geschlossene Waldstück war der „Fuchshag".

Haie Henquinet
Ein venniges Waldstück südlich des Großen Moors (Monument Americain). *Haie* bedeutet *Wald (Hag)*, der zweite Wortteil ggf. ein Vorname aus dem wallonischen *(Dju)-hene = Johann* oder *Heine = Heinrich*.

Haimonskinder, Die vier
Die Sage aus dem Kreis Karl Martells, in Frankreich (Dordogne) entstanden und im 13. bis 15. Jh. in gereimten Heldengedichten verfaßt, ist europaweit verbreitet. Die nordfranzösischen und vornehmlich belgischen Ardennen werden als die eigentliche Heimat der vier Haimonskinder angesehen.
Unbelegt wird die Burg Reinhardstein mit der Sage in Verbindung gebracht. Eine geografische Bezeichnung „Pas Bayard" am Eau Rouge zwischen Duzos Moûpa und Planérèces ist nach einem Stein benannt, der den Hufabdruck des sagenumwobenen Pferdes Bayard tragen soll.
Die Sage schildert die Auseinandersetzungen des Königs mit den vier unbotmäßigen Söhnen seines Lehnsmannes, des Grafen Haimon (Aymon) von Dordogne.

Halefagne
Das südwestlich der ehemaligen Weideflächen Plènesses gelegene Waldstück leitet seinen Namen vermutlich von *Fagne Adelin* ab (wallon. Hâlin).

Hall-Gedenkstein (Monument Hall)
Gedenkstein zu Ehren eines hier am 30. Mai 1943 abgestürzten englischen Fliegerfeldwebels E. Hall. Der 1946 errichtete Gedenkstein ist an der Landstraße Belle-Croix-Jalhay gelegen, schräg gegenüber dem Parottegedenkstein. Der Quarzitblock trägt eine Bronzeplatte.

Harroy, Elisée (1841-1905)

Von 1879 bis 1902 Direktor der Normalschule in Verviers, dichterisches Naturtalent, Vennliebhaber und -kenner wie Albert Bonjean, sein Wanderfreund. Stimmungsvoll besingt er das Venn: „Ob der Frühling es weckt mit grünen Trieben oder der Sommer es sengt mit gleißendem Licht, ob der Herbst es schmückt mit dunklem Ocker oder der Winter es einhüllt in seinen weißen Mantel: Das Venn ist immer schön."

Hattlich, Alt-

In 593 m Höhe an der Quelle des Raalbachs zwischen Neu-Hattlich und der Hill gelegen. Name in Verbindung mit mhd. *hart, hard* für Bergwald. Dem Volksglauben nach von „Hadaloga", der Tochter Adelheid von Karl Martell, die das fränkische Hofgut von ihrem Vater als Geschenk erhalten haben soll. Das karolingische Familiengut kam an Wigerich, Pfalzgraf von Aachen, einen Enkel Karls des Großen, und durch Erbfolge an den Grafen von Limburg.
1203: Hartlich genannt (herzoglich?)
1266 fiel das Gut durch Schenkung an das Kloster Reichenstein und blieb bis zur Säkularisation in dessen Besitz (1802). Die franz. Regierung verkaufte das Gut Alt-Hattlich und das Kloster Reichenstein an den Monschauer Tuchfabrikanten Gerhard Boecking. Nach mehrfachem Besitzerwechsel erwarb es 1836 der Staat und benutzte es als Forsthaus. Am 8. Dezember 1906 brannte es völlig aus und wurde nicht wieder aufgebaut. Der letzte Mauerrest wurde Anfang der 60er Jahre von der Forstverwaltung beseitigt. Nur ein alter Buchenknick erinnert noch an den Standort. Dicht daneben steht jetzt ein Jagdhaus. Aufgrund von 1793 beim Torfgraben in der Nähe gefundener römischer Straßenreste sowie Schwert und Helm eines höheren römischen Legionssoldaten vermutet man bereits römische Bebauung an dieser Stelle.

Hattlich, Neu-

1840 als Forsthaus mit Wirtsstube an der neuen Landstraße Eupen-Mützenich oberhalb von Alt-Hattlich in 576 m Höhe erbaut. Die urgemütliche Gaststätte war bei Jägern und Wanderern gleichermaßen beliebt. Durch Kriegshandlungen 1944 zerstört, 1947-48 an derselben Stelle wiederaufgebaut, jedoch ohne Gaststätte. Zur Unterscheidung Neu-Hattlich II genannt.

Hauptmannsäule (Colonne Hauptmann)

Sockel des ersten großen Wegzeichens auf Botrange, dem weithin sichtbaren höchsten Punkt Belgiens, der auch mehrfach als trigonometrischer Punkt benutzt wurde, auf dem früheren Handelsweg von Sourbrodt über Jalhay nach

HAUPTMANNSÄULE

Limburg. Lange nur als Werners Kreuz (Croix Verners) bekannt nach einem Holzkreuz, das nach der Zerstörung der Säule neben dem Sockel von einem gewissen Verners aufgestellt wurde.

Das Kreuz verfiel, doch der Name ging auf den Sockel über. Der massive Sockel steht etwa 200 m südöstlich des Turms von Botrange nahe der Landstraße Mont Rigi- Sourbrodt, heute wieder gut sichtbar, umpflanzt von einem Rund junger Buchen, nachdem der alte Fichtenbestand Ende der 80er Jahre abgeholzt wurde.

Ein Angehöriger der bekannten und sehr begüterten Familie Hauptmann, Bartholomäus Hauptmann aus Eupen, Schöffe zu Trier, ließ die Säule 1566 errichten. Sein Schwiegersohn Peter Panhaus (Panhuis) stellte 1566 die Panhaussäule auf, das zweite große Wegzeichen. Ebenfalls 1566 errichtete sein Vater, Arnold Hauptmann, das dritte, das Hèvremont-Kreuz.

Die vier Seitenflächen des Sockels tragen zwei deutsche und zwei französische Inschriften:

Im NO: In Godes Name zum gemeinen Nutz und Wegh Wysung dede mich machen Bartholomehs Hauptmann von Eupen Arnolts Sun Scheffen zu Trier Anno 1566.

Im SW: schlecht lesbar dieselbe Inschrift in franz. Sprache.

Im SO: Sourbrodt Sehlich ist wer den Herrn fürcht und geht auf sine Wegen Psal. 127.

Im NW: Lymborgh: Bienheureux qui craint le Seigneur et chemine en ses vois.

Bartholomäus Hauptmann wurde 1574 Bürgermeister von Trier.

Hèdge

Das westlich des Rotwasserbachs gelegene Waldstück ist benannt nach dem wallon. *Hètch = Dickicht*, sprachlich verwandt mit dem deutschen Wort Hecke.

Heisterberg (Hestreux) (mhd. heistert = Buchenwald, frz. hetraie)

1780 baute hier der letzte limburgisch-österreichische Forstmeister (Wautmaître, Vorstmeester), Ignaz Augustin de la Saulx, eine Forstunterkunft. Diese ging 1856 in den Besitz der belg. Forstverwaltung über, 1876 Umbau und Erweiterung. 1938 Baubeginn für ein zweites Gebäude, das 1942 von der deutschen Forstbehörde fertiggestellt wurde. Es diente der belgischen Königsfamilie als Unterkunftshaus bei Jagden im Hertogenwald. Das Forsthaus liegt an der Straße Eupen-Malmedy (N68) kurz hinter der Abzweigung nach Béthane.

Herbofaye

Das südlich der Baraque Michel gelegene Waldstück wird 1461 erstmals erwähnt als „Eirbôfay". Es gehörte bis 1794 zur Fürstabtei Stablo-Malmedy. Der Name ist vermutlich abgeleitet von Herbold oder Heribald, mithin der Buchenwald (oder das Venn) des Herbold. Eine andere Deutung geht auf kelt. *Werbo = Bäche auf der Höhe* zurück.

Herrschaftsbereiche des Mittelalters im Hohen Venn

Das Hohe Venn war jahrhundertelang ein Land mit vielen Grenzen. Als Gebietsherrschaften waren zuständig: im SW die reichsunmittelbare Fürstabtei Stablo-Malmedy zwischen Hockai, Vekée, Mockelkreuz, Baraque Michel, Via Mansuerisca, Botrange, Sourbrodt, Robertville, Weismes (Waimes), Wolfsbusch, Recht, Salm, Francorchamps, Hockai; im NW das Marquisat de Franchimont (zum Fürstbistum Lüttich gehörig) mit dem Großmoor (Grande Fange), Sawe- und Stattetal sowie den heutigen Gemeinden Sart und Jalhay; im NO das Herzogtum Limburg mit Feste und Ort Limburg/Weser und den Hochbänken (Verwaltungsbezirken) Herve, Walhorn, Montzen, Baelen, dem Hertogenwald (Wald des Herzogs) und dem Hohen Moor (Dûrèt, Zweiserienvenn) bis zur Hill; im SO das Herzogtum Luxemburg mit St. Vith, Bütgenbach und dem Wallonischen Venn bis zur Hill.

Zeitweise erstreckte sich die luxemburgische Herrschaft bis zum Pannensterz = Ende des Bannes Bütgenbach.

Im SO außerdem das Herzogtum Jülich (Monschauer Land) mit dem Dreiherrenwald bei Wahlerscheid, Kalterherberg, Schwarzbach, Klüserbach, Pannensterz, Miesbach, Herzogenhügel (Dreiländereck Limburg, Jülich, Luxemburg), Spohrbach, Getzfurt, Getzbach, Eschbach, Genagelter Stein

(Dreiländerpunkt Jülich, Kornelimünster, Limburg), Hahnheister, Kgl. Torfmoor (Misten), Brackvenn, Brachkopf, Fringshaus, Wollerscheider Venn, Hoscheit.

Hertogenwald (Bois de la Dukée)
Der Hertogenwald war ehemals Jagdgebiet der Merowinger und Karolinger, auch Karls des Großen. Ab 1055 Besitztum der Grafen von Limburg. 1155 unter Heinrich II., dem ersten Limburger Herzog, tauchte die Bezeichnung Hertogenwald auf. In seiner wechselvollen Geschichte fiel er nacheinander an die Herzogtümer Brabant, Burgund, die österreichische, zwischenzeitlich an die spanische Linie der Habsburger, die Franzosen und 1815 zum Teil an die Niederlande, zum Teil an Preußen.
1830 ging der niederländische Teil bei der Staatsgründung an Belgien. Am 8. September 1856 wurde die Landstraße Eupen-Malmedy, die sog. Vennstraße, eingeweiht. Sie verlief 1,2 km bis zur Grenze am Spitzberg auf preußischem und 12,3 km auf belgischem Gebiet über Heisterberg (Hestreux) und Drossart bis zur Baraque Michel. Im Hertogenwald wurde jahrhundertelang kein geregelter Holzeinschlag, sondern Raubbau betrieben. Klöster schufen durch Rodung Raum für landwirtschaftliche Nutzflächen und Siedlungen, Vieh weidete im Wald, Hirten vergrößerten durch Brandrodung ihr Weideland und benutzten den Humusboden als Streu. Vier Schäfereien sind überliefert: Porfays, La Robinette, Schornstein und Hattlich.
Holzdiebe aus Lüttich und Aachen suchten den Wald heim, besonders die Tuchindustrie aus Eupen, Aachen und Hodimont benutzte ihn als Brennstoffquelle. Auch die Eisenverhüttung schmälerte den Waldbestand. Die vorherrschende Niederwaldbewirtschaftung verdarb ihn vollends. Erst gegen Mitte des 19. Jh. wurde aufgeforstet, jedoch mit schnellwüchsigen Fichten aus Preußen, dem sog. „Prüßeboom". Die Einheimischen zeigten Widerstand, rissen ganze Schonungen aus, Militär mußte eingesetzt werden.
Heute besteht der Hertogenwald zu 70% aus Nadelwald, überwiegend Fichten, der Rest aus Laubwald, Vennlandschaft, Wildwiesen und Schneisen. Die belgischen Forstämter sind inzwischen zum natürlichen Waldbau zurückgekehrt, da Monokulturen anfällig sind gegen Schädlinge, Windwurf, Schneebruch, Wildschäden und sauren Regen. Der Hertogenwald liegt größtenteils auf dem Gebiet der Gemeinde Membach. Er ist Staatsforst, jedoch zum Teil auch in Privat- oder Gemeindebesitz. Die moderne Holzindustrie betrachtet den Wald als ertragreiches Rohstofflager. Die Schläge werden in Lose aufgeteilt, die auf öffentlichen Verkäufen von Holzhändlern ersteigert werden. Kleinunternehmer, sog. Rücker, schaffen das gefällte und aufgearbeitete Holz zum Abtransport an die

festen Wege. Die belgischen Wälder sind die ertragreichsten der EU und dienen vornehmlich der Papierherstellung.

Herzogenhügel
An der Einmündung des Miesbachs in die Hill grenzten früher drei Herzogtümer aneinander: Limburg, Jülich und Luxemburg. Nach diesen wurde der Hügel (540 m) an der früheren Dreiländerecke benannt. Das Monschauer Protokoll von 1569 regelte die Weiderechte der drei Herzogtümer in diesem Grenzgebiet. Nördlich befand sich eine Jagdhütte der Herzöge von Limburg: Hertogenhuys. Sie wurde 1649 erwähnt, bestand wahrscheinlich aber schon vorher.

Herzogenvenn
Kleines naturgeschütztes Vennstück zwischen dem Schwarzen Venn und der jungen Rur. Es gehörte bis 1794 zum Herzogtum Luxemburg und wurde danach benannt.

Hêtre de Cléfay
Die 1972 von den „Amis de la Fagne" zwischen Wallonischem Venn und Cléfayvenn neu gepflanzte Buche soll erinnern an die dort abgestorbene alte Buche „Vôye do Bwès". Sie steht am Rande der Forststraße Sourbrodt-Ternell.

Hêtre de Rondfahay
Westlich des Wihonfagne stand an einer Wegekreuzung nach Solwaster, Jalhay und Hockai als Richtzeichen ein alter Baum, die Buche von Rondfahay. Bei ihren Überresten ist eine junge Buchengruppe angepflanzt worden.

Hêtre Gulpin (Vulfingi Fagus)
Im Hohen Moor, an der Via Mansuerisca zwischen Steinmann und Mockelkreuz, wird schon 670 anläßlich einer Grenzfestlegung des Herrschaftsgebiets der Abtei Stablo ein berühmter Baum bekundet, die Wolfsbuche Vulfingi Fagus. Nochmals erwähnt wird sie 915 bei Grenzfragen des Bistums Lüttich.
Der Name ist abgeleitet aus dem germanischen „Vulfing" oder „Wulping", einer Wolfsangel, einem Fanggerät für Wölfe und Füchse mit einem Doppelhaken als Köderträger, das nach fränkischem Brauch sinnbildlich im Baum aufgehängt wurde. Die Buche wurde dadurch unantastbar.
Zur Erinnerung an diesen berühmten Baum pflanzten 1970 die „Amis de la Fagne" mit der Forstverwaltung am alten Standort einige junge Buchen, deren stärkste eines Tages eine neue „Vulfingi Fagus" werden soll.

Hêtre Winbiette
Name einer alten Buche am Rand der Neuen Vekée, unweit des preußisch-belgischen Grenzsteins 150. Sie war Grenzpunkt des Bistums Lüttich und der Abtei Stablo; seit 1815 markierte sie die Grenze zwischen den Vereinigten Niederlanden/Belgien und Preußen. 1975 haben die „Amis de la Fagne" zur Erinnerung an dieser Stelle eine neue Buche gepflanzt. Winbiette ist vermutlich ein Familienname.

Hexenbesen
Bei Moorbirken zu beobachtende Pflanzengallen, die beim Eindringen eines pflanzlichen Schmarotzers, des Schlauchpilzes, in das Astgewebe entstehen. Von der Befallstelle des Pilzes aus bleiben die Triebe gestaucht; sie entwickeln dichte und struppige Seitenästchen in alle Richtungen. Im Baum sind diese besenartigen Anschwellungen örtlich begrenzt.

Hill (frz. Helle, wall. Rû dol Dukée)
Der malerischste aller Vennbäche entspringt aus zwei Quellen im Hohen Moor unweit der Baraque Michel, der Fontaine Périgny und der Fontaine Verdte (Grünenborn). Die beiden preußisch-belgischen Grenzsteine 156 und 157 lassen noch heute erkennen, daß die Hill ein alter Grenzbach war. Die Hill nimmt den Rû des Waidages aus dem Fagne Rasquin auf, durchfließt ein romantisches Tal am Rande des Wallonischen Venns und erreicht Rakesprée, den Viehmarkt von Robertville aus dem 17./18. Jahrhundert.
Ihre Ufer werden gesäumt von den Waldgebieten von Cléfay und Eckel, dem Großen und Kleinen Bungert, alten Baumgärten des Hertogenwaldes. Am Herzogenhügel nimmt sie den Miesbach auf, der die Herzogtümer Luxemburg und Jülich trennte, kurz darauf den Spohrbach aus dem Brackvenn. Urig und voralpin umrundet sie den Raalkopf, nimmt von Alt-Hattlich her den Raalbach auf und aus dem Sourenplein bei Ternell den steil abstürzenden Ternellbach. Das Staubecken von Millescheid hemmt ihren Lauf.
Der größte Zulauf, die Soor, fließt bei der Schwarzen Brücke ein. Vorbei am Wetzlarbad mündet die Hill nach einem Lauf von fast 20 km in der Eupener Unterstadt in die Weser. Die dt. und frz. Bezeichnung stammt vom germ. *hell = hart, laut, stark*. Das wallonische *Lu Neûr Aiwe* bedeutet: *das schwarze Wasser*. *Rû dol Dukée* heißt *Bach im Hertogenwald*.
Die Hill war seit der Römerzeit eine Grenzscheide:
- zumindest streckenweise zwischen der Civitas Tungrensis und der Civitas Coloniensis, den römischen Kolonisationszentren Tongern und Köln;
- im Mittelalter bis 1795 zwischen den Bistümern Lüttich (Herzogtum

Limburg) und Köln (reichsunmittelbare Fürstabtei Stablo-Malmedy);
- von 1795 bis 1815 während der Franzosenzeit zwischen den Kantonen Limburg und Eupen;
- von 1815 bis 1830 zwischen Preußen und dem Vereinigten Königreich der Niederlande;

- zwischen Preußen und Belgien von 1830 bis 1871;
- von 1871 bis 1920 zwischen Deutschland und Belgien;
- seit 1920 bis heute zwischen den belgischen Gemeinden Robertville (Weismes) und Membach (Baelen).

Hillgranit

Bei der kambrischen Gebirgsbildung vor 500 Mio Jahren drangen Gesteinsschmelzen aus größeren Tiefen hoch. Sie führten nicht wie anderenorts zu vulkanischen Erscheinungen, sondern blieben in den kambrischen Schichten stecken, kristallisierten aus und hinterließen ein magmatisches Gestein.
Dieses nannte man früher Hillgranit, heute ist es als Tonalit bekannt.
Die gesteinskundliche Seltenheit enthält als mineralische Bestandteile Plagioklas, Biotit, Quarz und Chlorit. Hillgranit oder Tonalit wurde 1884 beim Bau der Vennbahn westlich von Lammersdorf angeschnitten und findet sich im Hilltal bei der Einmündung des Spohrbachs.

Hillquellen

- Fontaine Périgny

Eine der beiden Hillquellen, am Ende des sog. Knüppeldamms von der Gaststätte Baraque Michel ins Hohe Moor, unmittelbar am preußisch-belgischen Grenzstein 156. Der Quelltopf ist eingefaßt. 1804 benannt nach dem Unterpräfekten de Périgny des Arrondissements Malmedy, einem Verwandten der franz. Kaiserin Joséphine, der Gattin Napoleons, der hier bei der Geländebesichtigung zur Wiederauffindung der Via Mansuerisca mit seinem Gefolge rastete. In seiner Begleitung befand sich der frz. Wissenschaftler Gaspard Monge.

- Fontaine Verdte (Grünenborn)

Hauptquelle der Hill, links der Nebenquelle an einem Vennpfad nahe des FICI-Grenzsteins. Sie sprudelt kristallklar auch bei trockener Wetterlage und hat eine ständige Wassertemperatur von 6,5°C.
Sie war bis 1755 ein Grenzpunkt zwischen dem Fürstbistum Lüttich und der Fürstabtei Stablo-Malmedy.

Hillstaubecken Millescheid

Von dieser Hillsperre aus wird über einen 1,2 km langen Stollen bei Bedarf Hillwasser in die Wesertalsperre geleitet.
Das Hillstaubecken befindet sich im Waldgebiet Millescheid (Hertogenwald) rechts der Landstraße Eupen-Mützenich nahe Eupen. Der Stollen unterquert den Brandberg. Der Name bedeutet germ. *mille = Sand, Kies* und *Scheid = Wald*.

Hill-Überleitung
Dieser Hillstollen von 1,2 km Länge und 2,30 m Durchmesser führt Hillwasser über den Getzeinlauf in die Wesertalsperre. Er kann je Sekunde 20 Kubikmeter Wasser aufnehmen. Er unterquert vom Staubecken Millescheid her die Landstraße Eupen-Mützenich.

Hirschhag (Haie Grosjean)
Fichtenbestand rechts der Hill nahe Rakesprée, zwischen Geitzbusch und Cléfay.

Hoboster
Ein Waldstück südlich der Gileppetalsperre, das bis 1794 zum Banne Jalhay in der Grafschaft Franchimont gehörte und Eigentum des Fürstbischofs von Lüttich war. Die Bezeichnung geht vermutlich zurück auf den germanischen Personennamen *Hodbald*, verkürzt zu Hobo, *-ster* bedeutet *gerodete Stelle*.

Hockai
Das malerische Venndorf an der Hoegne gehörte bis 1794 zur Fürstabtei Stablo-Malmedy, gelangte nach dem Wiener Kongreß 1815 zum Vereinigten Königreich der Niederlande und 1830 zum Königreich Belgien. Seit 1930 erinnert hier die Hocgnebrücke (Pont du Centenaire) an das hundertjährige Bestehen des belgischen Staates. Der um 550 Meter hoch gelegene Ort wird sprachlich als „kleiner Hügel" gedeutet (germ. = Huka). Als Bahnstation an der Strecke Spa-Stavelot bot Hockai früher Wanderern und Touristen über die Alte und Neue Vekée den kürzestmöglichen Zugang zur Vennhochfläche bei Baraque Michel.

Hock- Gedenkstein, Lucien
Zur Erinnerung an den Vennmaler Lucien Hock (1899-1972) wurde 1975 von seinen Freunden auf einem Felsblock eine Bronzetafel mit dem Profil des Künstlers angebracht. Standort ist an der Straße Hockai-Ster bei „Les Grand Sarts".

Hodbômâles, Les
Das vennige Waldgebiet südöstlich der Gileppetalsperre wird sprachlich abgeleitet von dem germanischen Vornamen Hodbald.

Höfener Mühle (Perlenbacher Mühle)
Zur Franzosenzeit wurde 1805 an der Schwalm (Perlenbach) eine Fruchtmühle erbaut, die seit etwa 1900 als Gastwirtschaft dient. Das Anwesen lag gegen

Ende des Zweiten Weltkriegs zwischen den Frontlinien im Niemandsland und wurde zerstört; später wurde es wieder aufgebaut. Die Schwalm hat in ihrem Unterlauf etwa seit dem 16. Jh. den geläufigeren Namen Perlenbach, da hier Perlmuscheln vorkamen. Von 1667 bis 1794 durften die Muschelbänke nicht mehr von der Bevölkerung, sondern nur noch vom herzoglich-jülichschen Landesherren genutzt werden.

Hoëgne (sprich: Hunje)
In ihrem Oberlauf heißt sie Polleur und entspringt im Waldgebiet zwischen Botrange und Mont Rigi beim Poleurvenn. Am Pont du Centenaire wechselt sie ihren Namen und stürzt sich in ein wildromantisches, felsiges Tal. Vorbei an Sart, Polleur und Theux mit den Ruinen des gräflichen Schlosses Franchimont ergießt sie sich nach einem Gesamtlauf von 30 km bei Pepinster in die Weser. Andere Schreibweisen sind Hoigne und Hogne. Der Name ist nicht gedeutet. Er könnte vom wall. *Hougne* = Hügel abgeleitet sein. Schon zur römischen Zeit war die Hoëgne ein Grenzbach zwischen den Siedlungsgebieten civitas Tungrensis und civitas Coloniensis, später den Bistümern Köln und Lüttich.

Hohe Mark
Das parkähnliche Waldgelände südlich von Kalterherberg ist ein Teil des Truppenübungsplatzes Elsenborn. Es erstreckt sich vom Krummen Ast etwa 2 km nach Osten. Seine flache, um 600 m hoch gelegene Kuppe wird umflossen vom Heisterbach, Perlenbach (Schwalm) und vom Wolfsbach. Der prächtige Mischwald aus majestätischen Eichen, hundertjährigen Buchen, hochgeschossenen Ebereschen und einer Vielfalt von Fichten und Kiefern ist ein einzigartiger Naturpark. Mark bedeutet Grenzgebiet. Bis 1794 teilte die Hohe Mark die Herrschaften Bütgenbach und Monschau, also die Herzogtümer Luxemburg und Jülich, dann die Departements Ourthe und Roer, ab 1915 die Kreise Malmedy und Monschau und ab 1920 Belgien und Deutschland.

Hohlenborner Venn
Südlich des Brackvenns gelegener Vennwald, der schon im 16. Jh. so genannt wurde. Der Spoorbach bildete hier bis 1794 die Grenze zwischen den Herzogtümern Jülich und Limburg. Sprachlich handelt es sich um einen „hohlen Born", eine lochartige Quelle.

Höllenkessel (Hellenketel)
Vorgeschichtlicher Weiher (Pingo) im Brackvenn, Durchmesser 300 m. Er wurde 1840 von der neuen Landstraße Eupen-Mützenich durchquert. Hier wurde

1783 eine damals auf 1400 Jahre geschätzte Balkenstraße aus der Römerzeit gefunden, außerdem ein Skelett, ein Römerhelm und ein Schwert. Die mutmaßliche Fundstelle ging verloren und wurde durch die neuere Wegeforschung annähernd wiederbestimmt.

Hönes Hüsske (Lu barake da Victor Chmit)
Kleines Haus für den Wegemeister (Cantonier) Hoen an der Landstraße Eupen-Malmedy, im Waldgebiet „An den Tausend Tannen", etwa 2 km vor dem Forsthaus Heisterberg (Hestreux). Die belgische Forstverwaltung erbaute es nach 1860 an der neuen Straße. Der Eupener Volksmund benannte es nach dem ersten Wegemeister Hoen, die Wallonen nach Viktor Schmitz, seinem Schwiegersohn und Nachfolger. Das Häuschen verfiel am Anfang des 20. Jh., um 1930 waren nur noch einige Mauerreste vorhanden, die 1933/34 beim Straßenbau verwendet wurden. Der genaue Standort ist nicht mehr zu bestimmen.

Hoscheit
Naturgeschütztes Vennstück zwischen Konzen und Fringshaus, nördlich begrenzt von der Landstraße Fringshaus-Lammersdorf. Der Name setzt sich zusammen aus *Ho = hochgelegen* und *-scheid = waldiges Brachland*, bezeichnet also letztlich einen Bergwald (Hochscheid). Hier spielte sich 1749 ein ähnliches Schicksal ab wie das der Verlobten François Reiff und Maria Solheid (Kreuz der Verlobten). Die jungen Leute Quirinus Schreiber und Anna Maria Crott aus Petergensfeld (Raeren) waren am 10. Februar 1749 übers Venn nach Monschau gegangen. Der vermutlich wichtige Grund ist nicht überliefert. Auf dem Heimweg gerieten sie auf der Hochfläche von Hoscheit, einer damals öden, verlassenen Gegend, in einen heftigen Schneesturm und kamen darin um. Ihre Leichen wurden erst am 18. Februar gefunden und am Tag darauf auf dem Raerener Friedhof beigesetzt. Kein Kreuz erinnert an dieses Venndrama.

Im Hau (Im Königlichen)
Bei dem Teil des Küchelscheider Waldes handelt es sich sprachlich um eine Rodung. Die Bezeichnung „Im Königlichen" könnte eine Anspielung auf den spanischen König sein, da dieses Gebiet im 16./17. Jh. Besitz der spanischen Niederlande war.

Irisierende Pfützen
Durch die Oxidation von Eisenkies (FeS_2) in einfacher chemischer Reaktion oder durch Einfluß von Eisenbakterien entstehen Eisenhydroxide. Diese können rostfarbene Flocken bilden (s.d.), jedoch auch einen feinen Film auf der

Wasseroberfläche. Dieser schillert (irisiert) durch die Strahlenbrechung in allen Regenbogenfarben und vermittelt den Eindruck eines durch Kohlenwasserstoffe (Benzin, Öl, Diesel) verschmutzten Gewässers. Es handelt sich jedoch um eine völlig unschädliche natürliche Erscheinung.

Issenweg
Verballhornung für Eisenstraße (Eisenweg) zwischen Spoorbach und Bovel. Dieser alte Weg von Eupen nach Weywertz war früher sehr stark befahren, wie noch heute an einem Einschnitt oberhalb der Spoorbachquelle sichtbar.

Jalhay (1600 Einw.)
Straßenkreuzungspunkt Belle Croix-Verviers und Eupen-Spa am Westrand des Hertogenwaldes. Heute ein romantisch gelegener Erholungsort, gehörte es bis 1794 zum Herrschaftsbereich des Marquis de Franchimont. Das gleichnamige Marquisat stand in Abhängigkeit zum Fürstbistum Lüttich. Von hier waren am 21. Januar 1871 die Verlobten François Reiff und Marie Solheid nach Xhoffraix aufgebrochen, als sie auf halbem Wege an der neuen Vekée im Schneesturm ums Leben kamen (Kreuz der Verlobten).

Jugendherberge Mont
Gebäude an der Straßenkreuzung Mont Rigi-Malmedy und Xhoffraix-Hockai, bis 1918 deutsches Zollhaus, ab 1935 Versammlungsort und Gaststätte der neugegründeten Gesellschaft „Les Amis de la Fagne", seit 1945 als Jugendherberge genutzt.

K- Grenzsteine
Sie bezeichneten im 18. Jh. die Nutzungsgrenzen von Kalterherberg. Zwei dieser Steine sind erhalten, an der Quelle des Kluserbachs und 200 m östlich der Quelle des Miesbachs.

Kaiser-Karls-Bettstatt (frz.: Lit de Charlemagne; lat: Lectus Caroli Magni)

Kambrische Quarzitblöcke auf dem Steling nahe Mutzenich beim deutsch-belgischen Grenzstein 722 auf deutscher Seite. Bereits 1205 als Grenzstein des Klosters Reichenstein beurkundet. Im Volksglauben Ruheplatz Karls des Großen auf seinen Jagdritten durch die Ardennen, der Name ist seit dem 13. Jh. verbürgt. Den umgebenden Fichtenhochwald hat im Frühjahr 1990 ein Orkan hinweggefegt. Seitdem sind die Blöcke gut sichtbar.

Kalterherberg
Venndorf, zwischen den Tälern der Rur und des Perlenbachs in 565 m Höhe gelegen. Bereits am 1. Mai 1334 als „Kaldeherberich" urkundlich erwähnt. Ursprünglich eine alleinstehende Weinherberge am Pilgerweg Aachen-Trier. Besitzt noch Vennhäuser mit Strohdach und Buchenhecken (Vennhecken). Die dreischiffige neuromanische Basilika mit zwei großen Türmen, im Volksmund „Eifeldom" genannt, wurde 1901 von Pfarrer Gerhard Joseph Arnoldy als Pfarrkirche erbaut.
Der Pfarrer wurde bekannt als „Herr Johannes" aus dem gleichnamigen Roman von Ludwig Mathar. Kalterherberg wurde mit seinem Ortsteil Leykaul am 1. 12. 1885 Bahnstation an der Vennbahnteilstrecke Monschau-Weismes-Malmedy. Schon 1570 wurde hier Schiefer gewonnen (*Leykaul = Schiefergrube*). Der Bahnhof liegt seit 1920 auf belgischem Gebiet.

Katharinenbusch
Ein Waldgebiet im Hertogenwald östlich von Eupen, ein früherer Besitz von Walhorn und mit anderen Wäldern zu dessen „Steffensgemeinde" gehörig.

Kaulen
Beim Bovelsvenn gelegene eiszeitliche Ringwallweiher (= Kullen). Erreichbar vom Parkplatz Hahnheister beim Zollamt Mützenich.

Kirchhofsweg
Südlich des Misten (Kgl. Torfmoor) gelegene alte Wegverbindung von Hattlich zu den Pfarrkirchen von Mützenich und Konzen.

Klapperbach
Linker Nebenfluß der Weser zwischen der Bellesfurter Brücke und der Wesertalsperre. Sein Quellgebiet liegt im Waldgebiet Querenstein unterhalb des Raerener Stuhls. Der Klapperbach ist ein früherer Grenzbach zwischen dem Wald des Herzogs von Limburg, dessen östliche Grenze er um 1400 bildete, und dem sog. Reichswald der Banken Baelen und Walhorn.

Kluserbach
Dieser Nebenbach des Schwarzbachs entspringt am Pannensterzkopf (Bovel) und bildet bei Ruitshof die deutsch-belgische Grenze. In seinem Namen vermutet man die Klause (Einsiedelei), Jean de Walque hingegen deutet Engpaß oder Spalte.

Kluseteiche

Vor Fertigstellung der Wesertalsperre (1951) wurde Eupen aus den Kluseteichen versorgt. Die Teiche erhielten Weserwasser über eine 8 km lange Ton-Rohrleitung aus Roetgen und faßten 110. 000 m³. Die Teiche liegen am Kluserbach rechts der Straße Monschau-Eupen (N67).

Knippschneise (Tranchée Leroy)

Parallel zur Weser verlaufende Schneise im Bezirk Knickhövel des Hertogenwaldes. Der Name entstand bei der Waldbewirtschaftung gegen Ende des 19. Jh.- *Knipp* bedeutet *Hügel*.

Knüppeldamm

Von 1815 bis 1920 Grenzkontrollweg zwischen Baraque Michel und der Hillquelle (Fontaine Périgny), entlang dem Priorkreuz und den preußisch-belgischen Grenzsteinen 155 und 156. Bis Ende der 70er Jahre dieses Jh. mit Fichtenknüppeln belegt, dann begehbarer als Plankenweg, neuerdings geschottert.

Köhlerei

Holz verschwelt bei geringer Sauerstoffzufuhr zu Holzkohle. Diese war unerläßlich bei der Eisen- und Kupfergewinnung. Die Köhlerei stellte Holzkohle handwerklich her. Kohlenmeiler (meules à charbon, charbonnières) rauchten jahrhundertelang in den Wäldern des Hohen Venns und der nahen Eifel. Schon 1162 wurde in diesem Gebiet die Köhlerei urkundlich erwähnt. In einer flachen Erdmulde (Meilergrube, Fülle) wurden luftgetrocknete Holzscheite von 1-2 m Länge um einen aus Stangen errichteten Feuerschacht (Quandel) schräg aufrecht und dicht gestapelt, etwa 40 Raummeter je Meiler. Der entstehende Rundling war bis zu 3 m hoch mit einem Durchmesser von bis zu 11 m. Die letzten Fugen zwischen dem Klafterholz wurden mit dünnen Ästen verschlossen und der Meiler bis auf den Meilerkopf mit einer feuerfesten Decke aus grünem Reisig, Grassoden und Erde abgedeckt.

In den Meilerfuß stieß der Köhler Zuglöcher, warf die Glut in den Quandel, füllte die Lücken mit trockenem Brennholz und Holzkohle auf und verschloß die Kuppe ebenfalls mit Grasplacken und Erde. Der Meiler brannte etwa eine Woche, bewacht vom Köhler, der das Feuer im Inneren mit Luft- und Rauchlöchern von außen regelte.

An der Farbe des Rauches erkannte der Köhler den Fortgang der Verkohlung. Wurde der anfänglich weiße Rauch dünn und bläulich, war die Verschwelung im Bereich der Rauchlöcher abgeschlossen. Sie wurden verschlossen und neue Schächte eingetrieben. Schon während des Brandes wurde die bereits entstandene Holzkohle entnommen und abgelöscht, nach einer Woche wurde der Meiler vollends geöffnet.

Die Ausbeute betrug bei Buchenholz 20 bis 22 und bei Nadelholz 20 bis 26 Gewichtsprozente. Sogenannte Quandelkohle galt als die beste Meilerkohle. Ganze Wälder wurden durch die Köhlerei zu Holzkohle verarbeitet, z. B. der Rurbusch (Bois de Calbour). Auch der Hertogenwald wurde in seinem Bestand erheblich geschmälert. Über die sog. Kupferstraße wurde die Holzkohle der Eisen- und Kupferverarbeitung in Aachen und Stolberg zugeführt. Die Kohlenstraße im Hertogenwald und der Chemin des Charbonniers (Köhlerweg) an der Südspitze der Gileppetalsperre sind alte Transportwege für Holzkohle. Der letzte Meiler erlosch vor knapp 100 Jahren.

Seit August 1992 raucht im Stadtwald Monschau bei Rohren wieder ein Meiler. Er liegt am Wald- und Naturlehrpfad im Kluckbachtal und wird von zwei Forstbeamten des Forstamts Monschau betreut.

Kohlenstraße
Im West-Hertogenwald nahe Eupen. Benannt nach den einstigen Holzkohletransporten aus den Meilern des Hertogenwaldes. Sie verläuft westlich oberhalb der Soor, kreuzt die Heisterbergstraße (Chemin des Hestreux) nahe der Bergscheidbrücke (Pont de Bergscheid), führt dem Bach folgend in Windungen zum Waldgebiet Murlin und weiter über Knickhövel am Escherbach entlang zur Weser.

Königliches Torfmoor (Misten)
Unbegehbarer westlicher Teil des südlichen Brackvenns (Naturschutzzone D). Der ursprüngliche Name bedeutet Mist im Sinne von Torfmist. Der ehemals limburgische Besitz wurde um 1840 von der preußischen Forstverwaltung umbenannt in „Königliches Torfmoor". Den Torfabbau betrieb die Försterei Hattlich.

Konnerz Mur (Konnerzmauer)
Inzwischen überwachsene Bodenerhebungen rechts und links des Reinartzhofer Weges zwischen dem kreuzenden Entenpfuhler Weg und dem Steling. Bereits 1649 in einer Weidegangbeschreibung als Kauves Mauer oder Kaumest Mauer erwähnt. Bedeutung und Herkunft der Mauern sind bisher ungeklärt. Vermutet wird eine Haltestation an einer Römerstraße von Roetgen über Konnerz Mur, Eschweide und Grünkloster nach Amel. Sprachlich wird Konnerz Mur wie auch das Konnerzvenn und die Konnerzfelder mit den Familiennamen Konnertz oder auch Kauves in Verbindung gebracht.

Konzen (lat. Compendium)

Älteste Ansiedlung des Monschauer Landes, beliebter Ausgangspunkt für Wanderungen in das Hohe Venn. In einer Bestätigung König Arnulfs von Kärnten 888 erstmals als eines von 43 karolingischen Hofgütern erwähnt, die ein Neuntel ihrer Erträge an das Aachener Marienstift abtreten müssen. Der Königshof Konzen war wie Aachen und Düren Mittelpunkt eines Bannforstes im königlichen Wald, in dem das Jagdrecht auf Edelwild nur den Königen zustand. In einem Verzeichnis Kaiser Heinrichs IV. wird Konzen 1064 als königliches Tafelgut erwähnt. Das Hofgut Konzen hatte danach für die königliche Tafel in der Pfalz Aachen zwei Servitien zu leisten. Eine Servitieneinheit bestand aus 40 Schweinen, 7 Ferkeln, 50 Hühnern, 5 Kühen, 500 Eiern, 10 Gänsen, 5 Pfund Pfeffer, 90 Käsen, 10 Pfund Wachs und 4 großen Fudern Wein (1 Fuder liegt zwischen 750 und 1950 l). Konzen war zunächst wirtschaftliches und später kirchliches Zentrum. Die Pankratiuskapelle (um 880) gilt als Mutterkirche des Monschauer Landes. Sehenswert sind St. Peter und Pankratius, ehemals dreischiffige romanische Säulenbasilika (um 1160), deren Grundriß und Turm bis heute erhalten sind, und die alte Dorfschmiede. 1811 erhielt Konzen durch die napoleonische Landstraße (Route Impériale) eine gute Straßenverbindung nach Aachen und Monschau. Ab 1885 war es Haltepunkt an der Vennbahn.

Kornbahn

Alter Name für den Weg von Eupen über Vennkreuz nach Roetgen, heute eine Fahrstraße und Vennweg genannt.

Kreuze im Hohen Venn
(in Zusammenarbeit mit Roland Adams)

Aachener Weg-Kreuz (Croix du Sentier d'Aix)

Im Naturschutzgebiet Steinleyvenn an dessen nordöstlicher Spitze nahe dem Weserquellgebiet gelegen. Sein Standort ist ungefähr der Schnittpunkt des alten Aachener Weges (Aachen-Roetgen-Mützenich-Monschau) und eines alten Weges von Konzen über den Brachkopf nach Schwerzfeld. Über Herkunft und Bedeutung des ursprünglichen Kreuzes ist nichts bekannt. 1896 wurde es erneuert und 1956, da verwittert, durch ein neues Holzkreuz ersetzt. Verschiedenen Quellen zufolge soll es an einen Raubüberfall auf einen Kaufmann erinnern.

Alliiertenkreuz (Croix aux Alliés)

Etwa einen Kilometer hinter dem Forsthaus Heisterberg (Hestreux) zweigt von der Landstraße Eupen-Malmedy links spitzwinklig die Forststraße „Chemin de la Robinette" ab über den Ginsterbach oder Eupener Graben zum Waldstück „La Robinette". Auf halbem Weg steht links am Waldknick ein schlichtes Mahnmal aus Beton und Granit, gesäumt von Lebensbäumen. Es wurde 1969 von Eupener St.-Georgs-Pfadfindern errichtet und erinnert an italienische und russische Kriegsgefangene, die während des Ersten Weltkriegs im Hertogenwald als Holzfäller für den deutschen Stellungsbau an der flandrischen und nordfranzösischen Front eingesetzt waren.

Die Verstorbenen wurden zunächst an Ort und Stelle auf einem kleinen Vennfriedhof beerdigt, etwa fünf oder sechs Gräber waren mit einfachen Holzkreuzen versehen. 1920 wurden die sterblichen Überreste auf den Friedhof von Jalhay überführt. Zum Abtransport der Stämme betrieb die deutsche Heeresleitung eine Feldbahnlinie vom Porfayswald über den Drossart (Straßenüberquerung), den Hertogenwald abwärts zum Dreckweg (Trou du Loup) und Escherbach bis zur Weser.

Die Feldbahnlinie überquerte die Weser über eine von deutschen Pionieren gebaute Holzbrücke, gelangte im Oetal bei Membach an das Oebähnchen und hatte damit Anschluß an innerbelgische Eisenbahnstrecken. Nach 1919 sind die Schienenstränge des Feldbähnchens abgebaut worden; es soll mit allen Abzweigungen eine Gesamtlänge von fast 60 km gehabt haben. Spuren sind nicht mehr vorhanden.

Arnoldkreuz (Croix Arnold)

Gedenkkreuz für Arnold Müllenmeister, Burgvogt von Konzen, der hier am 25. April 1767 plötzlich verstarb. Ältere Kreuze wurden 1911 und 1947 bei Vennbränden vernichtet. Das aktuelle wurde auf Veranlassung von Förster Gustav Franck aufgestellt. Standort: am Reinartzhofer Weg (fr. Pilgerweg) vom Steling nach Reinartzhof am Rande des Steinleyvenns.

Beaupainkreuz

Es erinnert im Sawetal am rechten Bachufer an den hier am 08. 01. 1928 plötzlich verstorbenen M. Beaupain aus Verviers.

Belle Croix (Schönes Kreuz)

An der Abzweigung der Landstraße Eupen-Malmedy nach Jalhay stand bis zur militärischen Sprengung am 15.04.1940 das Haus des Klumpenmachers Adolphe François (Klompenhaus, Schusterhaus, Maison du Sabotier), als Gasthaus „Auberge de la Belle Croix" (Gasthaus zum Schönen Kreuz) genannt. Es bestand von 1877 bis 1906. Zunächst bezeichnete nur ein bescheidenes Kreuz aus dünnen Tannenstämmchen diese Stelle. Am 11.06.1950 wurde anläßlich des „Tages des Venns" gegenüber der Straßeneinmündung ein schlichtes Fichtenhochkreuz aufgestellt. Am 01.10. 1961 wurde unmittelbar auf dem Grundstück des ehemaligen Klumpenmacherhauses und der Gaststätte „Auberge de la Belle Croix" ein beherrschendes Erinnerungskreuz eingeweiht, ein Werk des Raerener Bildhauers Leonhard Mennicken (1874-1969). Sockelreliefs aus französischem Moselkalkstein zeigen die Hütte des Klompenmachers und die spätere Herberge. Der Christuskörper besteht aus einem zwei Meter langen Kernholzstück einer Eiche. Das Belle Croix gilt inzwischen als markantes Vennwahrzeichen.

Bilfingerkreuz

Zum Gedenken an den 23jährigen Feldwebel der Jagdflieger Horst Bilfinger aus Mannheim, der hier am 17. August 1943 im Kampf gegen amerikanische Bomber abstürzte und den Tod fand. Er wurde am 21. August auf dem Ehrenfriedhof in Eupen als unbekannter Flieger beigesetzt. Das Bilfingerkreuz steht am rechten Rand des Reinartzhofer Wegs (früher: Pilgerweg) vom Reinartzhof zum Steling in der Nähe des Arnoldkreuzes. 1943 zunächst ein Gedenkkreuz aus rohem Birkenstamm mit einer Duraluminiumplatte und der Inschrift: „Hier starb den Heldentod ein tapferer deutscher Jäger im Kampf gegen amerikanische Bomber – 17. August 1943". Die schon bald unleserliche Schrift wurde durch eine Holzplatte mit Inschrift ersetzt. Anstelle des stark verwitterten Kreuzes stellte die Gemeinde Imgenbroich Anfang der 60er Jahre ein stabiles Eichenkreuz auf. Die Familie des Gefallenen erfuhr erst später von der Absturzstelle und dem ihrem Sohn gewidmeten Kreuz .

Briamontkreuz (Croix Briamont)
Schlichtes Holzkreuz zur Erinnerung an Albert Briamont (geb. 1902), einen Vennwanderer aus Lüttich. Er erlag hier am 05. 05. 1971 einem Herzanfall beim Löschen eines Feuers, das durch zurückgelassene militärische Kampfmittel ausgelöst wurde. Standort: am alten Weg von Eupen nach Malmedy nahe dem unteren Ende des Béleutals (Polleurbach).

Bruno-Mayeres-Kreuz
Das schlichte Eichenkreuz im Kiesrund dient dem Gedenken an einen Holzfäller (bucheron), der hier am 26.11.1990 verunglückt ist. Standort an der Forststraße Chemin de Moréfange unweit der Statte.

Calvaire de Gospinal (Kreuzigungsgruppe von Gospinal)
Eine alte Ansichtskarte (Anfang 1900), herausgegeben vom „Café du Dolmen" beweist, daß dieses Kreuz bestanden hat. Der Wald der Domäne Gospinal liegt zwischen Sawe, der Statte, der Hoëgne, des Rû de Dison und Piron-Chêmeu. Der Wald gehörte ehemals dem Fürst-Bischof von Lüttich und wird von F.D.P (**F**ôrèt **D**u **P**rince)-Grenzsteinen begrenzt.

Creu d'Vekée (Vekéekreuz)
Neben dem Pottierkreuz steht auf derselben Kreuzung ein schlichtes Holzkreuz mit den Inschriften *Poteau d'Andrimon* und *Creu Vekée*.

Christ de la Petite Vèquée, Le
An der Westseite des Weges von La Géronstère nach Rosier (En Rôzi) steht dieses Kreuz mit Zinkdach einige Meter südlich der Petite Vequée. Das Kreuz, das bereits viele Male von frommen unbekannten Händen wiederhergestellt wurde, schmückte früher ein Christusbild.

Christian-Jansen-Kreuz
Ein schönes, gußeisernes Kreuz auf Blausteinsockel mit Korpus im Strahlenkranz zum Andenken an den Forstarbeiter Christian Jansen aus Rollesbroich, der hier am 27. 07. 1872 tödlich verunglückte. Standort: unmittelbar hinter der

Getzfurt am Weg zum Kaufmannsgraben (Nahtsiefvenn oder Kutenhart). Ein schlichtes Holzkreuz verbrannte 1947 bei einem Vennbrand. Das 1964 aufgestellte gußeiserne Kreuz wurde mutwillig beschädigt und 1974 von den Raerener Pfadfindern erneuert. Die Stelle heißt heute noch „Verbrannte Brücke".

Croix de Berisenne / Croix du Colonel (Berisennekreuz)
Ein steinernes Kreuz an der Südseite der Vèquée, 2 km westlich des Kreuzungspunktes dieses alten Vennweges mit der Straße Spa-Cour. Errichtet zur Erinnerung an Jacques de Berisenne (Sohn des Gründers der gleichnamigen Domäne), der an dieser Stelle am 23. 08. 1696 wahrscheinlich von einem Blitz tödlich getroffen wurde.

Croix Jean-Guillaume Bolette (Bolettekreuz)
Ein Steinkreuz am Weg von Malchamps nach Spa, rechterseits ca. 200 m vor der Einfahrt zum Flugfeld. Es wurde errichtet zur Erinnerung an J.G. Bolette (geb. 1867), der sich hier am 16. 03. 1894 während einer Jagd beim Sturz vom Pferd tödliche Verletzungen zuzog.

Croix Celestin J. Collin (Collinkreuz)
Ein neueres Kreuz 200 m südlich des Lucien-Hock-Gedenksteins, 30 m neben der Straße Hockai-Ster, errichtet zur Erinnerung an Celestin J. Collin, der hier am 25. 07. 1911 vom Blitz tödlich getroffen wurde.

Croix Christiane (Christianekreuz)
Das Blausteinkreuz ist dem Gedenken an Léonard Christiane aus Champagne gewidmet, der am 15. 07. 1839 zum Mähen ins Wallonische Venn gegangen war und auf dem Rückweg vom Blitz getroffen wurde. Es steht im Waldgebiet „La Béole" zwischen Wallonischem und Cléfayvenn am Weg von Sourbrodt nach Ternell.

Croix Delfosse (Delfossekreuz)
Ein Steinkreuz westlich des Chemin Nélis, 600 m vom Weg Spa - Malchamps. Das Kreuz stand ursprünglich im Venn von Malchamps und wurde 1931 von Marcel Thomé und Henri Legrand entdeckt.
Auf Anregung der Gruppe „J'osé" wurde es restauriert und am Forstweg Nélis aufgestellt.
1972 mutwillig beschädigt, von den Waldarbeitern Ramaekers und Christiane restauriert, im September 1990 bei Waldarbeiten erneut beschädigt, von der Forstverwaltung wiederhergestellt und auf einen Betonsockel gesetzt, erinnert

das Kreuz an Remacle Mathieu Delfosse aus Comblain, der am 22. April 1696 im Wald Haie Pirotte ermordet wurde.

Croix de Dickelt (Dickeltkreuz)

Unbekannt sind Ursprung und Bedeutung dieses steinernen Kreuzes am ost-westlichen Weg über den Dickelt (Gemeinde Elsenborn) in der Nähe des höchsten Punktes. Das Kreuz wurde von Waldarbeitern gefunden und 1990 auf Anregung von Förster Bettendorf aus Rocherath wiederaufgerichtet.

Croix de la ferme de Malchamps (Hofkreuz von Malchamps)

Ein hölzernes Hofkreuz an der Mauer eines Nebengebäudes des Hofs von Malchamps.

Croix de la ferme Marie-Thérèse

Der Gutshof Marie-Thérèse liegt auf halbem Weg zwischen Belle-Croix und Jalhay und war bis 1960 ein rustikales Café. An der straßenseitigen Mauer hängt ein großes, schlichtes hölzernes Kreuz.

Croix Guillaume (Guillaumekreuz)

Zu Beginn des 19. Jh. stand dieses Kreuz in der Nähe des hektometrischen Steins 0,6 am Weg Mont Rigi - Sourbrodt. Über Ursprung und Namen ist ebensowenig bekannt wie über ein anderes altes Kreuz an demselben Weg auf Höhe von km 2,9 an der Kreuzung des alten Weges nach Kalterherberg.

Croix Honin (Honinkreuz)

Am Rande eines Wäldchens etwa 300 m westlich des alten geodätischen Signals von La Gleize steht ein einfaches Holzkreuz, das ein Herr Honin errichten ließ als Wegzeichen bei Nebel oder Schnee.

Croix de Justice

Über dieses Kreuz, das wie viele andere verschwunden ist, schrieb André Vlecken in „Les Hautes-Fagnes" lediglich, daß es in Sourbrodt stand und Abbé Dubois es noch gekannt hat.

Croix Stéphane Lecock (Lecockkreuz)

Ein neueres Kreuz zur Erinnerung an Stéphane Lecock, der hier am 03.01 1990 verunglückte. Laut der „Carte Touristique du Plateau des Hautes Fagnes" soll an dieser Stelle – 5oo m vom Forsthaus Neu-Hattlich zwischen K11 und K12 an der Straße Eupen - Mützenich – bereits früher ein Kreuz gestanden haben.

Croix Léonard / Croix du taximan (Leonard – oder Taxifahrerkreuz)
Schlichtes Holzkreuz von 1938 zur Erinnerung an den Taxifahrer Maurice Léonard, der an dieser Stelle am 27. Juli 1935 im Alter von 39 Jahren ermordet wurde. Standort: linksseits der Straße Mont-Hockai, oberhalb des Waldgebietes Moûpa.

Croix de Moréfange (Kreuz von Moréfange)
Das ca. 1,80 m hohe Holzkreuz steht am Weg von Drei Eichen zum Großen Moor (Grande Fange) an der Stelle, wo die Statte diesen Weg unterquert. Es wurde 1985 von den „Amis de la Fagne" errichtet.

Croix de Moûpa *oder* de Rondchène (Kreuz von Moûpa)
Das Kreuz wurde 1908 links der Straße Mont-Hockai aufgestellt. Hier befand sich früher eine alte Baumgruppe, genannt Rondchène. Neben dem verwitterten alten Kreuz steht ein neues von 1950.

Croix de la Petite Vèquée
Rechtsseits des Weges Spa-Malchamps am Eingang der Petite Vèquée steht dieses Holzkreuz mit den Abmessungen eines Grenzkreuzes. Diese markierten ab 1519 die Grenzen zu Wäldern, in denen Holzköhlerei verboten war. Das 2,10 m hohe Kreuz ist eine Nachbildung dieser Grenzkreuze. Herstellen ließ es 1992 das „Comité culturel de Spa", errichtet wurde es von Georges Barzin.

Croix Piqueray (Piqueraykreuz)
Laut A. Vlecken befand sich dieses Kreuz in der Nähe von Mont Rigi. Das Kreuz war errichtet worden im Gedenken an Adolphe Piqueray aus Solwaster, der hier im März 1875 ums Leben kam.

Croix des Planérèces (Kreuz von Planérèces)
800 Meter nördlich der Ferme Libert, am alten Weg von Jalhay nach Malmedy, wurde dieses Kreuz zu Beginn des 20. Jh. aufgestellt.

Croix Pottier (Pottierkreuz)
Das Kreuz, eigentlich ein großer T-förmiger Pfahl mit Dach, befindet sich am Kreuzungspunkt der Grande Vequée von Bérisenne nach Malchamps mit dem alten Weg von Spa nach Andrimont. Hier stand früher der „Poteau d'Andrimont", der im Zweiten Weltkrieg zerstört wurde. Das Kreuz wurde errichtet zur Erinnerung an den Lehrer und Maler Maurice Pottier, der 1946 im Alter von 46 Jahren gestorben ist.

Croix Sarlette (Sarlettekreuz)
1861 am Giebel der Herberge von Baraque Michel angebracht zur Erinnerung an die Dienstmagd Anne-Catherine Sarlette aus Büllingen, die hier am 21.08.1860 nach schwerer Krankheit starb.

Croix de Sétay (Kreuz von Sétay)
Ein Holzkreuz im Sétayvenn neben dem Vennbach (Trôs Marets), 400 m nordwestlich von Drei Eichen. Bedeutung und Ursprung sind unbekannt.

Croix de Seveneiken (Kreuz von Siebeneichen)
Ein ca. 1,40 m hohes schlichtes Holzkreuz am Kreuzungspunkt von zwei alten Wegen, der eine von Jalhay nach Konzen, der andere von Eupen kommend und längs Porfays und dem Hohen Venn verlaufend.

Croix J.J. Solhaé / M. Dedebaer (Solhaé-Dedebaer-Kreuz)
Ein schlichtes Steinkreuz zur Erinnerung an den Tod des Ehepaares Jean-Joseph Solhaé und Margarith Dedebaer im Jahr 1807. Das Kreuz befindet sich in Mont nördlich einer Sackgasse, ca. 1200 m östlich des Kreuzes von Planérèces.

Croix Wathy (Wathykreuz)
Laut A. Freyens stand dieses sehr alte historische Kreuz an der alten Vekée südlich von Bonromme und markierte die Südgrenze der Porallée.

Dehottaykreuz
Standort: am Kreuzungspunkt der ehemaligen preußisch-belgischen Grenze mit der Landstraße Mont-Hockai. Der Anlaß ist nicht bekannt.

Delvoiekreuz
Standort: nördlich der Verbindungsstraße Mont-Hockai am preußisch-belgischen Grenzstein 147, einem der beiden achteckigen Grenzsteine. 1958 von seinen Wanderfreunden zum Gedenken an den Vennfreund René Delvoie (1892 – 1958) aufgestellt.

Dethierkreuz
Am linken Rand der Landstraße Mont Rigi-Sourbrodt, etwas unterhalb des Naturparkzentrums, erinnert ein Kreuz an den Waldarbeiter Marcel Dethier, der hier am 10. 04. 1979 im Alter von 46 Jahren beim Fällen einer Fichte tödlich verunglückte. Das Kreuz wurde 1980 aufgestellt.

Didebergkreuz
Das schlichte Holzkreuz im Waldgebiet zwischen Adamsweg und der Eiche von Longfaye erinnert an Jean Joseph Dideberg aus Longfaye, der hier am 18.06.1913 vom Blitz erschlagen wurde.

Dûrètkreuz (Croix du Dûrèt)
1953 aufgestellt unter einer Buche im Dûrètwäldchen an der Dûrètschneise (Vennrandschneise zum Hohen Moor) durch Alfred Sampont aus Verviers zum Gedenken an alle verstorbenen Vennfreunde.

Erschootkreuz
Um 1880 stand dieses Kreuz noch am „Krummen Ast", der nördlichen Grenze des Truppenübungsplatzes Elsenborn. Es erinnerte an einen vom Blitz Getöteten.

Erkelenzer Kreuz (Matthiaskreuz)
1735 vom Bürgermeister von Erkelenz errichtet am alten Pilgerweg Erkelenz-Trier zu Ehren der zum Grabe von St. Matthias nach Trier pilgernden Erkelenzer St.-Matthias-Bruderschaft. Das schöne steinerne Barockkreuz steht unweit der Einmündung des Krokkesbachs in den Vokkesbach auf einer Anhöhe. An diesem einsamen Standort geriet es in Vergessenheit und wurde erst 1912 wiederentdeckt. 1929 holten es Erkelenzer Heimatfreunde in die dortige Pfarrkirche, doch 1935 wurde es von der Forstverwaltung Monschau an den angestammten Platz zurückversetzt. Der Name Krokkesbach ist abgeleitet von „Krokusbach".

Eupener Kreuz (Croix d'Eupen)
Das Kreuz nördlich von Heisterberg an der Abzweigung der Straße nach Béthane von der Hauptstraße Eupen-Malmedy ist verschwunden. Eine Nachbildung ist erhalten.

Expéditkreuz (Croix St. Expédit)
Arthur Lecerf, ein belgischer Zollbeamter der früheren Zollstelle Ternell, widmete dem heiligen Expédit, dem Schutzpatron der Soldaten, eine kleine bronzene Christusfigur aus Dankbarkeit für seine glückliche Heimkehr aus dem Krieg. Er brachte die Figur 1949 in einem kleinen Heiligenhäuschen an einer alten Wegkreuzungsbuche zwischen dem Forsthaus Ternell und der abfallenden Schneise zur Getz an. 1973 verschwand das kleine Erinnerungsmal, von Unbekannten entfernt, und wurde nicht wieder angebracht.

Fliegerkreuz

Das schlichte Holzkreuz am Vennpfad von Botrange zum Großen Oneux (Gros Oneux) und den Vier Buchen trägt die frz. Inschrift „Für die alliierten Flieger 1940-45". Es wurde 1962 an der Stelle errichtet, an der im Sommer 1944 ein amerikanisches Flugzeug abgestürzt war. Der bis zu 2 m tiefe Moortümpel ist beim Aufprall des Flugzeugs entstanden. Das Fliegerkreuz liegt wie das gesamte Wallonische Venn in der C-Zone des Naturschutzgebietes.

Gasparkreuz (Croix Gaspar)

Kreuz von 1952 zum Gedenken an den Landwirt Jean Joseph Gaspar aus Longfaye, der hier am 6. Juni 1883 im Alter von 73 Jahren vom Blitz erschlagen wurde. Standort: an der Waldspitze der Straßengabelung Mont Rigi-Malmedy und Mont Rigi-Sourbrodt.

Jean-Joseph-Gazon-Kreuz

Gedenkkreuz für Jean-Joseph-Gazon aus Sourbrodt, der am 2. Dezember 1856 zwischen Baraque Michel und Mont Rigi am Malmedyer Kreuz („creû d' Mâmdi") plötzlich verstarb. Das Kreuz steht schräg gegenüber dem Gasthof Mont Rigi in Richtung Baraque Michel. Der Verstorbene war ein Neffe des ebenfalls im Venn umgekommenen Olivier Gazon (1822). Das alte Malmedyer Kreuz ist verschwunden.

Olivier-Gazon-Kreuz

Erinnerungskreuz für Olivier Gazon aus dem damals preußischen Sourbrodt, der am 15. Januar 1822 in Waroneux bei einem Unwetter umkam. Die Leiche, die man am 23. 02. 1822 entdeckte, befand sich somit im Herrschaftsgebiet des Vereinigten Königreichs der Niederlande. Um behördliche Schwierigkeiten zu vermeiden, brachten die Angehörigen den Toten heimlich zum Dreikantenstein auf preußisches Gebiet.

Hier, nahe der Botrange, wurde das Gedenkkreuz errichtet und 1952 erneuert. Olivier war der Onkel von Jean-Joseph Gazon, der 1856 in der Nähe verunglückte.

Gedenkkreuze Cuvelier-Hilgers-Müller

Die drei Kreuze im Waldgebiet Herbôfaye westlich des Poleurvenns erinnern an ein tragisches Unglück.
Am 09. 10. 1970 stürzte hier im dichten Nebel ein Privatflugzeug ab, das mit drei Insassen auf dem Rückflug von Charleroi zu seinem Standort Elsenborn war.

Grisardkreuz (Croix Grisard)

Zum Andenken an den limburgischen Förster Theodor Grisard, der hier am 27. Januar 1750 von zwei Holzdieben aus Jalhay ermordet wurde. Grisard war damals eine bekannte Persönlichkeit. Das Kreuz steht im Hertogenwald an der von der Malmedyer Straße abzweigenden Nebenstraße nach Béthane unweit der Dicken Eiche (Chêne du Rendez-vous). Das stark beschädigte alte Steinkreuz wurde 1949 durch ein gleichartiges ersetzt.

Großes Kreuz von Sourbrodt

Am früheren Weg von Sourbrodt nach Kalterherberg (Callebrich) aufgestellt, später bei Wegebauten umgesetzt und seit langem verschwunden. 1955 wurde ein neues Eichenkreuz errichtet an einer 100 m östlich der Landstraße Mont Rigi-Sourbrodt parallel verlaufenden Schneise. Auf seinen Armen die Richtungshinweise „† Prior" (Priorkreuz) und "Sourbrodt".

Anna-Hauseuer-Kreuz

Das schlichte Holzkreuz mit kupferner Schrifttafel erinnert an Anna J. Hauseuer, die am 9. Juni 1827 als Fünfzehnjährige in einer nahen Lehmkuhle beim Lehmstechen von einer Lehmmauer erschlagen wurde. Das Kreuz wurde im Mai 1966 vom Eifelverein 06 Konzen erneuert und steht in Konzen nahe des früheren Bahnhofs jenseits der Vennbahngleise links an einer Straßeneinmündung.

Heinenkreuz

Das schlichte Holzkreuz gilt dem Gedenken an Bernhard Heinen vom Reinartzhof, der hier am 11. 03. 1947 tödlich verunglückte. Es befindet sich am linken Rand der Forststraße von der Bellesfurter Brücke zum Reinart.

Hèvremontkreuz

Das dritte der großen Wegzeichen an der alten Handelsstraße von Sourbrodt nach Limburg, 1566 aufgestellt in Hèvremont an einer Gartenmauer von den Kindern des Arnold Hauptmann, dem Vater des Bartholomäus Hauptmann, Stifter der Hauptmannsäule auf Botrange. Erhalten ist nur der Sockel, befestigt an einer Mauer der Kirche von Hèvremont, durchaus vergleichbar mit den Sockeln der Hauptmann- und der Panhaussäule.

Die Seiten sind zweisprachig beschriftet. Eine der vier Inschriften lautet: „In Gottes Namen zum gemeinsamen Nutzen der Reisenden und zum Andenken an ihren Vater Arnt (Arnold) Hauptmann von Eupen, der mich zuerst errichtet hat, haben seine Kinder wiedererrichtet im Jahre des Heiles 1566."

Offensichtlich handelt es sich um ein Heiligenkreuz (keine Säule) als Ersatz für ein früher errichtetes von Arnold Hauptmann. Arnold Hauptmann war Meier, erster Justizbeamter der Herrschaft Stockem in Eupen.

Jajesnicakreuz
Das Gedenkkreuz erinnert an den Knecht Toni Jajesnica, der hier am 22.09.1950 mit einem Pferdefuhrwerk auf eine Mine fuhr und dabei tödlich verunglückte. Standort: südlich der Bieley an der Einmündung des Krokkesbachs in die Schwalm (Perlenbach).

Janssens- und Pairouxkreuz
Holzkreuz von 1957 mit Flugzeugteilen zur Erinnerung an die beiden Flieger der belgischen Luftstreitkräfte J. Janssens (23) und J. Pairoux (27), die hier am 5. Dezember 1956 beim Absturz ihres Flugzeugs den Tod fanden. Das Kreuz steht südlich des Bienenvenns (Wihonfagne), westlich der Neuen Vekée etwa in Höhe des preußisch-belgischen Grenzsteins 150.

Kreuz von Bernister
Steinkreuz zum Gedenken an die Brüder Henri und Renard Martin, die am 25. Oktober 1600 in Beaulieu von Soldaten der Garnison Maastricht ermordet wurden. Die Soldaten waren gewalttätig in Malmedy eingedrungen und hatten viel Hornvieh geraubt. Bewaffnete Jugendliche, unter ihnen die Brüder Martin, verfolgten sie und entrissen ihnen die Beute. Dabei fanden sie den Tod. Ihr Vater setzte ihnen in Bernister, einem Vennweiler bei Malmedy, ein Kreuz mit der Inschrift: „Dieses Kreuz wurde hier errichtet zum Andenken an die verstorbenen Brüder Henri und Renard, jämmerlich ermordet am 25. Oktober 1600 zu Beaulou. Gott schenke ihnen Frieden und Vergebung. Renard Martin le Podesta, ihr Vater, Schöffe des Hohen Gerichts von Malmedy, ließ mich zu ihrem Andenken errichten."
Das Kreuz wurde 1918 von Schülern des Malmedyer Gymnasiums zerstört.

Klingskreuz
An der Straße Elsenborn-Krummen Ast-Kalterherberg, 500 m südlich der deutsch-belgischen Grenze zur Erinnerung an das Kind Anna-Maria Lauter, das am 15.05.1875 hier durch einen Gewehrschuß unglücklich zu Tode kam.

Köhlerkreuz (Croix des Charbonniers)
An einer Wegkreuzung im Waldgebiet Gilmester südlich der Gilepptalsperre erinnert dieses Kreuz an die Kohlenmeiler, die sich hier befanden.

Kreuz von Brochepierre

Erwähnt in einer Verirrteneintragung des Landwirtes Saturnin Maréchalle aus Ovifat vom 7. November 1838 im sog. „Eisernen Buch" der Familie Schmitz von Baraque Michel. Hier, am Wäldchen Brochepierre im Hohen Moor, berührten sich früher die Grenzen von Limburg, Lüttich und Stablo-Malmedy. Schon die Via Mansuerisca führte hier vorbei und später der „große Weg von Eupen nach Sourbrodt", der hier einen Weg von Kalterherberg nach Jalhay kreuzte. Das Kreuz ist verschwunden.

Kreuz der Gefangenen (Croix aux prisonniers alliés - Croix des Russes)

An der Rurbrücke Bosfagne befand sich im Rurvenn bis zum Fichtenhalbrund vom März 1943 bis September 1944 ein Gefangenenlager für 52 russische Kriegsgefangene, die in Baracken lebten und im Wald arbeiteten. Das Lager wurde im Herst 1944 vor dem alliierten Einmarsch aufgelöst. Die Gefangenen wurden in Richtung Monschau abgeführt. Das schlichte Holzkreuz mit Korpus, sinnbildlich mit Stacheldraht umwickelt, steht auf dem ehemaligen Lagergelände nahe der Rurbrücke. Das erste Kreuz von 1963 wurde 1992 ersetzt durch ein neues Kreuz im Stil der russisch-orthodoxen Kirche. Es wurde gestiftet von der „Groupe d'Animation et de Promotion de Sourbrodt".

Kreuz von Jean-Toussaint Linon

Schönes Barockkreuz aus Blaustein zum Gedenken an Jean-Toussaint Linon, der hier am 25. Februar 1737 verstorben ist. Das Kreuz steht nahe der Einmündung der Pilgerbornschneise in die Vennstraße vom Vennkreuz nach Petergensfeld. 1991 nach Forstarbeiten aus dem Dickicht unmittelbar an den Straßenrand versetzt.

Kreuz von Reinartzhof
Ein meterhohes Holzkreuz mit einem Steinsockel an der Pilgerstraße Aachen-Trier in der Nähe von Roetgen. Das Kreuz steht ungefähr an der Stelle des ehemaligen Mittelhofs von Reinartzhof.

Kreuz im Venn
Auf der Richelsley, einem 80 m langen und bis zu 12 m hohen devonischen Konglomeratfelsen bei Reichenstein, entstanden vor über 400 Millionen Jahren, wurde am 28. Juli 1890 ein mächtiges Eisenkreuz eingeweiht. Pfarrer Gerhard Joseph Arnoldy, von 1869 bis 1914 in Kalterherberg tätig und Erbauer des dortigen „Eifeldoms", ließ es für 800 Goldmark auf eigene Kosten errichten zur Erinnerung an Stephan Horrichem, den „Apostel des Venns". Horrichem war von 1639 bis 1686 Prior des Prämonstratenserklosters Reichenstein und unermüdlich in seiner Hilfsbereitschaft für die bedrängten Menschen am Venn während des 30jährigen Krieges.
Das Kreuz ist 6 m hoch, 1338 kg schwer und fest im Fels verankert. 31 Stufen führen hinauf zum Kreuz, in das kreuzförmige Ornamente eingeschnitten sind, an denen waghalsige Jungen früher hochkletterten, um, auf den Querbalken liegend, weit ins Monschauer Land schauen zu können. Bei der Renovierung von 1959 wurden die Öffnungen von innen mit Eisenplatten versperrt.
In der natürlichen Felsennische haben die Kalterherberger am 9. September 1894 zu Ehren des silbernen Priesterjubiläums von Pfarrer Arnoldy eine Marienstatue aufgestellt. Sie ist heute noch das Ziel stiller Pilger oder von Prozessionen.
Im Mittelalter lag die Richelsley an einer sehr belebten Handels- und Pilgerstraße, die das Land in nordsüdlicher Richtung durchzog. Von der Mitte des 15. bis ins 18. Jh. fuhren hier vorbei die Wagenzüge der Kupferschläger aus Aachen und Stolberg bis nach Paris. Auf dem Anstieg von der nahen Vennbahn zur Richelsley sind die Karrenspuren noch heute zu sehen. Den Pfarrer Arnoldy hat Ludwig Mathar in seinem Buch „Herr Johannes" verewigt.
Das Kreuz im Venn ist bekannt geworden durch den gleichnamigen Roman von Clara Viebig.
Es ist inzwischen längst ein Wahrzeichen für das Land zwischen Kalterherberg und Mützenich.

Kreuz der Verlobten

Bekanntestes Kreuz im Venn, unmittelbar am preußisch-belgischen Grenzstein 151 an der Neuen Vekée, errichtet zum Gedenken an den tragischen Tod der Verlobten François Reiff und Maria Solheid. François Reiff, geboren 1839 in Bastogne, Bauarbeiter an der Gileppetalsperre und untergebracht in einer Baubaracke in Béthane, und Maria-Josepha Solheid, geboren 1846 in Xhoffraix, Hausmädchen auf dem Hof Niezette in Haloux, hatten sich auf der Kirmes in Jalhay kennengelernt und beschlossen zu heiraten. Am 21. Januar 1871 machten sie sich von Jalhay aus, wo sie sich im Café Mixhe gestärkt hatten, auf den etwa 20 km langen Weg übers Venn nach Xhoffraix, um im Geburtsort des Mädchens die Heiratspapiere zu besorgen. Das Venn war tief verschneit, es wehte ein scharfer Südostwind. Die Wirtsleute und Marias Bruder, der im Café Mixhe beschäftigt war, hatten von dem Marsch abgeraten. Die Verlobten sind nie in Xhoffaix angekommen, sie blieben verschollen, alles Suchen blieb erfolglos.

Am 25. Januar begann eine große Kältewelle mit Schneefall. Die Leiche von François Reiff wurde nach der Schneeschmelze am 13. März 1871 im Biolètes-Venn bei Solwaster gefunden. Der Tote trug festliche Sonntagskleidung, völlig unzweckmäßig für eine winterliche Vennüberquerung. Die Leiche von Maria Solheid fand ein preußischer Zöllner am 22. März 1871 bei Sart Lerho am preußisch-belgischen Grenzstein 151 bei der ersten Grenzbegehung nach der Schneeschmelze.

Nach neueren Erkenntnissen des Vennkenners und Juristen Jean de Walque waren die Verlobten auf ihr gewagtes Unternehmen mangelhaft vorbereitet, was Kleidung und Verpflegung anbelangt. Maria Solheid ist am alten Weg von Jalhay nach Xhoffraix, etwa 250 m vom Grenzstein 151 entfernt, erschöpft zusammengebrochen. Da François sie für tot hielt, hinterließ er, laut mündlicher Überlieferung, einen Zettel: „Marie vient de mourir, et moi je vais le faire."

(Marie ist soeben verstorben, und ich werde jetzt auch sterben.) Dann versuchte er den Rückweg nach Jalhay zu finden und verirrte sich im Biolètes-Venn. Seine Leiche fand man etwa 2 km von der seiner Braut entfernt.

Marie war ursprünglich nur ohnmächtig gewesen und hatte versucht, da François nicht mehr bei ihr war, die nur etwa 1800 m entfernte Baraque Michel zu erreichen. Wegweiser war ihr dabei der damals weithin sichtbare Grenzstein 151 in nur 250 m Entfernung.

Ehe sie dort erschöpft und übermüdet zusammenbrach, fand sie noch die Kraft, ihren Unterrock als Hinweis an einen Strauch zu hängen.

Am alten Xhoffraixer Weg, der bis 1877 noch stark begangen war, stellte Vater Johann Joseph Solheid im Sommer 1871 ein Kreuz auf an der Stelle, wo seine Tochter erstmals zusammengebrochen war. Am Grenzverlauf, der heutigen Neuen Vekée, war damals noch kein Weg vorhanden.

Zum Gedenken an François Reiff stellten Bauern aus Solwaster ein Kreuz im Biolètes-Venn auf. Beide Kreuze verfielen. Das gemeinsame Kreuz am Grenzstein 151 wurde 1893 errichtet. Dieses wurde, da vermodert, 1906 erneuert und kam, da der Touring Club ein drittes Kreuz stiftete, 1931 ins Museum nach Verviers. Das dritte Kreuz wurde 1984 mutwillig zerstört und von den „Amis de la Fagne" durch ein viertes ersetzt.

Kunow- und Rösnerkreuz (Croix Kunow et Rösner)
Dieses Holzkreuz steht nördlich der Straße Eupen-Mützenich, 625 m vom Grenzposten. Es ersetzt ein Eisenkreuz mit Betonsockel, das vermutlich gewaltsam abgebrochen wurde, und erinnert an zwei Gefallene des Zweiten Weltkrieges, Rolf Kunow und Gerhard Rösner († 09.08.1944)

Lallemandkreuz
1939 aufgestellt zum Gedenken an A. Lallemand, der hier mit dem Motorrad tödlich verunglückte. Das Kreuz wurde 1950 erneuert. Es steht rechts der Straße Mont Rigi-Botrange, nahe Mont Rigi.

Lothringer Kreuz (Croix Lorins)
1974 am Schutzrand des Wallonischen Venns errichtet, an der Einmündung der Forststraße aus dem Averscheider Wald. Lateinische Inschrift : O crux ave spes unica (Sei gegrüßt, o Kreuz, du meine einzige Hoffnung). Das Kreuz erinnert an die Tätigkeit des Sourbrodter Hauptförsters Jean Gehlen, der hier die 1958 von der Gemeinde beschlossene weiträumige Fichtenanpflanzung durchführte. Jean Gehlen war nach 1940 zur dt. Wehrmacht eingezogen und einer Kompanie von Elsässern und Lothringern zugeteilt worden. Léon Gehlen ließ das Kreuz aus

Anlaß der Zurruhesetzung seines Bruders errichten. Das Lothringer Kreuz als Wahrzeichen des Gaullismus steht hier sinnbildlich im Widerstand gegen das Hakenkreuz des Nationalsozialismus.

Menzerathkreuz

Zum Gedenken an Magdalena Menzerath aus Konzen, die am 23. Januar 1827 im Schneetreiben erschöpft den Tod fand. Die Zweiundvierzigjährige hatte in Schwerzfeld fällige Zinsgelder entrichtet und war über Fringshaus auf dem Heimweg nach Konzen. Trotz Warnungen, daß sie sich in Lebensgefahr begebe, hatte sie ihren Weg fortgesetzt. Ihre Leiche fand man erst am 1. März 1827 im Chausseegraben am Hoscheit.
Das Holzkreuz wurde beim großen Vennbrand 1921 vernichtet. Das neue Kreuz befindet sich rechts der Straße Fringshaus-Konzen in Höhe Hoscheit-Buer auf gleicher Höhe mit dem Pilgerkreuz.

Meyers Kreuz (Croix Meyer)

Das Steinkreuz rechts der Straße Eupen-Mützenich in Höhe der Waldgemarkung Brandeberg nennt nicht den Namen, sondern den Beruf eines Ermordeten. Es stand früher etwas weiter zurück am alten Karrenweg nach Monschau, wo die Bluttat geschah. Hier wurde am 14. August 1713 Thomas Dahl (oder Dael), geb. 1676 in Aubel, Doktor beider Rechte, Mitrichter am Lehnsgericht in Limburg und seit 1706 Meier (Gerichtsvorsitzender) der Freien Herrlichkeit Eupen, bei seiner Heimkehr von Monschau ermordet. Anstifter zum Mord war der Kapitänleutnant Joseph Albert Catz, Sohn des Grundherren der Burg Stockem, bezichtigt der Blutschande und Fluchthilfe. Um sich vor der Strafverfolgung zu schützen, ließ er den Gerichtsvorsteher Dahl durch den gedungenen Mörder Jakob Servais aus Eupen beseitigen. Servais wurde zum Tode verurteilt und gerädert, Catz konnte bei der Überführung nach Limburg flüchten. Er wurde verbannt, sein Besitz eingezogen.

Michelkreuz (Croix Michel)

Hier wurde am 22. Oktober 1900 der Förster Jules Toussaint Michel von Wilderern mit zwei Rehpostenladungen erschossen. Förster Michel (geb. 18. 11. 1862 in Sart bei Spa) aus dem Forsthaus „Schwarzes Kreuz" wurde ein Opfer seines Berufs. Des Mordes verdächtig war u. a. Theodor François vom Gasthaus „Auberge de la Belle Croix" an der Abzweigung nach Jalhay. Das Steinkreuz des Bildhauers Wasson zeigt gekreuzte Waffen, einen stilisierten Kranz und den von einem Jagdhorn umgebenen Kopf eines Rehbocks. Es steht an der Forststraße von Eupen zur Schwarzen Brücke im Hilltal.

Mockelkreuz

Schönes Steinkreuz mit gotischer Inschrift auf vier vertieften Streifen als Gedenkstein für den limburgischen Förster Jakob Mockel, der 1626 in Ausübung seines Dienstes „alherr jamerlich ermordet" worden ist. Der Mord geschah an der alten Grenze zwischen dem Bistum Lüttich und dem Herzogtum Limburg, der heutigen Grenze zwischen den Gemeinden Jalhay und Membach. Das Kreuz steht am Rande eines Vennwäldchens im Hohen Moor nahe der Dûrètschneise am obersten Waldrand von Les Biolettes.

Münsterbildchen

Das ca. 2 m hohe Steinkreuz mit der Jahreszahl 1818 auf der Himmelsleiter, wo der alte Weg von Aachen nach Monschau sich mit dem heutigen trifft, ist wahrscheinlich nicht das ursprüngliche Münsterbildchen. Es soll von der Abtei Kornelimünster errichtet worden sein, um deren Gebiet abzugrenzen.
Laut de Walque stand es in der Nähe des Genagelten Steins an der ehemaligen Abteigrenze und wurde vielleicht während oder nach der französischen Herrschaft versetzt aufgrund der veränderten Verkehrsführung und der weggefallenen Grenze.

Neickenkreuz

1918 von der Familie Neicken-Braun (Unterhof) unterhalb der Reinartzhöfe errichtet zum Gedenken an ein verstorbenes Familienmitglied. Inschrift: „O Wanderer, sei eingedenk der Abgeschiedenen, die in dieser Einsamkeit gelebt. Ehre ihrem Andenken, Friede ihrer Asche. Süßes Herz Maria, sei meine Rettung, mein Jesus Barmherzigkeit ..."

Noelkreuz

Der Gedenkstein erinnert an Henri Noel aus Jalhay, der hier am 01. 08. 1892 im Alter von 67 Jahren unerwartet starb.
Bereits 1914 wurde das Kreuz instandgesetzt und 1952 von den „Amis de la Fagne" völlig wiederhergestellt. Standort: südlich von Belle Croix links der Landstraße Eupen-Malmedy am Rande des Großen Moors (Zweiserienvenn).

Offermannkreuz

Barockes Steinkreuz zur Erinnerung an Cornelius Offermann aus Witzerath, einen Fuhrunternehmer, der hier am 13. August 1774 von Räubern „jämmerlich ermordet worden" ist. Offermann betrieb ein Handelsgeschäft zwischen Nideggen, Zülpich und dem Eupener Land. Er kaufte und verkaufte Hafer, Roggen und Kartoffeln. Das Kreuz steht an der rechten Seite der Straße von Roetgen nach Fringshaus, etwa 300 m vor der Gaststätte. Das Kreuz stand vor dem Bau der Straße (1805-1811) etwa 200 bis 300 m westlich der jetzigen Stelle.

Pikraykreuz

Eisenkreuz zur Erinnerung an Pierre Pikray aus Solwaster, der hier 1882 in einem Moorloch umgekommen ist. Das Kreuz steht unterhalb der Gaststätte Baraque Michel auf der gegenüberliegenden Straßenseite.

Pilgerkreuz (Kreuz Grüne Heck)

Ein schlichtes Holzkreuz zum Gedenken an den Postboten Arnold Pilger aus Gemünd, der Post von Gemünd nach Eupen zu bringen hatte und am 2. März 1823 trotz Regen und Nebel seinen Weg von Imgenbroich nach Eupen fortsetzte. In der Nähe des heutigen Kreuzes an Grüne Heck ist er vermutlich wegen völliger Erschöpfung plötzlich verstorben. Das Kreuz steht am alten Pfad von Monschau nach Aachen nördlich des Aachener Weg-Kreuzes an einer Holzabfuhrschneise im Waldgebiet Grünheck-Rosfeld. Von einem Nachfahren des Verstorbenen soll das Pilgerkreuz um 1930 erneuert worden sein. Nach der Tranchotkarte von 1809 befand sich an dieser Stelle bereits ein Kreuz unbekannten Ursprungs.

Priorkreuz (Croix Prieur)

Seit 1566 Grenzmarke zwischen Ovifat (Fürstabtei Stablo-Malmedy) und Jalhay (Franchimont, Fürstbistum Lüttich) am Weg von Sourbrodt nach Jalhay. Dieses Kreuz sollte schon bald verschwinden. 1605 wurde nach Grenzstreitigkeiten die Grenze neu vermessen und auf Veranlassung von Dom Louis de Visé, Prior der Fürstabtei Stablo-Malmedy, ein neues Kreuz errichtet. Auch dieses Kreuz verschwand und wurde 1885 verwittert im Moor gefunden. Es wurde benannt nach dem Prior de Visé (1580-1618). Das jetzige Kreuz aus Eichenholz mit Christus und den Jahreszahlen 1566-1605 wurde im November 1950 von Unbekannten aufgestellt. Das Kreuz steht links des Knüppeldamms von Baraque Michel zur Hillquelle.

Quoirinkreuz
Das Steinkreuz an der Straße Jalhay-Solwaster nahe beim Forsthaus Gospinal erinnert an Jean Quoirin aus Charneux, der hier am 07.11.1783 starb.

Schumacherkreuz (Croix Schumacher)
Hier wurde am 19. August 1835 der Landwirt und Fuhrmann Leonard Schumacher aus Weywertz auf dem Rückweg aus Aachen, wo er eine größere Geldsumme abgeholt hatte, angeschossen, erstochen und beraubt. Täter war der vorbestrafte 26jährige Tagelöhner Nikolaus Holzmeyer aus Nidrum, ein berüchtigter Wilderer und Dieb. Erst am 14. August war er aus dem Zuchthaus in Köln ausgebrochen, verurteilt wegen Fahnenflucht und Pferdediebstahl. Die bereits verweste Leiche des Ermordeten wurde erst Tage später von einem Schweinetreiber entdeckt.
Der Mörder wurde am 5. Dezember 1835 vom Schwurgericht Lüttich zum Tode verurteilt, 1836 wurde das Urteil zu lebenslanger Haftsstrafe umgewandelt. Das Wegkreuz zum Andenken an den Ermordeten steht rechts der Straße Heisterberg-Baraque Michel auf Höhe des Drossarts. Als Ersatz für das 1912/13 mutwillig zerstörte Kreuz stiftete ein Vennfreund ein neues Kreuz, das am 27. Mai 1934 eingeweiht und 1950 wiederhergestellt wurde.

Schwarzes Kreuz (Croix Noire)
Schlichtes Holzkreuz zur Erinnerung an die 1855 durch Herzschlag hier beim Waldbeerensammeln verstorbene Margarethe Crau. Von Waldarbeitern errichtet und gegen Verwitterung durch schwarzen Anstrich geschützt. Das Kreuz steht an der Malmedyer Straße (N68) beim Forsthaus Schwarzes Kreuz.

Sporckkreuz
Auf der Straße Eupen-Mützenich beim Kilometerstein 7 verunglückte am 20.09.1954 Herbert Sporck tödlich. Das Holzkreuz am rechten Straßenrand erinnert daran.

Tapeuxkreuz (Croix des Tapeux)
Holzkreuz mit einem handgeschnitzten Christus aus der Zeit um 1850 am Seitenweg von der neuen Vekée nach Solwaster im gleichnamigen Waldstück Les

Tapeux. Ursprung und Namensdeutung sind nicht mehr bekannt. Die Christusfigur, ein Meisterwerk der Volkskunst, ist seit 1965 verschwunden.

T'Serstevenskreuz

Am Polleurbach nahe des Pont du Centenaire. Das Kreuz kündet von der Dankbarkeit der Erben für ihren Vorfahr, der ihnen durch Anpflanzen der landfremden Fichte zu Reichtum verhalf.

Vennhofkreuz (Croix de Vennhof)

Das Hofkreuz des Vennhofes ist eine über 100 Jahre alte Holzschnitzerei und an der Mauer des Gebäudes befestigt.

Vennkreuz

Altes Wegkreuz an der Straßenkreuzung Eupen-Petergensfeld und Raeren-Reinartzhof. Das jetzige Kreuz, ein schlichtes Marterl mit Kruzifix, ist eine Erneuerung des Katholischen Männervereins Raeren aus dem Jahr 1949. Über die alten Kreuze ist nichts bekannt.

Weynandkreuz (Croix Heinz Weynand)

Ein kleines Holzkreuz, ca. 500 m von der Kreuzung Belle Croix in Richtung Eupen, zum Gedenken an Heinz Weynand, der hier bei einem Unfall am 12. November 1986 ums Leben kam.

Wolterkreuz

Barockes Steinkreuz zum Gedenken an die Eheleute Andreas und Gertrude Wolter, die am südlichen Ende des Mützenicher Ortsteils Eschweide einen Bauernhof besaßen. Das Kreuz mit ihren Namen und Todesdaten (1732 bzw. 1733) befindet sich an der Straße von Mützenich (-Eschweide) nach Reichenstein am Ortsausgang.

Zimmermannkreuz

Zur Erinnerung an Clement Zimmermann, der hier am 10. August 1886 im Alter von 23 Jahren verstorben ist. Das Kreuz steht unmittelbar an der Blauen Brücke (Pont Bleu) über einem kleinen Zufluß der Soor, umrahmt von alten Fichten.

Krummen Ast

Östlich der Hohen Mark an der deutsch-belgischen Grenze gelegenes Waldstück. Vermutlich trägt es seinen Namen nach einem historischen Apfelbäumchen, einer Grenzmarke zwischen Elsenborn und Kalterherberg, also den Herzogtümern Luxemburg und Jülich. Hier verlief der alte Büllinger Weg. Die jetzige Straße ist von 1830.

Küchelscheid

Eine Ortsgründung westlich von Kalterherberg aus dem Beginn des 19. Jahrhunderts. Der derzeitige „Küchelscheider Wald" liegt zwischen Schwarzbach, Rur und dem Schwarzen Venn. Früher umfaßte der „Forst Küchelscheid" u.a. Rurbusch, Hardt, Pannensterz und Eckel. Er gehörte zur Herrschaft Bütgenbach im Herzogtum Luxemburg und hieß ursprünglich Kockerscheid (= hochgelegene Stelle). Im 16. und 17. Jh. wurde er durch die Herstellung von Holzkohle stark beansprucht.

Kuckucksspeichel

Die auffälligen weißen Schaumnester an Grasstengeln werden erzeugt von den Larven der Schaumzikade. Die speichelähnlichen Schaumbällchen entstehen durch flüssige Ausscheidungen dieser Larve, vermischt mit ausgeatmeter Luft. Sie schützen die Larven vor Austrocknung und gegen Feinde.

Kulturlandschaft Hohes Venn

Außerhalb der Hochmoore war das Hohe Venn seit 800 v. Chr. überwiegend von Buchen-Eichen-Birkenmischwald bedeckt. Bis zur Hälfte des 19. Jh. veränderte der Mensch mit seinen verfügbaren Mitteln die Natur des Hohen Venns nur langsam. Schon in der Jungsteinzeit (ab 2500 v. Chr.) ist Getreideanbau nachgewiesen, u. a. Roggen. Zur Kelten-, Römer- und Frankenzeit (500 v. Chr. bis 900 n. Chr.) wird nur in geringem Maße Wald gerodet und Vieh geweidet. Römer und Franken nutzten Wald und Moor vornehmlich als Jagdgebiet. Diese sind römisches Staatseigentum (Fiscus imperiale) oder königlicher Bannwald der fränkischen Herrscher (Foresta).

Die Venndörfer entstanden zwischen 800 und 1200 (Jalhay, Solwaster, Sart, Baronheid, Hockai, Ster, Xhoffraix, Longfaye (1140), Ovifat, Robertville (1188), Weywertz, Wirtzfeld, Rocherath, Nidrum, Elsenborn, Kalterherberg, Mützenich, Konzen, Lammersdorf, Roetgen). Sourbrodt entwickelte sich erst ab 1534, Küchelscheid ist eine Gründung aus dem 19. Jahrhundert. Durch Waldrodung gewann man Bau- und Brennholz sowie Freiflächen für Äcker und Weiden; auch Brandrodung war üblich. Die Schafzucht erbrachte Wolle und

KULTURLANDSCHAFT

Fleisch. Zweige und Blätter dienten als Streu, der Mist als Dünger für die Äcker. Ausgelaugte Böden blieben 25 Jahre in Brache, dafür wurden neue Waldstücke gerodet und urbar gemacht. Auf den Brachen entstanden ausgedehnte Heideflächen mit Rasensimse und Pfeifengras. Diese wurden gemäht und im Winter verfüttert. Im Torfbrandverfahren wurden nasse Gebiete mit dünner Torfschicht kultiviert. Nach Entwässerung durch Gräben in 3-6 m Abstand wurde die Torfschicht abgehoben, nach dem Trocknen verbrannt und in die mineralische Asche Roggen und Buchweizen gesät. Alle 5 Jahre rodete man eine neue Moorfläche, während die verbrauchten Stücke ruhten. Diese Heide-Ackerbaumethode galt bis zum Ende des 18. Jh., das Grabenschema ist heute noch erkennbar. Großflächig wurden auch Torfmoose abgekämmt und als Stallstreu verwendet.

Ab dem 15. Jh. benötigte die Eisenindustrie große Mengen Holzkohle. Ihre Glanzzeit hatte sie im 16. Jh. in den Tälern der Weser, Amel und Hoëgne. Auch die Stolberger Messingindustrie bezog Holzkohle aus dem Hohen Venn. Zwischen 1656 und 1747, bis zum Verbot des Herzogs von Luxemburg, wurden der Küchelscheider Wald und der Rurbusch völlig zu Holzkohle verarbeitet. Die Standorte der Meiler sind heute noch erkennbar. Die Eichenbestände dienten lange der Lohegewinnung für die Gerbereien von Verviers, Eupen, Malmedy und Stavelot. Noch 1890 wurde im Geitzbusch die Eichenrinde bis in Reichhöhe entfernt. Seit in der zweiten Hälfte des 16. Jh. ein Bewohner aus Longfaye bei gelegentlichen Besuchen im Moorgebiet des Kempenlandes bei Antwerpen Kenntnis von der Torfgewinnung erlangte, wurde in den Hochmooren des Venns Torf als Heizmaterial gestochen. Mit unumkehrbaren Folgen wurden in

400 Jahren 200 ha Moorfläche abgetorft, im Wallonischen Venn noch bis 1967. Auf den ausgetorften Böden entstanden moorige Heiden mit Rasensimse, Wollgras, Glockenheide und vor allem Pfeifengras. Die Landbewirtschaftung änderte sich erst im 19. Jh. durch Verwendung von Kunstdünger und Einfuhr von Fleisch und Getreide aus Übersee. Steinkohle ersetzte den Torf. Durch weitflächige Dränung und Aufforstung wurden die „unrentablen" Böden der Vennhochfläche seit Mitte des 19. Jh. wirtschaftlich genutzt. Systematisch wurde entwässert. Alle 12 m führten Gräben das Wasser in tiefe Abzugskanäle. Versuchsweise wurden zunächst Waldkiefern (Noir Flohay, 1852), dann Fichten angebaut. Diese riesigen Produktionswälder lieferten Holz für den Bergbau. Die zunehmende Verwaldung der moorigen Pfeifengrasflächen mit Birken und Ebereschen führte zu einem jahrzehntelangen Streit zwischen Naturschützern und Forstwirten. Erst 1957 siegte der Naturschutz über die Forstwirtschaft: 4000 ha Moorfläche wurden unter Naturschutz gestellt.

Kupfermühle

Im 18. Jh. befand sich am Eschbach, kurz vor dessen Einlauf in die Weser, in der Nähe der Ouden Brug eine Kupfermühle. Eine Fabrik mitten im Wald war damals nicht selten, lagen doch die Energiequellen, Holzkohle und Wasserkraft, sozusagen vor der Tür. Der Eschbach bildete damals die Grenze zwischen den Herzogtümern Jülich und Limburg. Als die Jülicher die Ausfuhr von verarbeitetem Kupfer in die kaiserlichen Länder, also auch in das Herzogtum Limburg, verbot, war die auf Jülicher Gebiet liegende Stolberger Kupferindustrie davon erheblich betroffen. Sie erwirkte daher im Jahr 1765 von der Brüsseler Regierung die Erlaubnis, auf Limburger Gebiet, am Eschbach, eine Kupfermühle zu errichten. Die Kupfermühle der Stolberger Kupferschläger war ein massiver Steinbau in einem Anwesen von 40 Morgen. Das nötige Wasser wurde durch ein Kanalnetz dem Eschbach entnommen und in zwei Teichen gesammelt. Fortan blühte der Schmuggel. Von Stolberg wurden Fertig- oder Halbfertigfabrikate nachts eingeschmuggelt und von der Weserkupfermühle aus in die kaiserlichen Länder verkauft. Die Herstellung war letztlich zweitrangig. Die napoleonischen Gebietsveränderungen machten diesem Geschäft ein Ende. Ab 1795 war der Eschbach kein Grenzbach mehr, die Herzogtümer Jülich und Limburg waren aufgehoben. Die Kupfermühle wurde bereits 1794 wieder verlassen, da ihr nun die Geschäftsgrundlage fehlte. Auf der Tranchotkarte von 1804 ist sie nur noch als Ruine eingezeichnet. Mit der Weser gleichlaufend, in etwa 100 m Abstand, zieht sich ein langer Damm, stellenweise mit Steinen befestigt. 200 m talabwärts befinden sich die Trümmer der alten Kupferfabrik. Gemäß dem damaligen Sprachgebrauch handelte es sich um Gelbkupfer (Messing).

Kupferstraßen

Alte Handelswege, auf denen jeweils von der Mitte des 15. bis 18. Jh. hauptsächlich Messingwaren der früheren Aachener und Stolberger Kupfer- und Messingindustrie nach Belgien, Luxemburg und Frankreich befördert wurden. Transportiert wurde nach dem damaligen Sprachgebrauch Gelbkupfer. Erst zu Beginn des 19. Jh. nannte man das aus der Kupfer-Zink-Legierung entstandene neue Metall Messing. Daher der sehr zeitgemäße Name Kupferstraße.

- Ältere Aachener Linie

Während der Blütezeit der Aachener Messingindustrie vom 15. bis zur Wende des 16./17. Jh. benutzter Verkehrsweg von Aachen über Schmithof, Münsterbildchen, Roetgen, Weserbrücke, Schwerzfeld, Reinartzhof, Kutenhart, Getzfurt, Eupener Grenzgraben, Brackvenn zum Vennhof.

- Jüngere Stolberger Linie

Während der Blütezeit der Stolberger Messingindustrie vom 17. bis 18. Jh. benutzte Verkehrsader von Stolberg über Büsbach, Breinig, Venwegen, Mulartshütte (bzw. Vicht, Zweifaller Schneise), Kleebendbrücke, jetzige Dreilägerbachtalsperre, Roetgen, Münsterbrücke, Brachkopf, Steinleyvenn, Konnerz Mur, Kaiser-Karls-Bettstatt zum Vennhof. Kurz vor dem Vennhof vereinigten sich die beiden Linien. Die sowohl von den Aachenern als auch später von den Stolbergern benutzte Fortsetzung führte über Richelsley, Küchelscheid, Elsenborn, Bütgenbach, Maldingen, Amel, Neuhaus (hcute Baraque Beho), Beslingen (Bellin), Bastogne, Bouillon, Sedan, Rethel, Reims, Soissons nach Paris. Die schweren Karrentransporte beförderten u. a. Roh- und Plattenmessing, nutzten möglichst vorhandene Römer- und Fernstraßen und führten meist geradlinig durch die unwirtlichen, einsamen Ardennen. In unserem heimatlichen Bereich sind die Kupferstraßen teils noch heute an Hohlwegen, Grachten und Gräben erkennbar, z. B. die Kupfergracht bei Münsterbildchen, beim Hahnestreck im Brachkopfgebiet, beim Vennhof und im Anstieg zur Richelsley (Kreuz im Venn).

Kutenhart oder Nahtsiefvenn

Von den früheren Reinartzhöfen aus begehbar über einen aufgegebenen früheren Wirtschaftsweg (befestigt) oder weiter östlich über den sog. Kaufmannsgraben bis zur Getzfurt. Durch das Gebiet Benneltjen führt ein Moorpfad zum Nahtsiefbach. Nahtsief bedeutet „nasser Sief".

Kutzenborner Pingo

Gelegen im südlichen Brackvenn; über seinen Ringwall führt der Vennpfad.

Lambrecht, Nanny (1868 Kirchberg/Hunsrück- 1942 Schönenberg/ Sieg)
Ihre Mutter war Französin. Nach dem Tod des Vaters kam sie als Lehrerin an die zweisprachige Schule der wallonischen Kreisstadt Malmedy. Sie schied aus dem Schuldienst aus und stellte als Schriftstellerin die Menschen dieser einsamen und ärmlichen Gegend dar. Mit ihren sozialkritischen Arbeiten war sie Vorkämpferin für soziale Gerechtigkeit. 1904 erschienen ihre Erzählungen „Was im Venn geschah". „Das Haus am Moor" (1906) war der erste Vennroman der deutschen Literatur. „Der Mutter Opfer" spielt in Monschau, „Garitte" ist eine wallonische Erzählung, „Brikett" weist auf Verviers hin und „Der Dorfsignor" hat Longfaye zum Hintergrund. Nach ersten literarischen Erfolgen wohnte die Schriftstellerin in Aachen, zeitweise auch in Altenberg (Kelmis) bei Dr. Molly, dem Geh. Sanitätsrat. Nach 1918 wurde sie von der belgischen Besatzungsbehörde aus Aachen ausgewiesen. Sie starb im Kloster Schönenberg. Nanny Lambrecht schrieb sozialkritisch und stellte in herber Sprache die Menschen dieser Landschaft dar; auf die Landschaft selbst ging sie kaum ein.

Landstraße Aachen-Monschau
Da Aachen zum Süden keine guten Fernverbindungen hatte, beschloß Napoleon am 10. September 1804 den Bau der Trierer Straße über Monschau nach Metz als Route Impériale (kaiserliche Straße), Staatsstraße dritter Klasse. Bei Straßen dritter Klasse übernahm ein Drittel der Staat, ein Drittel das Departement (Roer) und ein Drittel das Arrondissement (Aachen). Die Straße sollte in einem Zeitraum von 6 Jahren gebaut werden, gerechnet vom 25. September 1805 an. Da die Straße durch das unwirtliche Venn führte, konnte man sich erst nach einigen Jahren über die Streckenführung einigen. 1811 war die Straße von Aachen über Kornelimünster, Roetgen, Konzen, Imgenbroich nach Monschau fertig. Spanische Kriegsgefangene hatten in hartem Frondienst einen großen Teil der Bauarbeiten verrichtet. Vor Kornelimünster wurde ein großer Gedenkstein errichtet mit der Inschrift (übersetzt): „Napoleon der Große ließ aus trockengelegten, trügerischen Sümpfen eine feste königliche Landstraße von Aachen nach Monschau hervorgehen und mit großen Steinen pflastern. " Die Höhe hieß zunächst „Am Napoleonstein", seit Ende des 19. Jh. schließlich „Napoleonsberg". Der Napoleongedenkstein ist verschwunden. Der größte Teil der Bauarbeiten wurde unter französischer Verwaltung ausgeführt, der Rest zur preußischen Zeit, auch die Meilensteine.
Einige der von der französischen Verwaltung angeordneten und von der preußischen aufgestellten Meilensteine sind erhalten, z. B. in Brand, Friesenrath, Roetgen und Konzen. Sie waren ursprünglich etwa 4 m hoch, mit seitlichen Steinbänken versehen und geben die Entfernung in Meilen (= 7,5 km) nach

Aachen an. Die Obelisken tragen den Preußenadler. Halbmeilensteine (große „Glocken") von 1,18 m Höhe stehen noch in Brand und Monschau, Viertelmeilensteine (kleine „Glocken" von 0,71 m Höhe) zwischen Friesenrath und Kalkhäuschen (zweckentfremdet mit Höhenpunkt) und am Anfang der Himmelsleiter etwa 200 m hinter Relais Königsberg. Zusätzlich zu diesen „Meilenzeigern" wurden in Abständen von 75,32 m Nummernsteine aufgestellt, nach damaliger Maßeinheit nach jeweils 20 Ruten. Da dies für einen Fußgänger die Gehzeit von einer Minute war, nannte man sie auch „Minutensteine". Sie sind nicht mehr vorhanden. Da eine Meile 90 Steinmarken hatte, ergab sich die auch heute noch gültige Berechnung von 12 Minuten für einen Kilometer. Alle Meilensteine kamen als Haussteine aus den Steinbrüchen bei Kornelimünster und wurden auch dort bearbeitet.

Landstraße Eupen-Malmedy

Bis 1855 waren Eupen und Malmedy, seit 1815 preußische Kreisstädte, nur durch einen armseligen Karrenweg verbunden. Nach internationalen Verhandlungen zwischen Preußen und Belgien- die Strecke führte kurz hinter Eupen bis Baraque Michel 12,5 km über belgisches Hoheitsgebiet- und erheblicher finanzieller Unterstützung der Malmedyer Gerber wurde 1855-56 die heutige Straße errichtet.

Da sie auch als Poststraße genutzt wurde, nahm an der feierlichen Eröffnung nicht nur der Aachener Regierungspräsident Kühlwetter, sondern auch Postdirektor Hahse teil. Die erste Postkutsche zwischen Eupen und Malmedy fuhr am 8. September 1856. Die Straße ist heute die belgische Nationalstraße N68.

Landstraße Eupen-Mützenich

Früherer Eupener Weg, 1840 weitgehend geradlinig ausgebaut. Bis zur deutsch-belgischen Grenze heute die belgische Nationalstraße N67.

Landstraße Eynatten-Raeren

Eynatten erhielt schon 1827/28 über die sogenannte Aktienstraße eine moderne Straßenverbindung mit Eupen, der damaligen Kreisstadt. Zwischen 1836 und 1839 erhielt auch Raeren Anschluß durch die Verbindungsstraße von Eynatten. Die neue Straße Eynatten-Raeren wurde eingeweiht am 15. Oktober 1839, dem Geburtstag des preußischen Kronprinzen, in Anwesenheit des Aachener Regierungspräsidenten Cluny. Am 19. Juli 1906 nahm die Aachener Kleinbahngesellschaft auf dieser Straße den Betrieb einer Zweiglinie von Eynatten nach Raeren auf. Die letzte Straßenbahn von Aachen nach Eynatten fuhr am 11. September 1944.

Landstraße Jalhay-Belle Croix
Als Hauptverbindung zur Vennhochfläche Baraque Michel wurde sie 1877 angelegt für die aus Verviers kommenden Touristen. An der Einmündung in die Straße Eupen-Malmedy entstand im gleichen Jahr das „Gasthaus Zum Schönen Kreuz".

Landstraße Mont Rigi- Sourbrodt (N676)
Sie wurde 1867 ausgebaut und führt über den höchsten Punkt Belgiens, Botrange (694 m). Auf dem Teilstück Mont Rigi-Botrange war sie ursprünglich mit widerstandsfähigen Maulbeerbäumen bepflanzt. Diese wurden Ende der 60er Jahre bei der Aufstellung von Hochspannungsbetonmasten gefällt.

Lederstraße
Auf dieser Straße wurden zur Zeit der Karrentransporte die Erzeugnisse der Malmedyer Lederindustrie in die deutschen Gebiete befördert. Die Straße verlief von Malmedy über Gdoumont, Bruyères und Gueuzaine nach Büllingen und wird teilweise noch heute benutzt.

Legras-Gedenktafel
An der Hoegnebrücke bei Belleheid (Belle Hé) erinnert eine bronzene Gedenktafel an Léonard Legras, der beim Anlegen der Hoegne-Promenade mitgewirkt hat.

Leykaul
Die Ortschaft gehörte mit Küchelscheid seit altersher zur Herrschaft Bütgenbach im Herzogtum Luxemburg. Sie wurde 1815 preußisch. Der Ortsname leitet sich ab von einer Schiefergrube, die bereits 1570 erwähnt wurde.
Der Bahnhof Kalterherberg an der am 1. Dezember 1885 eröffneten Vennbahnstrecke Aachen-Monschau wurde in Leykaul errichtet. Ort und Bahnhof sind seit 1920 belgisch.

Libert, Marie-Anne (1782 Malmedy- 1865 Malmedy)
Eine der berühmtesten und gelehrtesten Botanikerinnen ihrer Zeit, Tochter eines Lohgerbers und späteren Bürgermeisters aus Malmedy. Sie wurde auch als Mineralogin und wallonische Sprachforscherin bekannt. Ab 1793 in der Klosterschule von Prüm erzogen, botanisierte sie nach der Rückkehr in ihre Heimat im Hohen Venn, entdeckt und gefördert von dem Arzt und Botaniker Dr. Simon Lejeune aus Verviers (1777-1858). Professor Decandolle von der Universität Montpellier erforschte 1810 im Auftrag der französischen Regierung die Flora

des Hohen Venns. Durch Dr. Lejeune wurde er auf Marie-Anne Libert aufmerksam und übertrug ihr die Erforschung der Moose und Sporenpflanzen. Sie wurde zu einer Pionierin der Kryptogamie (Kryptogame: blütenlose Pflanzen, Sporenpflanzen).
Ihr Hauptwerk, „Plantae Cryptogamicae, quas collegit in Ardennua M. A. Libert" (1830- 1837), d. h. kryptogame Pflanzen, die M. A. Libert in den Ardennen sammelte, rückte sie in die Reihe der berühmtesten Wissenschaftler ihrer Zeit. Sie führte Briefwechsel mit Alexander von Humboldt und Prof. Linck aus Berlin, dem Nestor der Botaniker. Friedrich Wilhelm III. , König von Preußen, ehrte sie 1832 mit der Goldenen Medaille für Gelehrte und Künstler. 1836 wurde sie beim Lütticher Kongreß zur Präsidentin dessen naturwissenschaftlicher Sektion gewählt. In Malmedy führte sie die ererbte Lederfabrik und besorgte die Erziehung des elternlosen Neffen.
Marie-Anne Libert hat das Hohe Venn geliebt und erforscht und wesentlich dazu beigetragen, seine Schönheit den Mitmenschen und der Nachwelt zu erschließen. Ihrem Beispiel folgt die 1951 in Malmedy gegründete Vereinigung „Cercle Marie-Anne Libert".

Lohegewinnung
Die gerbstoffhaltige Baumrinde der Eichen diente zum Gerben der Tierhäute, die dadurch weich und schmiegsam wurden. Im Frühjahr, wenn „man es wachsen hörte", ging der Loheklopfer in den Wald, um Lohe zu klopfen. Die Eichenbestände im Niederwald, auch Hau- und Schälwald genannt, wurden alle 20 bis 25 Jahre in Loheholzverkäufen veräußert. Die Bäume mußten mit der Axt abgeschlagen werden, um den Stockaufwuchs zu ermöglichen (sog. Stockausschlagwirtschaft). Von den gefällten Bäumen schlug der Loheklopfer die Rinde in Streifen los. Diese wurde in der Lohmühle gemahlen und in der Gerberei zur Lederherstellung verwendet. Die geschälten Stämme dienten als Brennholz. Mit Beginn des 20. Jh. kamen synthetische Gerbstoffe auf, der Beruf des Loheklopfers starb aus.

Longchamp
Der südliche Teil des Hertogenwaldes, östlich der Soor, war bis zum Ende des 18. Jh. ein ausgedehntes Venngebiet, das Lange Venn.

Lonlou
Früheres Venngebiet zwischen Polleurbach und Sétayvenn, bis 1794 Besitz der Gemeinde Hoffrai in der Fürstabtei Stablo-Malmedy. Hier verlief die Grenze zwischen den Bistümern Lüttich und Köln. 1572 und 1678 als „Boix de Loloz"

beurkundet. Der Name wird abgeleitet von „Lach" oder „Laag" im Sinne von Grenze.

Louba
Der Nebenbach der Gileppe entspringt südlich der Talsperre und mündet bereits im Staubereich. Der Name ist eine frz. Form des dt. Laubach oder Laubbach. Ein Bacharm heißt wallonisch *Raboru* = *Rû de Radbod*, nach einem alten germanischen Vornamen.

Lützevennmännchen (Monscher Männchen)
Garstiger Kobold aus dem Lützevenn, einem einsamen Venntal im Wald zwischen Elsenborn und Rocherath. Er lauert einsamen Wanderern, Jägern oder Holzhauern auf, springt sie aus dem Dickicht von hinten an. Sie bleiben bis an ihr Lebensende gelähmt. Man munkelt auch, das Lützevennmännchen sei eine Erfindung der Obrigkeit, um den Vennbewohnern das Schmuggeln, Holzklauen und Wildern zu verleiden.

Lys
Waldgebiete zwischen Gileppetalsperre und Grisardkreuz (Petit Lys, Grand Lys). Jean de Walque leitet den Namen ab vom keltischen *Lech*, abgewandelt in Ley, Lisse = Fels, Stein.

M- Grenzsteine
Sie kennzeichneten früher die westliche Nutzungsgrenze von Malmedy. Etwa 20 dieser Steine sind erhalten von Lonlou über Fraineu und Rond Chêne bis Moûpa.

Malmedy (10.300 Einw.)
Am Zusammenfluß von Warche und Warchenne, „in tiefer Waldeinsamkeit, wo es von Tieren wimmelt", gründete der hl. Remaklus, der „Apostel der Ardennen" († 669), im Jahr 648 das Kloster Malmundarium, das mit dem 650 gegründeten Schwesterkloster Staboletum bis 1795 die reichsunmittelbare Fürstabtei Stablo-Malmedy bildete. *Malmundarium = vom Bösen gereinigt.*

Um 1500 entstand die erste Gerberei, im 18. Jh. war Malmedy das größte Lederverarbeitungszentrum Europas. 1767 begründete der Klostermönch André de Vecqueray die Malmedyer Papierindustrie. Die Herstellung von Kanonenpulver und die Belieferung der Spanier führte am 26. 06. 1587 zur Zerstörung der Stadt. 1689 wurde sie von den Truppen Ludwigs XIV. niedergebrannt.

Die tausendjährige Unabhängigkeit der Fürstabtei Stablo-Malmedy endete

1795. Malmedy wurde Unterpräfektur im Departement Ourthe und 1815 preußische Kreisstadt. Stavelot wurde den Vereinigten Niederlanden zugeteilt und 1830 belgisch. Diese Trennung folgte den Bistumsgrenzen Köln-Lüttich. Zur Erhaltung von Sprache und Brauchtum gründeten die Malmedyer im Bismarckschen Kulturkampf den „Club Wallon". Der Versailler Vertrag vereinigte Stavelot und Malmedy 1920 unter der belgischen Krone. Von 1921 bis 1925 bildete das Gebiet Eupen-Malmedy ein eigenes Bistum, 1925 wurde es dem Bistum Lüttich angegliedert.

Malmedy wurde bei der Ardennenoffensive 1944/45 von der amerikanischen Luftwaffe in drei schweren Luftangriffen zerstört, da man die Stadt noch in den Händen der Deutschen wähnte. Sie war jedoch bereits von amerikanischen Truppen besetzt.

Malmedy ist Mittelpunkt der Malmedyer Wallonie, die Stadt des „Cwarmé", des Malmedyer Karnevals, und der „Baisers de Malmedy" (Negerküsse).

Trotz vieler Zerstörungen sind zahlreiche Sehenswürdigkeiten erhalten oder wiederhergestellt: Kapuzinerkirche (1631), Abteigebäude (1701-08), Warchebrücke (1764), zweitürmige Kathedrale der hl. Peter, Paul und Quirinus (1775-84) als ehemalige Abteikirche, zahlreiche schiefergedeckte Hausfronten und schöne Patrizierhäuser an dem Place Albert Ier (Albertplatz). Die Stadt liegt mit Spa und Stavelot im „Goldenen Dreieck" der Ardennen am Südfuß der Vennhochfläche und ist Ausgangspunkt für Wanderungen in das Hohe Venn und in die Ardennen.

Am 01. 12. 1885 erhielt Malmedy über den 2. Bauabschnitt Monschau-Weismes-Malmedy Anschluß an die Vennbahn.

Wirtschaftlicher Schwerpunkt der Stadt sind nunmehr die Papierfabriken.

Manguester

Ein Waldgebiet zwischen den Vennbächen Sawe und Statte, das im ersten Wortteil auf den germanischen Familiennamen Maingaud zurückgeht. Die Anhängesilbe - ster bedeutet *die gerodete Stelle*.

Mäzje Pad, Mazdepfad

Bezeichnung für die Einmündung des Öslinger Wegs (Pilgerwegs) bei der Klause des Einsiedlers vom Reinart. An dieser Stelle zwischen dem ehem. Unter- und Oberhof sind uralte Hecken und der Brunnen noch sichtbar. Ganz in der Nähe steht seit 1973 die Marienkapelle zur Erinnerung an die Siedlung St. Reinhard. Die altertümliche Bezeichnung für dieses Wegstück bedeutet „Marienpfad".

Maria-Theresia-Steine (Bornes Marie-Thérèse)

Drei Grenzsteine von Grenzziehungen unter der Herrschaft Maria-Theresias.
- Einer der „Drei Grenzsteine" (Les Trois Bornes) im nassen Les-Wéz-Vennbereich des Hohen Moores, am Waldrand oberhalb der beiden anderen. Er trägt die Jahreszahl 1755 und die Angaben der Herzogtümer LUX(emburg) und LIM(burg).
- Grenzstein mit der Jahreszahl 1756 und den Angaben der Fürstabtei Stavelot und des Herzogtums LUX(emburg). Er steht unmittelbar neben dem Sockel der Hauptmannsäule unweit des Signal de Botrange.
- Ein dritter M.-T.-Stein steht zwischen den genannten Grenzsteinen auf der geradlinigen Schneise von den 3 Steinen (Les Trois Bornes) nach Botrange, unweit der Abzweigung des Michel-Culot-Weges.

Marienkapelle (Unsere liebe Frau vom Reinart)

Nachdem 1971 der Oberhof als letzter der Höfe auf dem Reinart geräumt werden mußte, regte Forstmeister Letocart an, das Andenken an die ehemalige Siedlung mit einer Kapelle festzuhalten. Die schmucke Waldkapelle, errichtet von der Raerener Pfadfinderschaft St. Stefan unter Leitung von A. Emontspohl und K. Kerres, wurde am 11. Juni 1973 feierlich eingeweiht. Die Künstlerin Maria Hasemeier-Eulenbruch (1899 Kelberg/Adenau - 1972 Raeren) stiftete kurz vor ihrem Tod ein Marienstandbild. Die Kapelle soll der Nachwelt das Gedenken erhalten an eine Einsamkeit, die im Hochmittelalter zwischen 1100 und 1400 eine der wichtigsten Kulturstätten des Hohen Venns war. Die Kapelle steht zwischen dem ehemaligen Unter- und Oberhof an der Einmündung des Öslinger Wegs. Hier stand auch die Klause des Einsiedlers. Der Brunnen und die uralten Hecken sind noch sichtbar. Auf der belgischen Vennkarte, Blatt 4, ist das Wegstück als „Mäzje Pad" (Marienpfad) bezeichnet.

Mathar, Ludwig (1882 Monschau- †1958)

Als Historiker kannte er die Geschichte des Venns, seiner eigentlichen Heimat. Enge Bindungen unterhielt er zur Malmedyer Wallonie. Sein Roman „Das Schneiderlein am Hohen Venn" von 1932 schildert die Lebensgeschichte des Michel Schmitz, des Gründers der Baraque Michel. „Straße des Schicksals" von

1933 beschreibt die 1856 eröffnete Landstraße von Eupen nach Malmedy, verbunden mit dem Schicksal des Michel Schmitz und seiner Familie. In seinem Roman „Brautfahrt im Hohen Venn" von 1935 ist das Schicksal der beiden Verlobten Franz Reiff und Maria Solheid dargestellt, die im Schnee im Hohen Venn umkamen. Nach einem Noviziat in einem römischen Kloster studierte Mathar an den Universitäten Freiburg, Paris, London und Bonn für das Höhere Lehramt, schloß 1907 mit dem Staatsexamen ab und promovierte 1909 in München. Von 1919 bis 1928 war er im höheren Schuldienst tätig und widmete sich danach ausschließlich seinem Beruf als Schriftsteller. Bereits 1922 veröffentlichte er seinen ersten großen Roman, „Die Monschäuer". Sein Gesamtwerk umfaßt 40 Bücher, fünf Bühnenspiele und mehrere Kulturfilme.

Merowingerweg (Mérowée sous Brochepierre)
1966 bei Bodenuntersuchungen von V. Bronowski entdeckter Steinweg, der am Hanggrund unterhalb des Wäldchens Brochepierre beginnt und zum Ende des Bouvygrabens verläuft. Eine Untersuchung nach der Radiokarbon-Methode C14 ergab eine Anlage aus der Zeit um 672 mit einer Unsicherheit von ± 112 Jahren, mithin noch in der Merowingerzeit. Der Weg bestand aus einer Kieselschicht auf großen Steinblöcken, unterlegt mit Knüppelhölzern und Torfstücken auf Langhölzern. Angenommen wird ein Weg von Jalhay ins Monschauer Land, der die Via Mansuerisca bei Brochepierre kreuzte.

Michel-Culot-Weg (Piste Michel Culot)
Der frei zugängliche Wanderpfad verläuft vom Fagne Rasquin abwärts zur Hill, entlang dem Hillzufluß Rû des Waidages, auf der Grenze zwischen dem Wallonischen und dem Zweiserienvenn. Benannt wurde er nach Michel Culot (1931-1992), Förster von Ovifat.

Miesbach
Er entspringt beim Bovelsvenn und mündet nach kurzem Lauf beim Großen Bongard rechts in die Hill. Der Name des alten Grenzbachs zwischen den Herzogtümern Jülich und Luxemburg soll nach B. Willems aus Moosbach entstanden sein in der Bedeutung „sumpfiger Bach".

Mont Rigi
An der Gabelung der Straßen Eupen-Malmedy und Eupen-Sourbrodt errichtete der Gastwirt Jacques Walther Hoen aus Membach bereits 1862 eine Vennherberge, ein Gasthaus. Der ortsfremde Name wurde vom Bürgermeister von Weismes eingeführt nach dem Mont Rigi oder Rigi Kulm, einem 1800 m hohen Berg

am Vierwaldstätter See in der Schweiz. Der Bürgermeister war für die Benennung der neuen Siedlung zuständig und hatte bereits andere Geländepunkte mit Waterloo, St. Helena und Sedan benannt. Diese wurden behördlicherseits später abgeändert. Die Schreibweise Mont Righi setzte sich nicht durch. Jacques Walther Hoen starb 1880. Seine Witwe, genannt „Mama Hoen", führte die Gaststätte bis zu ihrem Tode im Jahre 1909. Am 6. Juni 1883 sind Gasthaus und Stallungen nach einem Blitzeinschlag abgebrannt. Henri Hoen, der Sohn des Gründers, betrieb hier gleichzeitig eine Försterei. Nach 1891 war Mont Rigi auch meteorologische Station des Aachener Observatoriums. Henri Hoen veranlaßte die Einführung des Skisports im Hohen Venn.

Nach mehreren Besitzerwechseln erwarb 1954 ein Antwerpener das Anwesen und baute das alte Haus in ein modernes Hotel mit Gaststätte um. Es gibt auch die Auffassung, Mont Rigi sei eine Verfälschung des wallonischen „Amon Rigi", d. h. bei Rigi. Außerdem habe die Gaststätte zu Beginn des 20. Jh. nach dem damaligen Besitzer „Amon Hoen" (bei Hoen) geheißen.

Monument Apollinaire (Apollinaire-Gedenkstein)
Gedenkstätte für den Lyriker und Venndichter Guillaume Apollinaire (1880-1918), der 1899 eine „Saison seines Lebens" in Stavelot verbrachte. Der Gedenkstein steht an der Straße Malmedy-Bernister. Die Inschrift auf den 6 Steinen lautet übersetzt: „Seid nachsichtig, wenn ihr uns gleichsetzt mit denen, die die Vollendung der Ordnung schufen, uns, die wir überall dem Abenteuer nachspüren."

Monument Pietkin (Pietkin-Gedenkstein)
1926 von der Gemeinde Sourbrodt zu Ehren des verdienstvollen Pfarrers Nicolas Pietkin (1849-1921) errichtet. Pietkin war Sprachwissenschaftler und Vennkenner, ab 1879 Pfarrer von Sourbrodt. Der 4,70 m hohe Gedenkstein zeigt im runden Medaillon ein Bildnis des Priesters. Seine Spitze zeigt, als Sinnbild der von ihm verteidigten romanischen Kultur, in Bronze eine Wölfin mit Romulus und Remus. Das Denkmal wurde 1940 während des Krieges zerstört und 1957 in seiner ursprünglichen Art wiederhergestellt.

Es steht an der Landstraße Botrange-Sourbrodt-Robertville an der Einmündung des Dorfweges in der Nähe der alten Kapelle.

Moor - seine Bedeutung
Als letzte Naturlandschaften erfüllen Moore wichtige Aufgaben im Naturhaushalt und in der wissenschaftlichen Forschung.
- Sie speichern große Wassermengen und geben diese zeitlich verzögert wieder

ab, schwächen dadurch das Hochwasser und sorgen für eine ausgeglichene Wasserspende auch in niederschlagsarmen Zeiten.
- Mit ihrer besonderen Standortqualität (Wasser, Boden, Klima) bieten sie Lebensraum für spezialisierte Pflanzengesellschaften mit einer Reihe gefährdeter Arten.
- Als letzte Rückzugsgebiete sind sie Zuflucht störanfälliger und seltener Tierarten.
- Wegen ihrer konservierenden Eigenschaften (Nässe, Säure, Luftabschluß) sind sie wichtig für die Erforschung des Pflanzenwachstums (Pollenanalyse). Noch nach Jahrtausenden lassen die in die Moore hineingewehten Pollenkörner sich erkennen und erlauben damit Schlußfolgerungen auf frühere Wachstums- und Klimaverhältnisse. Aus Bodenpröbchen werden unter dem Mikroskop die Prozentzahlen der Pollenkörner für die einzelnen Pflanzenarten ermittelt (Pollendiagramm). Auf diese Weise wurde die Waldgeschichte Mitteleuropas weit zurückerforscht.
- Moorfunde von Zeugnissen alter Kulturen, z.B. Werkzeuge, Schmuck, Waffen oder auch gut erhaltene „Moorleichen", ermöglichen Rückschlüsse auf die Lebensweise unserer Vorfahren.

Mooraugen (Kolke)

Diese rundlichen Wasserflächen im Hochmoor entstehen vermutlich aus mehreren wassergefüllten Schlenken. Sie liegen über der von einer Torfschlammschicht überdeckten wasserdichten Tonunterlage. Ihr Wasser ist nährstoffarm und sauer. Die kaffeebraune Farbe entsteht durch gelöste Humusstoffe. In der bis in den Hochsommer hinein sehr niedrigen Wassertemperatur bilden Plankton-Gesellschaften mit Algen und Kleinstlebewesen eine genügsame Lebensgemeinschaft.

Moorbildung

Die Grundlage für die Vennmoore entstand am Ende der Würm-Eiszeit vor etwa 12500 Jahren. Der damaligen arktischen Tundra fehlte bis auf kleine Kriechweiden und Zwergbirken die schützende Pflanzendecke, so daß Sand, sandiger Lehm und Löß bis nach Hochbelgien verfrachtet wurden. Ab ca. 8000 v. Chr. , während der Nacheiszeit, wurde es wärmer und regnerischer. In Mulden und Senken der Hochfläche vermischte sich der vom Regen angespülte Lehm mit dem vorhandenen Ton aus verwittertem kambrischem Schiefer. Diese wasserundurchlässige Ton-Lehm-Schicht war die Voraussetzung für die Moorbildung. Der ursprüngliche Birkenbruchwald wurde vom entstehenden Hochmoor trockengesogen und verging. Seine Reste finden sich im Torf.

In Dellen und Mulden bildeten sich zunächst seichte stehende Gewässer, nährstoffarm und sauer, eine günstige Wachstumsgrundlage für alle feuchtigkeitsabhängigen, moorbildenden Torfmoose der Gattung Sphagnum. Diese Torfmoose sammeln Wasser wie ein Schwamm, bis zum 25fachen ihres eigenen Trockengewichts. Sie wachsen nach oben, sterben unten wegen Lichtmangels ab und verrummeln. Ihre mittlere Wachstumsgeschwindigkeit liegt zwischen 7 und 18,7 mm jährlich. Da schon 4-8 cm unter dem Torfmoosteppich der zur Verwesung notwendige Sauerstoff fehlt und der hohe Säuregrad des Torfwassers stark konserviert, stapelt sich das organische Material. Es entsteht Torf.

Im Hohen Venn hat die Torfschicht jährlich um etwa 1 mm zugenommen. Eine Torfschicht von 1 m Stärke ist demnach ca. 1000 Jahre alt. Die im Hohen Venn anstehenden Torfschichten sind i. a. 2 bis 8, stellenweise sogar 10 m stark. Sie liegen auf der Hochfläche in Höhen ab 600 m und unterschreiten kaum die 500 m-Grenze. An den Rändern des Hochmoores bildeten die sog. anmoorigen Heiden nur eine geringe Torfschicht bis zu einem halben Meter. Da das Hochmoor in der Mitte stärker hochwächst als an den Rändern, ist es mehr oder weniger gewölbt wie ein Uhrglas.

Zur Torfbildung beigetragen hat anfänglich auch die Blumenbinse (*Scheuchzeria palustris*), doch überdauert sie nur den Übergang zum nährstoffarmen Boden. Gelbbraune Stengelreste im Torf, sog. Stroh, kennzeichnen ihr Vorhandensein. Inzwischen kommt sie in Belgien nicht mehr vor. Von den insgesamt 4200 ha Naturschutzgebiet im Hohen Venn sind derzeit nur noch 120 ha aktive Hochmoore, u. a. im Wallonischen Venn, Cléfayvenn und Misten (Kgl. Torfmoor). Sie verkleinern sich zunehmend, da der durch die Torfmoose gehaltene Grundwasserspiegel in den umgebenden Pfeifengrasflächen ständig absinkt, eine Spätfolge der Dränung und Befichtung im 19. Jh.

Moréfange
Das jetzige Waldgebiet südlich der Statte ist beurkundet als „Moréte Fagne", also Schwarzes Venn (altlat. *maurus* = schwarz).

Morfa
Dieses Waldstück bei Hockai ist sprachlicher Herkunft ein „Schwarzes Venn": altlateinisch *maurus* = schwarz; *-fa* = fagne = Venn.

Mosthaag
Nördlich der Wesertalsperre und des Forsthauses Mospert gelegener Teil des Hertogenwaldes. In sprachlicher Herkunft ein sumpfiger Wald (Mooshag).

Moûpa

Das auch heute noch sehr vennige und feuchte Waldstück südlich der Straße Mont-Hockai war ein „weicher Durchgang" (frz. *passage mou*) für den hier verlaufenden alten Weg von Francorchamps nach Xhoffraix.

Münsterbildchen (siehe Kreuze im Venn)

Münsterbrücke

Das Waldstück an der Weser südöstlich von Roetgen ist benannt nach der Reichsabtei Kornelimünster, der dieses Gebiet bis 1794 gehörte.

Mützenich

Venndorf und Grenzort an der Landstraße Eupen-Monschau. Die Ansiedlung entwickelte sich aus dem kelto-römischen Hof Mutiniacum. Durch die Grenzziehung des Versailler Vertrags wurde Mützenich durch die nunmehr belgische Vennbahn von Monschau getrennt und lag seitdem als Enklave in Belgien. Der Mützenicher Gemeindewald war belgisch geworden, für die Nutzung zahlten die Mützenicher nach dem Grenzabkommen vom 6. November 1922 Grundsteuer an den belgischen Staat. Aus dieser Haupteinnahmequelle zog der Ort vor dem Zweiten Weltkrieg durch Nutzholz und Jagdpacht einen Erlös von 30.000 RM jährlich. Am 23. August 1944 wurde deutsches Eigentum in Belgien sequestriert. Belgien erlaubte Einschlag und Ausfuhr von Holz, der deutsche Grenzschutz verbot die Einfuhr. Die Mützenicher mußten ihr eigenes Holz heimlich klauen. Belgische Grenzberichtigungspläne sahen u. a. die Abtretung der westlich der Vennbahn gelegenen Enklaven Roetgen und Mützenich vor, doch der belgische Außenminister Paul Henri Spaak verzichtete am 15. April 1949 „vorläufig" auf Roetgen und Mützenich.

Der Verzicht Belgiens führte zur „Revolte von Mützenich", das belgisch werden wollte wegen seiner Waldabhängigkeit, der verwandschaftlichen und wirtschaftlichen Beziehungen zu Eupen und wegen der durch die unsichere Grenzfrage ausbleibenden Geldmittel aus Düsseldorf. Im Juni 1949 wurde der Gemeinderat wegen Landesverrats amtsenthoben. Belgien nahm das „geschenkte" Dorf nicht an, die hohe Politik vereitelte dies: Am 4. April wurde der NATO-Vertrag unterzeichnet, am 10. April folgte das Besatzungsstatut und am 23. Mai 1949 trat das deutsche Grundgesetz in Kraft. Ein Grenzstreit hätte das politische Klima verdorben. Wegen Bandenschmuggels von 1700 Zentnern belgischen Röstkaffees innerhalb von 2 Jahren standen 53 Einwohner von Mützenich im Januar 1953 vor Gericht. 2000 Seiten Strafakten wurden verfaßt, die Anklageschrift umfaßte 97 Seiten, insgesamt wurden 19 Jahre Gefängnis verhängt, im Höchstfall anderthalb Jahre. Der Kölner Klingelpütz hieß zeitweilig „Eifeler Hof". Die gewaltige Anschubfinanzierung durch den Schmuggel brachte dem „sündigen Dorf" erhebliche Vorteile, auch der Pfarrkirche. Im August 1953 wurde die Kaffeesteuer gesenkt, und der Schmuggel kam zum Erliegen.

Naturparkzentrum Botrange (Centre Nature Botrange)

Das Naturparkzentrum (655 m) an der Landstraße Mont Rigi-Sourbrodt in der Nähe des Signal de Botrange wurde im April 1984 eröffnet. Der Bau – ein Projekt von Prof. Englebert der Universität Lüttich – aus bodenständigen Materialien fügt sich vorbildlich in das umgebende Hohe Venn ein. Ziel des Zentrums ist die Darstellung des Naturparks Hohes Venn-Eifel nach modernen pädagogischen Gesichtspunkten zur Einführung der Besucher in Besonderheiten von Natur und Umwelt.

Das Zentrum fördert damit den umwelt- und sozialverträglichen Tourismus im Deutsch-Belgischen Naturpark. Angeboten wird eine ständige Ausstellung über Tier- und Pflanzenwelt, Geografie, Geschichte, Wohnwesen, Forst- und Landwirtschaft, Tourismus und Naturschutz dieser Landschaft.

In Wechselausstellungen werden u. a. Waldschäden, Landschaftspflege und Vogelschutz behandelt sowie Maler, Fotografen und Bildhauer dieser Landschaft vorgestellt. Das Zentrum vermittelt außerdem lehrreiche Ausflüge und Wanderungen. Es ist Ausgangspunkt für das Begehen der C-Zonen des Hohen Venns mit staatlich anerkannten Wanderführern.

Das Zentrum ist täglich von 10-18 Uhr geöffnet. Vom 4. bis 29. November ist das Naturparkzentrum geschlossen (Tel. 080/44.57.82).

Nachtsborn

Nach einer Grenzbeschreibung von 1710 wurde hierhin der neue Dreiländerpunkt zwischen der Abtei Kornelimünster, der Herrschaft Monschau (Jülich) und dem Herzogtum Limburg vom Genagelten Stein nach Osten verlegt. Dadurch ragte zu dieser Zeit ein spitzwinkliges Dreieck limburgischen Gebiets bis in die Mitte des Dorfs Roetgen. Die Roetgener versetzten den Nachtsborn 1752 in Richtung Westen zurück, etwa die halbe Entfernung zum Genagelten Stein, dem ursprünglichen Dreiländerpunkt. Der Grenzpunkt lag an der alten Kapelle von Roetgen, ein Grenzbrunnen (Nachtsborn = Natsborn = nasser Born) mit einem Pfahl und einem Stein mit Cornelyhorn und der Jahreszahl 1607.
1752 letztmals anläßlich Grenzstreitigkeiten beschrieben und erwähnt, muß er seitdem als verloren betrachtet werden. 1710 wurde die Stelle bereits „Dryerscheyt (Dreiländerscheide), genannt der Nachtsborn" beschrieben. Als „Grietebrönnche" war er noch als eingefaßte Quelle bis in unsere Zeit bekannt. 1960 wurde dem Brunnen durch die neue Kanalisation das Wasser entzogen, 1961 wurde er zugeschüttet.

Nahtsief

Dieser Bach kommt aus dem Venngebiet Kutenhart und mündet in die Getz. Er ist ein alter Grenzbach zwischen den Herzogtümern Jülich und Limburg. Die Namensdeutung ist strittig. Nach de Walque liegt *Marksief (= Grenzbach)* zugrunde, nach H. Dittmaier Achtsief nach dem einstigen herrschaftlichen Besitz.

Nahtsiefweg

Forststraße vom Parkplatz Nahtsief im Brackvenn an der Landstraße Eupen-Mützenich durch das Brackvenn und westlich entlang des Allgemeinen Venns bis zur Getzfurt.

Naturschutzpark-Gedenkstein

1957 am Straßenbogen der Landstraße Belle Croix-Baraque Michel unweit der Panhaussäule errichtet. Das schlichte Steinmal erinnert an die Verwirklichung des Naturschutzgebiets Hohes Venn (Réserve Naturelle Nationale des Hautes-Fagnes) durch den belgischen Landwirtschaftsminister R. Lefebvre.

Naturschutzzonen im Hohen Venn

Zur Erhaltung der einmaligen Tier- und Pflanzenwelt des Hohen Venns wurden seit 1957 bereits 4100 ha Hoch- und Niedermoore, Heiden und Moorwälder unter Naturschutz gestellt. Durch ministeriellen Erlaß der Wallonischen Region vom 23. 10. 1975 wurden die staatlichen Naturschutzgebiete in die Zonen A-D

NATURSCHUTZZONEN

von unterschiedlichem Schutzbedürfnis eingeteilt, da jährlich bis zu einer halben Million Besucher und Wanderer die empfindlichen Ökosysteme der Moore und der Tierwelt zunehmend gefährden. Diese Regelung trat am 1. Januar 1992 in Kraft. Für den Zugang zu den Naturschutzzonen gilt seitdem folgende Einteilung:

Zone A: frei zugängliche Gebiete

Zone B: Bereiche, die der Besucher nur auf den ausgewiesenen Wanderwegen betreten darf. Sie führen über beplankte Vennpfade, Vennrandschneisen und durch die Vennrandwälder. Dazu gehören die naturgeschützten Venngebiete: Fraineu, Sétay, Neûr Lowé, Poleur, Les Wéz, Nesselo, Herzogenvenn, Schwarzes Venn, Brackvenn (südlicher und nördlicher Teil), Kutenhart und Hoscheit.

Zone C: Bereiche, die der Wanderer nur in Begleitung eines ausgebildeten und vom Ministerium anerkannten Wanderführers betreten darf. Wanderführer vermittelt die Forstverwaltungsberatungsstelle für Naturschutz im Turm von Botrange. Der Besuch der C-Zonen verläuft im Einbahnverkehr und weitgehend auf Rundwanderwegen. Bei den geführten Gruppen sind nicht mehr als 30 Teilnehmer zugelassen. Zur C-Zone gehören: Wallonisches Venn, Zweiserienvenn, Großes Moor (Grande Fange), Cléfay, Misten (Kgl. Torfmoor), Allgemeines Venn und Steinleyvenn. Das sind etwa 70% des Naturschutzgebietes.

Zone D: Besonders schützenswerte Bereiche, die ständig, zeitweilig oder periodisch nicht betreten werden dürfen, auch nicht in Begleitung eines Naturführers.

Die Zoneneinteilung ist aus den Kartentafeln an den Hauptzugangswegen zu den Naturschutzgebieten ersichtlich. Diese sind allgemein nur zugänglich eine halbe Stunde vor Sonnenaufgang bis eine halbe Stunde nach Sonnenuntergang. Sperrungen der Naturschutzgebiete sind jederzeit möglich während der Brut- und Brunftzeit, bei Brandgefahr oder wenn Pflanzen und Tierarten bedroht sind. Sie werden durch rote Fahnen oder Plakathinweise bekanntgegeben.

Das Wallonische Venn ist grundsätzlich gesperrt vom 16. März bis 30. Juni zum Schutz des in Europa vom Aussterben bedrohten Birkhuhns, des Wappentiers des Hohen Venns. Vor 10 Uhr und nach 17 Uhr sind vom 16. März bis 30. Juni das Zweiserienvenn (Hohes Moor), das Große Moor, Steinley und Kutenhart gesperrt.

Informationen über die Sperrungen im Hohen Venn erteilen die Rufnummern 0032(0)80/44.71.95 oder 0032(0)80/44.67.92

Allgemein gilt:

Naturschutzgebiete sind keine Freizeitparks; im Naturschutzgebiet ist die gesamte Landschaft mit all ihren Bestandteilen schutz- und erhaltenswürdig;

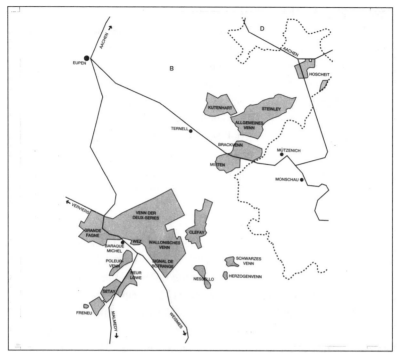

Hunde dürfen ins Naturschutzgebiet nicht mitgenommen werden. Wegen seines besonderen wissenschaftlichen und landschaftlichen Wertes wurde das Naturschutzgebiet Hohes Venn 1966 mit dem Europäischen Naturschutzdiplom ausgezeichnet.

Nesselo
Naturgeschütztes Vennstück nördlich von Sourbrodt, durchflossen vom Scheidbach, der in die Rur mündet. Der seit Jahrhunderten gebräuchliche Name enthält das dt. Wort Nessel (= Brennessel) und das mhd. *-lo* für Holz, Wald. Erst in neuerer Zeit wurde das Vennstück nach seiner Lage umbenannt in Zwischenbuschvenn (oder Tusschenbusch), da es zwischen dem Averscheider Wald und dem Rurbusch liegt.

Neûr Lowé
Vennstück links der Landstraße Mont Rigi-Mont nördlich des Adamswegs (Vôye Adam), der alten Straße Hockai-Kalterherberg. Ein Teil dieses Venns steht inzwischen unter Naturschutz. Die wallonische Bezeichnung ist abgeleitet vom frz. *lieu noir* = schwarzer Ort.

Niederschläge im Hohen Venn

Die Hochfläche des Hohen Venns liegt mehr als 500 m über dem Meeresspiegel und ist geprägt von kalt-feuchtem Klima. Die durchschnittliche Jahrestemperatur beträgt 6,1 °C. Die von der Atlantikküste kommenden West- und Südwestwinde geben ihren hohen Feuchtigkeitsgehalt an dieser ersten Erhebung in Form von Nebel, Regen oder Schnee ab. Die Niederschlagsmengen im Hohen Venn sind im Jahresmittel bei 1400 mm. Das „Regenloch" Aachen hat zum Vergleich „nur" 800 mm. Ein Viertel der Niederschläge des Hohen Venns erreicht den Boden als Schnee, das sind durchschnittlich 43 Tage im Jahr. An durchschnittlich 172 Tagen im Jahr regnet es, an durchschnittlich 175 Tagen herrscht Nebel.

Noir Flohay (wall. Crolés sapés)

Die wallonische Bezeichnung vermittelt das Bild der Krüppelkiefer (*crolé* = geringelt, *sapin* = Kiefer). Das Kiefernwäldchen im Hohen Moor (Zweiserienvenn), nördlich der oberen Hill an der Piste du Noir Flohay, wurde 1852 als Versuch der Urbarmachung der Vennhochfläche auf einer Höhe von 640 m angelegt. Die Waldkiefer mit Standort auf trockenen Sanden vermag sich auch dem nassen Moorboden anzupassen. In der Wuchsform „Moorkiefer" erträgt sie die geringe Nährstoffversorgung und das rauhe Klima mit kürzeren Nadeln, gedrungenem Krüppelwuchs und geringem Dickenwachstum. Die sturmzer-

zausten und verkrüppelten Bäume dieser Wetterkampfzone vermitteln den malerischen, je nach Wetterlage unheimlichen Eindruck eines Geisterwaldes. Mehrere Vennbrände haben das Wäldchen inzwischen erheblich gelichtet. Noir Flohay unterliegt den Zugangsbeschränkungen der Naturschutzzone C. Die französische wie auch die wallonische Bezeichnung „Lu neûr flohé" sind ggf. deutbar aus dem wallon. *flo (floxhe)* = *Tümpel, Pfuhl* und *hay* = *Wald*.

Norbertuskapelle

Im Rurtal am Parkplatz Reichensteiner Brücke in der Nähe des früheren Klosters Reichenstein (1205-1802) gelegen, an dessen 600jährige Geschichte als kultureller Mittelpunkt des Monschauer Landes sie erinnern soll. 1926 als Achteck mit barockem Turmhelm errichtet. Beiderseits des wuchtigen Altars aus Kyllburger Sandstein die Heiligen des Prämonstratenserordens, Norbertus und Hermann-Joseph. Norbert von Gennep (bei Xanten), späterer Bischof von Magdeburg, gründete 1120 den Prämonstratenser-Chorherren-Orden mit der Errichtung des ersten Klosters Prémontré (Pratum Monstratum) bei Laon als Reformorden. Er starb 1134. Hermann-Joseph (13. Jh.) war Prämonstratenser und mystischer Dichter; sein Grabmal befindet sich im Kloster Steinfeld.

Öslinger Weg

Etwa seit dem 8. Jh. werden die westlichen Ardennen Ösling genannt. Die Ardennenausläufer in Nordluxemburg heißen heute noch so, auf benachbarter deutscher Seite Islek. Dem Aachener Geschichtsschreiber Christian Quix war der Name 1837 in einer Beschreibung des Kreises Eupen noch geläufig. Als unbefestigter Erd- und Hohlweg durchzog er die Westardennen in nord-südlicher Richtung, vom Karrenausfahrtsgebiet Aachen-Köpfchen über die Göhl zunächst nach Berlotte (Eynatten). Hier gabelte nach links ein Nebenweg über Raeren-Kirche und Schossent nach Petergensfeld. Der verkehrsreichere Hauptweg bog bei Berlotte leicht westlich ab nach Raeren-Neudorf, Vennkreuz, Bellesforter Brücke (Weserfurt) hinauf zum Reinartzhof, weiter über Steling, Mützenich, Kalterherberg. Die dritte Abwandlung des Öslinger Wegs ist als Pilgerweg zu bezeichnen. Sie verläuft von Raeren vorbei am Pilgerborn über die Oude Brug (Weser) zum Reinart.

Oude Brug (Alte Brücke)

Brücke über die Weser an der Einmündung des Eschbachs im Verlauf des alten Pilgerwegs von Aachen-Köpfchen über Raeren, Pilgerborn zum Reinart (Öslinger Weg) und weiter nach Trier. Die Brücke war der Weserübergang für die großen Pilgerzüge zwischen 1100 und 1400 zu den Heiligtümern in Aachen und

Trier. 1338 in einer Rechnung der Reichsstadt Aachen erwähnt, die dem „Begard", dem Einsiedler vom Reinart, Geld für die Instandsetzung des Geländers an der Steinbrücke über die Weser zahlte. Von 1765 bis 1794 befand sich nahe der Brücke eine Kupfermühle der Stolberger Kupferschläger. 1804 war sie bereits Ruine. In den 80er Jahren dieses Jh. wurde im Zuge des Forstwegebaus hier ein Dreiröhrendurchlauf aus Beton geschaffen.

Ovifat

Altes Venndorf, gehörte bis 1795 zur reichsunmittelbaren Fürstabtei Stablo-Malmedy. Heute Ortsteil der Gemeinde Weismes (Waimes), Feriendorf mit alpinem Skigebiet und Jugendherberge. Achteckige Kapelle von Cheneu(x) aus dem 19. Jh. , benannt nach der Eiche (*la chêne*), jedoch umpflanzt mit Buchen und Fichten. Kirche zur Hl. Jungfrau der Armen von 1935.

Palsen

Das Wort Palsen (Palsa) stammt aus dem schwedischen und finnischen Lappland. Es bezeichnet durch aktives Emporsteigen bestimmter Moorstellen entstandene Bodenverformungen. Diese breiten, geschlängelten Stränge sind, wie auch die Pingos, durch Frosteinwirkung entstanden. Die schlangenförmigen Bodenstränge ziehen sich vom Brachkopf über das Steinleyvenn und Brackvenn bis zur Landstraße beim Zollamt Mützenich. Sie sind wesentlich niedriger als die Ringwälle der Pingos. Durch Überlagerung alter und neuer Pingos entstehen ebenfalls schlangenförmige Bodenerhebungen, so daß in diesen Fällen Pingos und Palsen nicht eindeutig bestimmbar sind. Im Gegensatz zu den ihnen verwandten Pingos, den eiszeitlichen Ringwallweihern, entstanden Palsen in der Eiszeit durch das drucklose Gefrieren des Wassers in den Bodenkapillaren. Dieser Gefriervorgang ergab Mengen kleinerer Eislinsen, die den Boden anhoben. Palsen in Hangmooren erscheinen zum Tal hin länglich verzogen.

Panhaussäule

Die Panhaussäule steht rechts der Straße Eupen-Baraque Michel am weiten Linksbogen im Großen Moor (Grande Fange). 1566 errichtet von Peter Panhaus, einem Antwerpener Kaufmann, dem Schwiegersohn des Bartholomäus Hauptmann, des Stifters der Hauptmannsäule.
Die Panhaussäule war das zweite große Wegzeichen auf dem früheren Handelsweg von Sourbrodt über Jalhay nach Limburg, damals weithin sichtbar wie ein Leuchtturm. Der Sockel ist im weichen Moorboden eingesunken, die vierseitigen Inschriften sind nur noch schwer lesbar, jedoch vergleichbar mit denen der Hauptmannsäule:

Im S: In Gottes Namen zum allgemeinen Nutzen und Wegweisung ließ mich machen Peter Panhaus von Limburg, Kaufmann, wohnhaft zu Antwerpen Anno 1566.
Im N: die gleiche Inschrift in frz. Sprache
Im W: Wegweisung Sourbrodt und der Psalmvers: Herr, zeige mir deine Wege und lehre mich deine Pfade.
Im O: Wegweisung Limburg und der Psalmvers in frz. Sprache. Die Säule lag lange umgestürzt und zerbrochen im Moor. Der vorhandene untere Teil wurde 1908 von der Gemeinde Jalhay wieder auf den Sockel gestellt. 1947 ließ ein Wanderer ein im oberen Stattetal aufgefundenes Säulenstück auf die Panhaussäule setzen. Da dieser Teil walzenförmig ist und die eigentliche Panhaussäule sich nach oben kegelförmig verjüngt, dürfte es sich nicht um das fehlende obere Stück der ursprünglichen Säule handeln.

Pannensterzkopf (Bovel)
Eine der bewaldeten Vennkuppen um Botrange, 659 m hoch, früher und auch heute noch auf belgischen Karten Bovel genannt. Dies war mundartlich abgeleitet von *boven* = oben. Die Bezeichnung Pannensterzkopf wurde von der preußischen Kartografie eingeführt nach dem schwanzartigen Ende des früheren luxemburgischen Landbesitzes im Bann Bütgenbach. Über den Pannensterzkopf verlief die Grenze zwischen den Herzogtümern Jülich und Luxemburg. Die Kuppe befindet sich östlich des Cléfayvenns. Auf der Höhe der Sockel eines früheren Feuerwachtturms.

Parottegedenkstein (Monument Parotte)
Quarzitblock mit Inschrifttafel rechts der Landstraße Jalhay-Belle Croix. 1928 errichtet zum Gedenken an Joseph Parotte, der im Dezember 1925 auf dem Weg von Hockai nach Jalhay das Venn überquerte und hier vor Erschöpfung starb. Joseph Parotte, ein 50jähriger vennkundiger Mann aus Verviers, war am 6. Dezember 1925, einem Sonntag, allein unterwegs gewesen. Erst nach einem flammenden Suchaufruf des Venndichters Albert Bonjean fand der Privatjagdaufseher Jules Cambien aus Jalhay die Leiche am 11. Dezember, nach Einsetzen von Tauwetter.

Pavée de Charlemagne
Legendäre Bezeichnung für die Schneise durch das Waldgebiet Les Biolettes zwischen der Dûrètschneise und Waroneuxbrücke (Pont de Waroneux) über die Gileppe. Sie folgt dem Verlauf der alten Römerstraße Via Mansuerisca. Als Hinweis auf eine nicht mehr benutzte und daher unheimliche Straße auch

Teufelsweg (Pavée du Diable) genannt. Hier stießen 1768 Forst- und Zollbeamte zum erstenmal auf die Via Mansuerisca, nachdem die Straße seit dem 11. Jh. unter einer dicken Moor- und Torfschicht verschwunden war. Zur Zeit Karls des Großen hatte die Straße noch bestanden, auch in Urkunden Ludwigs des Frommen (814) und Ottos I. (950) ist sie noch erwähnt.

Perlenbachtal (Schwalmbachtal)
Der Perlenbach, in Belgien Schwalm genannt, entspringt nördlich von Rocherath und mündet nach 17 km bei Monschau in die Rur. Das Tal, ursprünglich karolingischer „Unterwald", kam 1435 mit dem Monschauer Land unter die Hoheit der Grafen von Jülich. Diese nahmen seitdem die hiesige Perlenfischerei als Hoheitsrecht wahr. Im späten April überzieht die Wildnarzisse (*Narcissus pseudonarcissus*), die kleiner, zierlicher und natürlicher ist als die gezüchtete „Osterglocke", die Täler von Perlen- und Fuhrtsbach wie ein Meer von Gold. Clara Viebig und Ludwig Mathar haben dieses Kleinod der Natur besungen. Seit Beginn des 20. Jh. kämpfen Naturschützer um den Erhalt der Narzissenwiesen. Da der Narzissenhandel zu den Märkten der Städte ein sehr einträgliches Nebengeschäft war, galten die Bestände als fast ausgerottet. Erst das Reichsnaturschutzgesetz von 1936 schützte sie von der Blüte bis zur Knolledies gilt bis heute. Bei Übertretung des Verbots kann ein Bußgeld von bis zu 100. 000 DM verhängt werden. Seit 1975 sind die Täler des Perlen- und Fuhrtsbachs bis ins Elsenborner Venn grenzüberschreitend als Naturschutzgebiet ausgewiesen. Da im „Tal der wilden Narzissen" kein Vennheu mehr gemäht wurde, erweiterte man trotz der Schutzverordnung die Anpflanzung von Fichten. Die Nordrhein-Westfalen-Stiftung kaufte oder tauschte für 1,2 Millionen DM die gefährdeten Wiesen und ließ sie entfichten (1988). Von der Höfener Mühle, von Gut Heistert oder von Wahlerscheid führen reizvolle Wege ins Tal.

Perlenbachtalsperre
Stausee des Perlenbachs zur Trinkwasserversorgung des Monschauer Landes und der Ortschaften Gey-Zerkall im Kreis Düren. Sie wurde 1952/53 erbaut und ist mit 0,8 Mio m³ die kleinste der zahlreichen Eifeltalsperren. Die überstaute Fläche beträgt 14 ha, der Staudamm ist 18 m hoch und 117 m lang. Unterhalb liegt die Wasseraufbereitungsanlage mit dem Pumpwerk, das die Hochbehälter in Mützenich, Höfen und Kalterherberg versorgt.

Petergensfeld
Südlicher Ortsteil von Raeren, im Volksmund „et Spaansch", das Spanische genannt. Bei der Abdankung Kaiser Karls V. im Jahr 1555 wurde sein Reich auf-

geteilt. Die neue Grenze zwischen dem niederl.-spanischen Reich Philipps II. und dem habsburgisch-deutschen Reich Ferdinands I. verlief mitten durch die Siedlung Roetgen-Petergensfeld. Die Einwohner von Roetgen nannten den Weiler Petergensfeld zur Unterscheidung seitdem „et Spaansch". Die mit dieser unglücklichen Grenzziehung verbundene Zuordnung zu dem weit entfernten Raeren bereitete den Bewohnern von Petergensfeld viele Schwierigkeiten, u. a. beim Kirchen- und Schulbesuch, bei Kindtaufen und Trauungen.

Petershaus (Petershuys, Mon Piette)
1525 baute Piette Pirard aus Charneux am Nordrand der Vennhochfläche im Quellgebiet der Gileppe am damaligen Limburg-Luxemburger Weg eine Herberge. Sein Nachfolger namens Kesseler wurde 1559 im Haus von üblem Gesindel ermordet. Der Mord und daran geknüpfte Greuelgeschichten brachten den Niedergang, die Herberge wurde fortan gemieden. 1725 war das Haus eine Ruine, der Hauptteil der Mauerreste wurde 1857 beim Bau der neuen Straße Eupen-Malmedy verwendet, der letzte Rest der Steine 1912 bei Straßenausbesserungsarbeiten benutzt. Vor einigen Jahrzehnten war im moorigen Gelände der alte Hausgarten an dem mit Gras bewachsenen Boden noch zu erkennen. In den jetzigen Fichtenanpflanzungen erinnert nur noch ein einsamer, uralter Kirschbaum an die historische Stätte. Das Waldstück heißt heute noch „Courtil Piette".

Petite Hesse
Zwischen Mont Rigi und dem Dreikantenstein stand bis ins 18. Jh. eine gedrungene, stämmige Buche, „le Petit Hêtre". Sie war ein bekannter Richtpunkt an der damals wichtigen Wegkreuzung Jalhay-Sourbrodt und Eupen- Malmedy. Das umgebende Waldstück erhielt danach die Bezeichnung „Petite Hesse". 1976 pflanzte die Forstverwaltung auf Anregung der „Amis de la Fagne" hier einige junge Buchen, deren stärkste eines Tages die Erinnerung erhalten soll.

Pflanzengallen
Mißbildungen am Pflanzenkörper, die von schmarotzenden pflanzlichen oder tierischen Lebewesen verursacht werden und diesen selbst oder deren Nachkommenschaft Nahrung und Behausung bieten. Die Blattgallen der Buche stammen von der Buchengallmücke. Sie legt ihre Eier an den Rippen der Blattoberseiten ab. Wenn die Larven aus den Eiern schlüpfen, entwickelt die Pflanze als Reiz gegen das fremde Objekt einen Gallapfel in Form eines Getreidekorns, der die Larve umschließt.
Wenn die Larven schlüpfen, reißen sie den Gallapfel mit hinab. Die Eichengallwespe verursacht kugelige Gallen an der Unterseite von Eichenblättern.

Pflanzenwelt des Hohen Venns

Das Hochmoor ist eine natürliche Landschaft der besonderen Art, nährstoffarm, sehr sauer und naß, mit hohen Temperaturschwankungen. Nur angepaßte Pflanzen überleben unter diesen extremen Bedingungen. Hier bilden Torfmoose dicke Kissen, sie leben in Pflanzengesellschaften des Mittleren, Warzigen und Gekrümmten Torfmooses der Gattung Sphagnum. Mittleres Torfmoos wächst auf Bulten, zusammen mit dem Rötlichen Torfmoos, dem Scheidigen Wollgras, der Kleinen Moosbeere, der Rosmarinheide und der Gewöhnlichen Glockenheide. Die Krähenbeere ist selten geworden. Das Warzige Torfmoos besiedelt die feuchten Bultflanken mit dem Rötlichen Torfmoos, dem Widertonmoos und dem Beinbrech. In den nassen, morastigen Schlenken findet man Gekrümmtes und Weiches Torfmoos zusammen mit Schmalblättrigem Wollgras, Schnabelried sowie Mittlerem und Rundblättrigem Sonnentau. Dieser ist ein Fleischfresser (Insekten).

Alle Torfmoose der Gattung Sphagnum speichern Wasser wie Schwämme. Gekrümmtes und Warziges Torfmoos nehmen das 14-18fache ihres Trockengewichts auf, das Mittlere Torfmoos gar das 20-25fache. Ein Torfmoosteppich von 20 cm Stärke (davon 10 cm tote Stengel) hat ein Naßgewicht von 77 kg, dagegen ein Trockengewicht von nur 5 kg. Torfmoose wachsen nach oben und sterben nach unten ab. Sie haben die 2-8 m starken Torfschichten der Vennhochmoore gebildet. Etwa 150 ha des Naturschutzgebietes Hohes Venn sind noch aktive Hochmoore (Wallonisches Venn, Steinley).

Die Niedermoore (Flachmoore), meist Hang- oder Randmoore, sind feucht und mehr oder weniger mineralreich. Sie finden sich an den Quellen und Oberläufen der Moorbäche und sind sehr artenreich. Zusammen mit Binsen- und Seggengesellschaften wachsen blaßblaue Sumpfveilchen, Beinbrech mit gelben Ähren (Beinheil, auch volkstümlich Vennlilie genannt) und das Sumpfblutauge mit braun-pupurroten Blüten, das früher häufiger vorkam. Mit seinen schwammigen Früchten rieben die Vennbauern ihre Milchkannen aus, um ein Gerinnen der Milch zu verhindern. Dazu gesellen sich das Gekrümmte und das Sumpf-Torfmoos. Zu den häufigsten Binsenarten zählt die Flatterbinse. In den Randgebieten der Hochmoore finden sich häufig Ohrweide, benannt nach den ohrförmigen Vorblättern, und Faulbaum, dessen Rinde als Abführmittel und dessen Holz zur Bereitung von Schießpulver verwendet wurde; er wird daher auch Pulverholz genannt. Selten geworden ist der angestammte Birkenbruchwald, beherrscht von der Karpatenbirke (Großer Bungert, Raerener Stuhl).

Ein Erlenbruchwald ist der Große Oneux im Wallonischen Venn *(frz. aulnaie = Erlenwald).*

Der Geitzbusch oder Ziegenwald im Zweiserienvenn gilt als Beispiel für einen

Eichen-Niederwald mit Traubeneichen, Hängebirken und Ebereschen (Vogelbeerbäumen). Vorhandene Buchen verweisen auf den Ursprung dieses Waldes. Reste natürlicher Buchenwälder aus dem 18. Jh. mit Neupflanzungen sind bei Küchelscheid und im Rurbusch zu finden. In den Wäldern wachsen zahlreiche Farne, an nasseren Stellen der Rippenfarn und hier auch der unauffällige Siebenstern, das Wahrzeichen des Hohen Venns. Nicht zu übersehen ist der Rote Fingerhut. Die anmoorigen Heiden mit dünner (bis 50 cm) oder fehlender Torfschicht sind Nachfolger der früheren Eichen-Birken- oder Buchenwälder. Hier herrscht weitflächig das Pfeifengras vor, eine Folge der jahrhundertelangen Moorbrandkultur, angenehm unterbrochen von der gelbblütigen Rasensimse. An moorigen Stellen stehen der tiefblaue Lungenenzian, verschiedene Knabenkräuter und die Gemeine Glockenheide. Mit den knotenlosen Halmen des bis zu 2 m hohen Pfeifengrases reinigte man früher lange Pfeifen.

An höher gelegenen, trockenen Stellen siedeln in der Hochheide-Gesellschaft: Heidekraut, Glockenheide, Heidelbeere (Blaubeere), Preiselbeere (Kronsbeere) und Rauschbeere (Trunkelbeere) mit dem Sandginster, dem Englischen Ginster, dem Widertonmoos, der Becherflechte und dem selten gewordenen Wacholder. Er wurde zum Räuchern des Ardenner Schinkens verwendet, fiel dem Pilz- und Insektenbefall zum Opfer und konnte durch das Ende der Beweidung nicht mehr keimen. Dazu brauchte er fast nackten Boden. An einigen Stellen konnte er sich behaupten (Bayehontal, Duzos Moûpa, Eau Rouge).

Der Adlerfarn, unsere größte Farnpflanze, breitet sich großflächig immer weiter aus, zumeist auf gerodeten Flächen, an Waldrändern, in austrocknenden Hochmooren und auf vernachlässigten Heiden. Vennbrände fördern sein Wachstum.

Bachwiesen wurden bis zum Aufkommen des Kunstdüngers im vergangenen Jh. bewässert, um den Graswuchs zu fördern. Mit Steinen und Grassoden wurden die Bäche gedämmt, das Wasser durch Überlauf in einen künstlichen flachen Graben („bief") geleitet und zum Bach zurückgeführt. Diese Düngeart hieß auf wallonisch „l'abissadje dès prés". Alte Abissage-Täler sind die der Schwalm (Perlenbach), der Olef und der Holzwarche. Die Talsohlen beherrscht in saurem Borstgras der Mädesüß-Verband, die Talflanken die gelbe Narzisse sowie der weiße Bärwurz und die hellblaue Flockenblume. Diese halbnatürlichen Landschaften würden ohne menschlichen Eingriff wieder verwalden.

Pierre Carrée

An der Stelle des preußisch-belgischen Grenzsteins 154 von 1839 bei der Baraque Michel stand seit 1605 ein Vierkant zur Kennzeichnung der Grenze zwischen dem Fürstbistum Lüttich und der Reichsabtei Stablo-Malmedy.

Pierreuse Heid

Die Bezeichnung für dieses nördlich der Gileppetalsperre gelegene Waldgebiet entspricht der Bodenbeschaffenheit: steinige Heide.

Pietkin, Nicolas (1849 Malmedy- 1921 Malmedy)

Nach Mittelschulstudien am Quirinus-Gymnasium in Neuß Studium der Philosophie und der Theologie an der Universität Bonn. Dort erwarb er auch medizinische Kenntnisse. Priesterweihe in Köln, allerdings verließ er das Rheinland wegen des Kulturkampfs. Er wurde Privatseelsorger in Belgien, kehrte nach Deutschland zurück und wurde 1879 Pfarrverwalter und später Pfarrer von Sourbrodt. In dem Bewußtsein, daß sich im Hohen Venn seit dessen Besiedlung zwei Kulturen begegnen und nebeneinander Wallonisch, Französisch und Deutsch gesprochen wurde, verteidigte er die angestammten Sprachen. 1879 wurde in den Volksschulen der sog. „preußischen Wallonie" aufgrund einer bismarckschen Planung, alle sprachlichen Minderheiten zu germanisieren, das Deutsche vom Unterrichtsgegenstand zur Unterrichtssprache erhoben und im Sommer 1889 der französische Unterricht ganz aus dem Lehrplan gestrichen. Private wallonische Kreise und die Geistlichkeit widersetzten sich. Auch Pfarrer Pietkin setzte sich – auf dem Boden eines überzeugten preußischen Patriotismus – für die Erhaltung der französischen und wallonischen Sprache ein. Er wertete den Angriff auf die Muttersprache als einen Angriff auf die Menschenrechte. 1920 verteidigte er gleichermaßen die Erhaltung der deutschen Sprache der Einwohner Eupen-Malmedys gegen Verwelschungsversuche. Die Pfarrgemeinde Sourbrodt setzte ihm 1926 ein Denkmal (Monument Pietkin). Sein Name ist auch verbunden mit der Pietkinquelle (Pouhon Pietkin), die er einfassen ließ. Die belgische Postverwaltung würdigte sein Wirken durch eine Wohlfahrtsmarke mit seinem Kopfbild.

Pilgerborn (Source des Pèlerins), auch Piljerboen
Gelegen am alten Öslinger Weg, der als Pilgerweg von Köpfchen über Raeren, Pilgerborn, Oude Brug (Weserbrücke) zum Reinart führte. Ösling hießen seit dem 8. Jh. die westlichen Ardennen. Die Pilgerbornschneise zweigt am Kreuz von Jean Toussaint-Linon von der Vennstraße Eupen-Petergensfeld ab. Links in einer großen Fichtenblöße das Wasserloch einer Quelle, an der zu Zeiten der großen Pilgerzüge Mensch und Tier Rast machten. Sie ist 1,60 m tief. Ein Hinweisschild fehlt, die Quelle ist jedoch erkennbar an zwei Birken und einer Schwarzerle am Schneisenrand. Die am 8. April 1973 von Klaus Hansen aus Raeren an einer der Birken angebrachte Hinweistafel wurde von Unbekannten entfernt. Die am Pilgerborn entlang führende Schneise ist auch als Birkschneise bekannt. Der Pilgerborn gilt als eine Nebenquelle des Periolbachs, der in die Iter mündet.

Pingos (Pingen)
Der Name stammt aus der nordkanadischen Eskimosprache und bedeutet eigentlich „schwanger sein". Im Sprachgebrauch des Hohen Venns ist Ringwallweiher oder „vivier" gemeint. Die Weiher sind Vertiefungen im Moorgelände, umgeben von ringwallartigen Erhöhungen, meist kreisrund, aber auch oval. Die Durchmesser liegen zwischen 15 und 150 m, in seltenen Fällen sind sie auch größer. Im Hohen Venn sind es Reste eiszeitlicher Frost- oder Schwellungshügel. Aus der Schicht nicht gefrorenen Gesteins drangen Wasseradern nach oben und gefroren zu Eislinsen. Bei Klimaerwärmung sank der Frosthügel in sich zusammen und bildete eine wassergefüllte Vertiefung. Diese verlandet schließlich durch Torfmoose.
Der Ringwall, je nach Größe des Pingos zwischen 2 und 5 m hoch, besteht aus dem tonigen Untergrund des Hohen Venns, von der Eislinse hochgedrückt und gut erkennbar an dem andersartigen Bewuchs. Bekannte Pingos sind der Entenpfuhl am Rande des Brackvenns, der Höllenkessel, durchschnitten von der Landstraße Eupen-Mützenich, mit einem Durchmesser von über 300 m und der Vivier Frédéricq (Grand Vivier) im Großen Moor (Grande Fange). Bidaut, der Erbauer der Gileppetalsperre, hat die Pingos im Hohen Venn erstmals beobach-

tet und sie für Wasserbehälter einer früheren Epoche gehalten. Bodenforschungen haben erwiesen, daß Menschen der Neandertalstufe innerhalb der Ringwälle zeitweise primitive Pfahlbauten errichteten.

Die Pingos stammen aus der letzten Eiszeit, sie sind um 10.000 Jahre alt. Bodenuntersuchungen haben dies bestätigt. Um die Erforschung der Pingos verdient gemacht haben sich Franz Fagnoul, nach 1934 Gastwirt auf Botrange, Professor Bouillenne und Abbé Dubois (1936), Professor P. van Oye und Fr. Florschütz (1937) sowie Dr. Frenzel.

Plaine de la Grosse Pierre (Venngebiet Dicker Stein)
Am Südrand des Großen Moors (Grande Fange) außerhalb des Naturschutzgebietes liegendes unzugängliches Venngebiet. Hier stand (an einer heutigen Waldschneise) zur Kennzeichnung der Grenze zwischen dem Fürstbistum Lüttich und der Fürstabtei Stablo-Malmedy auf einer flachen Erhebung (*tiermay*) der „Dicke Stein von Tiermay" (Grosse pierre au tiermay), etwa 350 m nordwestlich des Kreuzes der Verlobten. Der Stein ist verschwunden, das Venngebiet wurde nach ihm benannt.

Planerèces, Les
Waldkuppe auf der Vennhochfläche in 525,5 m Höhe oberhalb von Bévercé zwischen den Bächen Eau Rouge (Rotwasserbach) und Trôs Marets (Vennbach). Der Name der verhältnismäßig flachen Waldkuppe ist sprachlich abzuleiten vom frz. *plan = flach, eben*.

Plènesses

1957, im Gründungsjahr des ersten Naturschutzgebietes Hohes Venn, vergab die Gemeinde Jalhay gegen heftigen Widerstand der „Amis de la Fagne" 200 ha Venngebiet im Weyhais an die Gesellschaft „Petite Propriété Terrienne". Auf dem Gelände, begrenzt vom Großen Moor (Grande Fange) und Fange Leveau, enstanden 5 Gutshöfe von je 40 ha. Die Viehwirtschaft wurde Mitte der 80er Jahre wieder eingestellt, die Höfe aufgegeben und abgetragen.

Poleurvenn (Fagne de la Poleûr)

Das unmittelbar bei Mont Rigi gelegene, 54 ha große Venngebiet auf der Grenze zwischen Weismes und Malmedy wurde 1984 zum Naturschutzgebiet erklärt. Das Naturparkzentrum Botrange errichtete hier in Zusammenarbeit mit der Forstverwaltung 1989 einen 8 km langen Vennlehrpfad. Der Lehrpfad, teils mit Holzstegen vor Trittschäden gesichert und auch für Kinderwagen und Rollstühle geeignet, vermittelt einen Einblick in die Natur eines Venngebiets. Hinweistafeln sind vorhanden. Vermittelt werden Niedermoore, moorige Heiden, ein alter Torfstich, Magerwiesen mit u. a. Bärwurz und Gelber Narzisse, eine gut ausgestattete Wetterstation der Wissenschaftlichen Station der Universität Lüttich bei Mont Rigi. Eine Besonderheit ist das asymmetrische Beaulouptal. Dieses Naturlehrpfadgebiet ist ganzjährig zugänglich und erreichbar von Mont Rigi, der Baraque Michel und vom Naturparkzentrum Botrange.

Polleurbach

Der Polleurbach entspringt im Waldgebiet zwischen Mont Rigi und Botrange, durchfließt den östlichen Rand des Poleurvenns und bildet dann das Tal von Beauloup oder Béleu. Dieses Tal ist ein gutes Beispiel für ein sog. asymmetrisches Tal. Es hat einen Steilhang (40°) gegen Südosten und einen Flachhang (2°) gegen Nordwesten. Geprägt wurde das asymmetrische Tal in der Tundrazeit durch Dauerfrost, Wind und Schmelzwasser. Die vorherrschenden Südostwinde ließen den im Windschatten liegenden Steilhang weitgehend schneefrei, während die gegenüberliegende Talseite von hohem Schnee bedeckt war. Die Schmelzwasser des Frühjahrs und die mit ihnen zu Tal gleitenden Bodenmassen flachten den Hang immer weiter ab. Das Schmelzwasser untergrub zudem den Steilhang, so daß dieser immer steiler wurde. Der Polleurbach windet sich anschließend in ruhigem Lauf, nachdem er den Baraquebach (Rû de la Baraque) aufgenommen hat, unterhalb der Neuen und Alten Vekée durch ein breites Waldtal zur Jahrhundertbrücke (Pont du Centenaire oder Pont de la Vekée). Hier ändert er seinen Namen und heißt nunmehr Hoegne (sprich: Hunje). Er stürzt sich in ein felsiges, wildromantisches Tal und fließt vorbei an Sart, Polleur, den Ruinen des gräflichen Schlosses Franchimont (Château de Franchimont) und Theux bei Pepinster in die Weser. Der Name Polleur ist abgeleitet vom vulgärlat. *polleda;* eine Deutung nach dem germ. *Pol = Pfütze, Lache* ist strittig.

Pont du Centenaire (Jahrhundertbrücke, Pont de la Vekée)

1930 anläßlich der Jahrhundertfeier des belgischen Staates mit zementgegossenem Rankenwerk errichtet. An dieser Stelle ändert der aus dem Venngebiet Baraque Michel/Mont Rigi kommende Polleurbach seinen Namen und heißt im weiteren Verlauf Hoëgne (sprich: Hunje). Über die Hoëgnebrücke führt die Alte Vekée, eine mittelalterliche Straße und frühere Grenze des Bistums Lüttich. Daher auch Bistumsstraße genannt (lat. *episcopata,* frz. *évêquée).*

Ponten, Josef (1883 Raeren – 1940 München)
Josef Ponten war ein Sohn dieser Landschaft, aber nicht ihr Dichter. Der Verlust der eigenen Heimat und die Suche nach einem neuen Lebensraum gaben Anstoß zu einer Romanreihe über das Auslandsdeutschtum, insbesondere über die Wolgadeutschen „Volk auf dem Wege" (1931-1940). Ponten war seit 1908 verheiratet mit der Freiin Julia von Broich (1880 Schloß Schönau in Richterich – 1947 München), einer expressionistischen Malerin. Auf gemeinsamen Reisen entstanden seine Landschaftsdichtungen und Reisegeschichten „Griechische Landschaften" und „Luganesische Landschaften", zu denen seine Frau und auch der Dichter Hermann Hesse Zeichnungen beisteuerten.

Porfays (Porfelt)
Name für ein Waldgebiet nördlich des Rundbuschs im Hertogenwald. Hier befand sich bis 1770 ein Schafstall an der Kreuzung zweier alter Wege: Eupen-Sourbrodt und Jalhay-Monschau. Um 1780 ließ der limburgische Forstmeister de la Saulx hier eine Forsthütte errichten, das Porfayhäuschen, mundartlich auch Polverhüsske genannt, entstellt aus Porfelt. Der erste Teil des Namens ist nicht mehr deutbar und vermutlich keltischen Ursprungs; -*fays* bedeutet Buchenwald (lat. *fagus = Buche*).

Potales, Les
Ein Vennstück nördlich der Baraque Michel im Hohen Moor. Der Name stammt vom wallon. *potale = wassergefülltes Loch*.

Pouhon Pietkin (Pietkinquelle)
Eine stark eisen- und kohlensäurehaltige Quelle (wall. pouhon) an einem Rurquellbach oberhalb der Rurbrücke Bosfagne. Eingefaßt auf Veranlassung von Nicolas Pietkin (1849-1921), Pfarrer von Sourbrodt, Heimatfreund, Vennkenner und wallonischer Sprachwissenschaftler.

Prandj'lâhe
Im Großen Moor (Grande Fange) zwischen der Panhaussäule und dem Großen Pingo gelegenes früheres Waldstück. Es war zu früheren Zeiten ein Rastplatz für Hirten und Herden. Der Name leitet sich ab vom lat. prandium = Mittagsmahlzeit. Die von Entwässerungsgräben umzogene spätere Fichtenanpflanzung, ein langgestrecktes Rechteck, wurde 1972 abgeholzt, nachdem 1957 das Große Moor zum Naturschutzgebiet erklärt wurde. Die abweichende Schreibweise Prandjelohs läßt die germanische Endsilbe *-lo* für *Wald* erkennen.

Preußisch-belgische Grenzsteine
Die belgische Staatsgründung von 1830 führte 1831 zum Londoner Vertrag, in dem die europäischen Staaten das Königreich Belgien anerkennen. Der belgische König Leopold I. von Sachsen Coburg-Gotha unterzeichnete 1839 das Abkommen über die endgültige Grenzziehung seines Landes.
Die ab 1839 entlang der preußisch-belgischen Grenze aufgestellten sechsseitigen Grenzsteine von 1,40 m Höhe mit P(reußen) und B(elgien) und lfd. Nummer sind fast vollzählig erhalten.
Gegenüber der Baraque Michel, die von 1815 bis 1920 auf belgischer Seite unmittelbar gegenüber der Grenze lag, steht der Grenzstein 154 (Pierre Quarrée).

Von dort aus in nordöstlicher Richtung:
- 155 am „Knüppeldamm" beim Priorkreuz, zerbrochen und mit Eisenbändern gestützt
- 156 an der Hillquelle (Fontaine Périgny)
- 157 einer der Drei Steine am Hillsteg (Trois Bornes). Durch Venn und Hertogenwald bis zur Eupener Stadtgrenze war die Hill der Grenzbach. Mit dem Austritt der Hill aus dem Hertogenwald ist die Grenze wieder durch Steine markiert.
- 158-160 im Hilltal an der Hütte
- 161-163 am Waldrand oberhalb des Hilltals
- 164 am Waldrand rechts der Straße Eupen-Malmedy
- 165-172 am Rande des Hertogenwaldes
- 173-174 entlang der Weser
- 175-183 Eupener Stadtgrenze gegen Membach, Cortembach, Giesberg, Overoth
- 184 beim Garnstock an der Straße Eupen-Dolhain
- 185 hier rechtwinkliger Abknick zur Straße Eupen-Weißes Haus
- 186 an der Herbesthaler Straße (Eupen-Weißes Haus).

Von Baraque Michel setzen sich die Steine zunächst in südwestlicher Richtung bis Malmedy fort.
- 153-152 entlang der Neuen Vekée bis zum Waldknick; der Stumpf von 153 wurde 1992 von den „Amis de la Fagne" wiederaufgerichtet.
- 151 am Kreuz der Verlobten
- 150-149 an der Neuen Vekée
- 148 an der Alten Vekée, hier Grenzknick nach Südosten. Im Sommer 1992 bei Forstarbeiten beschädigt, inzwischen von den „Amis de la Fagne " wiederhergestellt.
- 147 am Delvoiekreuz (Croix Delvoie), ein Achtkant
- 146-142 entlang des Tarnionbaches (Rû du Tarnion). Der Grenzstein 145 wurde kürzlich von den „Amis de la Fagne" auf einem Zementsockel wiederaufgerichtet. Die obere Hälfte fehlt.
- 141 am Eau Rouge: Die Grenze verlief an diesem Bach entlang und um Malmedy herum. Die Grenzsteine sind durchnumeriert vom Großherzogtum Luxemburg bis zum Königreich der Niederlande.

Preußischer Vermessungsstein Botrange

Aufgestellt wurde er 1894 etwa 10 m neben der Tranchotpyramide auf Botrange. Der Stein ist 35 cm hoch, auf der einen Seite mit TP (trigonometrischer Punkt) gekennzeichnet, auf der anderen Seite befindet sich ein trigonometrisches Dreieck, oben ein kleines griechisches Kreuz. Der aus schlesischem Gestein gefertigte Vierkant war zur preußischen Zeit ein trigonometrischer Punkt 1. Ordnung und ist heute belgischer trigonometrischer Punkt 2. Ordnung. Trigonometrische Punkte ergeben sich bei der Dreieckswinkelmessung (Triangulation), einer Methode der Landvermessung. Sie sind Meßpunkte in einem Netzwerk von Dreiecken, von denen zwei benachbarte jeweils eine Seite gemeinsam haben. Die Messung geht aus von einer genau bestimmten, mehrere Kilometer langen Basislinie. Die im Basisvergrößerungsnetz vermessenen Netzpunkte (TP) werden im Gelände durch Steinsäulen oder -platten kenntlich gemacht.

Puzen
Ein sehr nasser und unwegsamer Teil des nördlichen Brackvenns. Der Name bedeutet sinngemäß Quellen, Tümpel, Vertiefungen.

Querenstein
Das so bezeichnete Waldgebiet zwischen Getzberg und Raerener Stuhl ist Quellgebiet des Klapperbachs. An der Grenzecke zwischen dem Gemeindewald von Walhorn und dem „Stuhl seiner Majestät" wurde im 18. Jh. ein Grenzstein gesetzt, der inzwischen verschwunden ist. Dieser „Eckstein" wurde Querenstein genannt.

Raeren (8900 Einwohner)
Unmittelbar an der deutsch-belgischen Grenze am Nordhang des Hohen Venns gelegen. Bis zum 9. Jh. war hier dichter Wald, Sumpf- und Moorgebiet, bewohnt von den Belgen, einem keltisch-germanischen Stamm. Aus dieser Zeit stammen 1966 gefundene Steinwerkzeuge. Die römische West-Ost-Verbindungsstraße von Bavai nach Jülich streifte das heutige Raeren im Nordwesten bei Berlotte. Römische Fundamente in ihrer Nähe lassen auf einen Gutshof aus dem 2. Jh. schließen. Während der letzten großen Rodungsperiode zwischen 800 und 1200 entstand Raeren als große Rodungsinsel im Gebiet des damaligen Aachener Reichswaldes.

Der Name leitet sich ab von „roide" (Rodung). Frühere Ortsbezeichnungen sind Raedem und Roedem, auch Roryng (1462). Der heutige Ortsteil Neudorf wurde schon 1241 in einer Urkunde des Aachener Marienstifts erwähnt, Raeren im Jahr 1400. Der uralte Öslinger Weg verband Raeren zweimal mit Aachen, zum ersten als Nebenweg über Berlotte-Raeren-Petergensfeld und als Hauptweg über Berlotte-Raeren-Neudorf-Vennkreuz-Bellesforter Brücke zum Reinart. Er war eine wichtige Nord-Süd-Verbindung von Aachen nach Trier. Der Pilgerweg Aachen-Trier verlief von Raeren über die Birkschneise, Pilgerborn, Oude Brug

(Weser) zum Reinart. Bis 1794 zum Herzogtum Limburg gehörig und darin zur Hochbank (Verwaltungsbezirk) Walhorn, erlebte Raeren viele Machtwechsel:
- 1288-1477 Brabant-Burgund (nach der Schlacht von Worringen)
- 1477-1555 Österreich (Heirat Maximilians v. Österreich mit Maria von Burgund, der Erbtochter Karls des Kühnen)
- 1555-1714 Spanien (Heirat von deren Sohn, Philipp dem Schönen mit Johanna von Spanien)
- 1714-1794 Österreich (nach dem spanischen Erbfolgekrieg)
- 1794-1815 Frankreich (Napoleonische Eroberung; Département de l'Ourthe)
- 1815-1871 Königreich Preußen (Wiener Kongreß)
- 1871-1920 Deutsches Reich (Reichsgründung)
- 1920-1940 Belgien (Versailler Vertrag)
- 1940-1944 Deutsches Reich (Führererlaß vom 18. Mai 1940 – 11. September 1944, Eintreffen der Alliierten)

Vom 12. Jh. bis 1850 war Raeren ein Töpferdorf („Kanne-Roere"), begünstigt durch ergiebige Tonlager, reichliches Holzvorkommen und günstige Fernverbindungen. Blütezeiten erlebte die Töpferei im 15. und 18. Jh. , als die Pott- und Kannebäcker bis nach Übersee verkauften. Am 30. Juni 1885 wurde Raeren mit der Eröffnung der Vennbahn Bahnstation an der Strecke Aachen-Monschau, am 3. August 1887 wurde die Verbindungslinie Raeren-Eupen eingeweiht. Am 19. Juli 1906 erhielt es über eine Zweigstrecke Eynatten-Raeren Anschluß an die gleichzeitig eröffnete Straßenbahnlinie Aachen-Eupen. Raeren ist flächenmäßig eine der größten Gemeinden Belgiens, sein größter Durchmesser beträgt 15 Kilometer.

Raeren, Burg

Um 1400 am Zusammenfluß von Iter und Periolbach als Wasserburg erbaut. Sie war Lehen der Propsteilichen Mannkammer des Aachener Münsterstifts. 1416 nennt das Lehensregister Casel van den Roideren als ersten Burgherren. Schon um 1583 setzte Philipp de Loemont den westlichen Erweiterungsbau. Er ließ sein und das Wappen seiner Gattin Johanna von Buck in das Portal einmauern. Nach vielen Besitzerwechseln wurde die „Burch" oder „Borgh" 1790 baufällig. Um 1800 wurde sie im Zeitgeschmack der Romantik wiederhergestellt. Unglückliche und plumpe Veränderungen fanden im 19. Jh. statt. 1960 kaufte die Gemeinde Raeren die „total verkommene" Burg mit Staatsmitteln. Seit 1963 beherbergt sie ein sehenswertes Töpfereimuseum, vornehmlich mit Raerener Steinzeug aus dem 15. bis 17. Jh. Aus Anlaß des 30jährigen Bestehens hat die belgische Postverwaltung im Juni 1993 eine Sonderbriefmarke herausgegeben, die als Motiv die Burg Raeren zeigt.

Raerener Pott- und Kannebäckerei

Der Raerener Untergrund am Nordrand des Hohen Venns besteht aus Dolomit-, Kalk- und Sandsteinbänken, entstanden überwiegend aus den Korallenriffen und Ablagerungen des Devonmeeres vor über 300 Millionen Jahren. Den Kalkstein (Blaustein) nutzten die Raerener zum Hausbau und als Branntkalk, die aus diesem Gestein verwitterten Tone seit dem 12. Jh. zur Töpferei. Das Quellgebiet der Inde lieferte Wasser für das Säubern und Formen des Tons, der Hertogenwald das nötige Birken-, Buchen- und Eichenholz für die Brennöfen. Die Blüte der Raerener Töpferzunft wurde 1550 bis 1620 von vertriebenen flämischen Meistern begründet. Absatzmärkte waren die Hansestädte im Norden bis nach Skandinavien und Estland. Raerener Steinzeug war bis ins 18. Jh. europaweit berühmt. Hergestellt wurden Krüge (u. a. Bartmann- und Dreihenkelkrüge), Kannen, Töpfe, Schnellen, Pinten, Humpen, Schilderbaren, Feld- und Pilgerflaschen. Als billige Massenware wurden an die zur Aachener Heiligtumsfahrt ziehenden Pilger „Achhörner" verkauft, auf denen dort lärmend geblasen wurde. Der Niedergang der Raerener Tonbäckerei zeichnete sich um 1856 ab, als die Absatzschwierigkeiten durch den Wettbewerb des Porzellans und des Steinguts sich als unüberwindbar herausstellten. Eine Wiederbelebung durch Hubert Schiffer blieb 1883 erfolglos. Aus den Privatsammlungen des Studienrats Prof. Dr. Michel Kohnemann und des Museumskonservators Dr. Otto Eugen Mayer entstand 1963 in der Raerener Burg das Töpfereimuseum. Es umfaßt eine reiche Sammlung von Raerener Steingut vom 15. bis 17. Jh. sowie römische und rheinische Keramik bis zur Renaissance.

Raerener Stuhl

In 480 m Höhe gelegener alter Eichenvennwald zwischen Eschbach und der Wesertalsperre, durchsetzt mit Moorbirken. Ein Teil steht unter Naturschutz. Vom 14. bis Mitte des 15. Jh. Aachener Stuhl genannt, da der Aachener Reichswald über den Augustinerwald, den Reinart und den Stuhl bis ins Quellgebiet des Eschbachs reichte. Der Vennforscher Jean de Walque leitet den Namen „Stuhl" ab von „regia sedes", der königliche Stuhl, den Aachen für sich beanspruchte. Der Raerener Stuhl war bis 1890 noch Weideplatz für „Waldkühe". Der Grasaufwuchs (Vennheu) wurde in Losen versteigert. 1911 und 1947 wurde der Raerener Stuhl von Großbränden heimgesucht.

Raerener Waldungen

Die Gemeinde Raeren besitzt 844 ha Wald.
- Blutacker : hinter den Aluminiumwerken links der Straße nach Vennkreuz (30 ha)

- Domenbend: rechts der Straße Vennkreuz-Bellesforter Brücke (33,5 ha). Der Name bedeutet Thomaswiese, (Venn-)Wiese, die dem Thomas gehört. Die Umgebung von Vennkreuz wurde erst später aufgeforstet.
- Perschey-Weserberg: links der Straße Vennkreuz-Petergensfeld (584 ha) liegt das Revier Perschey, das Revier Weserberg liegt rechts dieser Straße zur Weser hin. In diesem Gebiet befand sich in der Nähe der Einmündung des Eschbachs in die Weser von 1765 bis 1794 eine Kupfermühle der Stolberger Kupferschläger. Der Name Perschey ist sprachlich gleichbedeutend mit Bergscheid.
- Raerener Stuhl: die Südspitze des Raerener Waldes an der Straße nach Reinartzhof (233 ha). Siehe auch „Raerener Stuhl". Zur Tilgung der Gemeindeschulden verkaufte Raeren das Waldgebiet Rovert nacheinander 1822, 1834 und 1861 mitsamt einer Baumschule am Ravenhaus.

Rakesprée oder Raquesprée (Brackwiese, Vennwiese)
Hier trifft die Cléfayschneise (Hiche de Cléfay) des Wallonischen Venns auf die Hillfurt des alten Weges von Eupen nach Sourbrodt. An dieser einsamen Stelle fand während des 17. Jh. bis zum Anfang des 18. Jh. jährlich am 29. September (Fest des hl. Michael) auf luxemburgischem Gebiet ein Viehmarkt statt, der „Markt von Robertville". Zu dieser damals zentralen Stelle nahe den Herrschaftsbereichen Lüttich, Limburg, Jülich und Stablo-Malmedy trieben die Bauern aus den Gegenden von Robertville, Weywertz, Kalterherberg, Mützenich, Jalhay und aus dem Hertogenwald ihr Vieh. Der abfallende Hohlweg (*Xhavée*) entstand durch Karrenspuren, da er über hundert Jahre lang von einem Karrenweg angeschnitten wurde. Beim Hinauffahren nutzte man in Kurven die geringere Hangneigung aus.

Reichenstein (1249 Rickwinsteyne, 1360 Rychstein, 1426 Reichenstein)
Im Rurtal zwischen Monschau und Kalterherberg gelegen, auf einem Felsvorsprung in 480 m Höhe. Um das Jahr 1000 war hier eine Burg Richwinsteine, diese um 1200 im Besitz Walrams III., Herzog von Limburg, und seiner Gemahlin Kunigunde. Durch Schenkung gelangte die Burg nebst Mühle und den Höfen Bredtbaum und Ruitshof sowie einem weiten Venngelände bis zum Steling (Kaiser-Karls-Bettstatt als Grenzpunkt) 1205 an den 1120 von Norbert von Xanten gegründeten Prämonstratenserorden zur Gründung eines Klosters. Von 1205 bis 1484 lebten im Nonnenkloster Ordensfrauen aus adligen limburgischen und kölnischen Geschlechtern. Der Abt von Steinfeld übte die geistliche Aufsicht aus. Vor der Klosterpforte befand sich eine Herberge (Weinhaus) für Wanderer und Pilger zu den Heiligtümern von Aachen und Trier, zu deren Aufnahme in dieser einsamen und unwirtlichen Venngegend die Nonnen verpflich-

tet waren. Wegen Verfalls des klösterlichen Lebens wurde das Nonnenkloster 1484 aufgelöst und 1487 von Steinfelder Mönchen bezogen. Sie entfalteten eine segensreiche religiöse und kulturelle Tätigkeit im Monschauer Land, wurden seit dem 17. Jh. Pfarrer oder Rektoren in Konzen, Monschau, Kalterherberg, Höfen, Roetgen und Eicherscheid und förderten den Bau von Kirchen.
1543 wurden in der Jülicher Fehde zwischen Herzog Wilhelm von Kleve-Jülich-Berg und Kaiser Karl V. das Kloster und die Höfe Bredtbaum und Ruitshof völlig zerstört. Auch das Archiv ging verloren. Der Wiederaufbau dauerte lange. Stephan Horrichem, von 1639 bis 1686 Prior des Klosters, hatte großen Anteil daran. Wegen seiner Hilfe für die Bauern dieser Gegend während und nach dem 30jährigen Krieg heißt er heute noch „Apostel des Venns". Das Prioratsgebäude wurde 1687, eine einschiffige Kirche 1693 eingeweiht. 1714 wurde Reichenstein Probstei und damit unabhängiger von Steinfeld.
Durch ein französisches Regierungsdekret vom 9. Juni 1802 wurde das Kloster Reichenstein aufgelöst (säkularisiert), das Wirken der „weißen Mönche" im Venn war beendet, ein kultureller Mittelpunkt des Monschauer Landes zerstört. Der letzte Reichensteiner Pater starb 1824 in Höfen, wo er seit 1815 Pfarrer war. Die französische Regierung verkaufte die Liegenschaften an den Monschauer Tuchfabrikanten Gerhard Boecking, der hier eine Tuchfabrik und eine große Schäferei mit Merinoschafen aus Spanien einrichtete. Auch der 1266 durch Schenkung dem Kloster zugefallene Hof (Alt-) Hattlich ging in seinen Besitz über. Nach 1836 dienten unter dem neuen Besitzer, Jacob Ahren, die Gebäude landwirtschaftlichen Zwecken sowie als Branntweinbrennerei (Reichensteiner Klarer).
Bis 1970 hatten seine Nachkommen es in Besitz; bis dahin befand sich hier der „Gasthof Reichenstein". 1971 wurde Gut Reichenstein von Dr. Handschuhmacher erworben, in gepachteten Räumen stellt die Aachener Firma Ewig & Selt den bekannten „Reichensteiner Elz" her. Der am 23. Juni 1972 gegründete „Verein der Freunde und Förderer der ehemaligen Klosterkirche Reichenstein" will die Klosterkirche wieder herrichten und den Heustall wieder zu einem Ort der Besinnung machen.

Reinartzhof (Auf dem Reinart, Om Rennert)

Unweit von Roetgen am alten Pilgerweg Aachen-Trier ist der Reinartzhof gelegen. 1127 wurden in der Benediktinerabtei St. Eucharius in Trier die Gebeine des Apostels Matthias entdeckt. Zwischen 1150 und 1200 bestanden im Deutschen Reich und in Flandern bereits zahlreiche St.-Matthias-Bruderschaften, deren Mitglieder sich zur jährlichen Wallfahrt nach Trier verpflichtet hatten.
1338 erwähnte eine Rechnung der Reichsstadt Aachen anläßlich einer Wege-

ausbesserung den „Einsiedler im Walde am Reinart". 1338 erhielt der „Begard" Geld von der Reichsstadt für Geländerreparaturen an der Steinbrücke (Oude Brug) über die Weser. 1424 wurde die Siedlung als „St. Reynart in Eyffel" erwähnt, 1516 als der „Reinnart". Das Hospiz auf dem Reinart bestand vermutlich vom 12. bis Ende des 15. Jh., bis durch die neue Kupferstraße der Pilgerverkehr zurückging. Das Hospiz war dem hl. Reinhard geweiht, einem Lütticher Bischof (+1073).

Um 1500 verließ der letzte Laienbruder den Reinart. Mindestens seit Anfang des 16. Jh. war hier ein Hofgut der Herzöge von Jülich, 1543 in der Jülicher Fehde zwischen Kaiser Karl V. und dem Herzog Wilhelm von Jülich-Kleve-Berg bereits zerstört und bald wiederaufgebaut.

1550 wurden die „hertzoglichen Benden auf dem Reinhart" erwähnt. Reinartzhof sank im 30jährigen Krieg in Schutt und Asche, später ließ der Monschauer Schultheiß zwei kleine Höfe anlegen.

1803 wurden der „Oberreinert" und der „Unterreinert" der Pfarre Roetgen angeschlossen. Eine Stunde Fußweg war es bis dort. Die herzöglichen Güter wurden nach der Französischen Revolution verkauft, Unter- und Oberhof gingen in Privatbesitz über (Familien Neicken und Kaufmann-Esser).

Der Oberhof brannte 1856 ab und wurde schnell wiederaufgebaut. Die zwischen Ober- und Unterhof gelegenen Gebäude des Unterhofs waren Neubauten aus den Jahren 1915 und 1937.

Bis 1920 gehörten die Reinartzhöfe zu Deutschland, die Straße zwischen den Höfen war die Gemeindegrenze von Mützenich (Oberhof) und Konzen (Unterhof). Durch Kgl. Erlaß vom 26. 06. 1958 wurden die Höfe zur Sicherung der Trinkwasserversorgung enteignet, 1971 verließen die letzten Einwohner das uralte Siedlungsgebiet. Die Häuser wurden abgerissen, die Wiesen (64 ha) mit Fichten aufgeforstet, einige Mauerreste des Oberhofs sind noch sichtbar. Eine alte Glocke des Klausners auf dem Reinart, die er den Verirrten läutete, hängt unter einem Vorbau an der Stadtkirche von Monschau. Sie trägt die Jahreszahl 1511 und wurde nach 1648 dorthin gebracht. Die Marienkapelle von 1973 bewahrt die Erinnerung an die Siedlung St. Reinhard. Sie liegt zwischen dem ehemaligen Unter- und Oberhof an der Einmündung des Öslinger Wegs, des alten Pilgerwegs. Der Brunnen und uralte Hecken sind noch sichtbar. Hier stand auch die Klause des Einsiedlers. Auf der belg. Vennkarte, Blatt 4, ist das Wegstück als „Mäzje Pad" bezeichnet (=Marienpfad).

Reinartzhofer Weg (Pilgerweg)

1338 erstmals urkundlich belegt mit Rechnungen aus dem Stadtarchiv Aachen für Wegausbesserungen durch den Begarden vom Reinart. Seit dem frühen

Mittelalter jahrhundertelang Teilstrecke für die Pilgerfahrt von Aachen nach Trier und umgekehrt. Schnurgerader Verbindungsweg vom ehemaligen Oberhof auf dem Reinart zum Steling, der höchsten Erhebung des östlichen Venns (658 m). Daher heute Reinartzhofer Weg genannt. An seinem Teilstück zwischen dem Allgemeinen Venn und dem Steinleyvenn befinden sich das Bilfinger Kreuz und das Arnoldkreuz.

Reinhardstein (Rénarstène, auch Metternichburg genannt)
30 m über der Warche unweit der Talsperre von Robertville in 470 MüM höchstgelegene Burg Belgiens. Die ursprüngliche Burg wird Reinerus de Rupe zugeschrieben. Urkundlich ist die auf steil abfallendem Felsen angelegte Burganlage von Reinhard von Weismes erbaut, der sie 1354 Wenzel, König von Böhmen und Herzog von Luxemburg, als Lehen unterwirft. Die Burg wird auch mit der Sage der vier Haimonskinder in Verbindung gebracht. Sie war nacheinander im Besitz der fürstlichen Familien von Zievel, von Nassau, von Schwarzenberg und von Metternich. Der Vater des berühmten österreichischen Außenministers Klemens Fürst von Metternich (1773-1859) verkaufte die baufällige Burg 1799 auf Abbruch an Franz Allard aus Malmedy, nachdem sie bereits 1677 in den Raubkriegen Ludwigs XVI. einmal zerstört worden war. 1820 begann der Abbruch, bei winterbedingten Unterbrechungen stürzte der Hauptbau in Trümmer. Im 19. Jh. wurde die Burg als Steinbruch genutzt. 1902 wurden die Ruinen dem Verschönerungsverein von Malmedy geschenkt, der sie mit öffentlichen Mitteln zu erhalten suchte und in einem nicht zerstörten Turm eine kleine Gaststätte unterhielt, die 1950 geschlossen wurde. Seit 1924 sind die Ruinen belgisches Staatseigentum. Der Historiker Professor Overloop beschloß, die Burg nach alten Dokumenten und Zeichnungen wieder erstehen zu lassen. 1965 gründete er einen „Rat für die Erhaltung der Burg Reinhardstein". Die Bauarbeiten dauerten von 1969 bis 1970. Auch das Innere wurde historisch passend ausgestattet. Besonders sehenswert sind Kapelle und Rittersaal. Der Zugang zur Burg über Privatwege ist gesperrt, nur im Sommer ist sie sonntags zu gewissen Zeiten gegen Gebühr zugänglich. Der leichteste Zugang ist über einen Waldweg von der Staumauer der Robertviller Talsperre. Besichtigungen sind derzeit möglich an Sonntagen von Mitte Juni bis Mitte September, am Oster- und am Pfingstsonntag, am Himmelfahrtstag, am 21. Juli, am 15. August sowie am letzten Sonntag des Jahres, wenn die Burg ihren Weihnachtsschmuck angelegt hat. Führungen in deutscher Sprache müssen vorher beantragt werden. Von etwa 1500 bis 1799 war die Burg im Besitz der Familie Metternich. Dies führte vermutlich zu der geschichtlich nicht begründeten Entscheidung des Wiener Kongresses, die Malmedyer Wallonie 1815 Preußen zuzuteilen.

Remaklus, hl.

Nachdem der Merowingerkönig Chlodwig I. (Chlodowech, Ludwig, 466-511) in der Schlacht bei Zülpich 496 die Alemannen besiegt hatte und 498 vom Bischof Remigius (436-533) in Reims die römisch-katholische Taufe empfing, begann im fränkisch-merowingischen Raum die iro-schottische Mission. Im Verlauf dieser großen Missionsbewegung gründete der Mönch Remaklus aus dem Kloster Luxeuil (Vogesen) in der Waldeinsamkeit der Ardennen 648 das Benediktinerkloster Malmundarium (Malmedy) und 650 Stabuletum (Stablo). Er wurde unterstützt durch großzügige Schenkungen des austrasischen Merowingerherrschers Grimoald I., einem Gönner der Kirche und der Mönchsorden. Das Doppelkloster bestand bis 1794 als reichsunmittelbare Fürstabtei Stablo-Malmedy. Remaklus, auch „Apostel der Ardennen" genannt, stammte aus Aquitanien (SW-Frankreich), war später Bischof von Maastricht, starb 669 und wurde heiliggesprochen.

Sein Stammkloster Luxeuil, gegründet von dem irischen Mönch Columban d. J. († 615), war zur damaligen Zeit eine bedeutende Schule für die gallisch-fränkischen Missionare.

Reni Rû

Rechter Nebenbach der Hoegne zwischen dem Pont du Centenaire und der Felsgruppe Belvedere, wall. auch *Rênéru* genannt. Der Name wird abgeleitet aus dem germanischen Mannsnamen *Ragenhar,* aus dem sich *Regnier, Renier* und andere Formen gebildet haben.

Richelsley

80 m langer devonischer Konglomeratfelsen oberhalb von Reichenstein jenseits der Vennbahn, entstanden vor über 400 Mio. Jahren. Im Anstieg von der Vennbahn sind die Spuren der Kupferstraße noch heute zu sehen. Die Richelsley war einst Treffpunkt der Vennhirten im Bovelsvenn.

Der Felsen ist benannt nach Richwin (Richelsley = Richwinley), einem Paladin Karls des Großen und frühen Besitzer der Burg Reichenstein (=Richwinstein). Das 6 m hohe Eisenkreuz ließ Pfarrer Gerhard Joseph Arnoldy von Kalterherberg 1890 errichten zur Erinnerung an Stephan Horrichem, den „Apostel des Venns". Die Lourdes-Madonna ist eine Stiftung der Kalterherberger Bevölkerung von 1894 zu Ehren des silbernen Priesterjubiläums von Pfarrer Arnoldy. Sie steht in einer natürlichen Felsennische und ist heute noch das Ziel stiller Pilger und von Prozessionen.

Das Kreuz im Venn ist bekannt geworden durch Clara Viebigs gleichnamigen Roman von 1908.

Richelsvenn

Gelegen im nördlichen Teil des Truppenübungsplatzes Elsenborn, leitet es seinen Namen ab von Reichenstein (Richwinstein), dem an die Herrschaft Bütgenbach angrenzenden Klosterbesitz.

Robendell

Om Ostrand des Truppenübungsplatzes Elsenborn gelegenes Vennstück, sprachlich verballhornt aus Grabendelle. Hier verlief die Grenze von 1791 zwischen den Herzogtümern Jülich und Luxemburg. Die Grenzsteine J.L. 11 und 12 sind erhalten. Das Venngebiet wird von der jungen Schwalm durchflossen.

Robertville

Am Warchestausee gelegenes Venndorf mit vielfältigem Wassersportangebot und dem Skigebiet Ovifat (615 m). Robertville, 1188 erstmals urkundlich erwähnt, gehörte bis zur Französischen Revolution zur reichsunmittelbaren Fürstabtei Stablo-Malmedy und von 1815 bis 1920 mit dem Kreis Malmedy zu Preußen-Deutschland. Die zwischen 1925 und 1929 erbaute Talsperre ist 5 km lang und bis zu 400 m breit. Sie hat Robertville (Gemeinde Weismes) zu einem bekannten Ferienort gemacht.

Robinette, La

Hier befand sich früher einer der vier Schafställe des herzoglichen Waldes. Die Bezeichnung ist vermutlich entstanden aus „Rote Benden", woraus sich Rubenit und La Robinette entwickelte.

Rocherath

Der Ort liegt zwischen dem Truppenübungsplatz Elsenborn und dem Dreiherrenwald im Naturpark Hohes Venn-Eifel. Rocherath ist das höchstgelegene Dorf Belgiens (650-693 m) und besitzt mit der Pfarrkirche St. Johannes (1953) auch die höchstgelegene Kirche Belgiens (645 m).

Rocherath wurde während der Ardennenoffensive im Dezember 1944 weitgehend zerstört und in den 50er Jahren wiederaufgebaut. Im Gemeindegebiet entspringen zahlreiche Ardennenflüsse: Warche, Our, Amel, Holzwarche, Schwalm (Perlenbach) und Olef. Im Tal der Holzwarche ist ein 6,5 ha großes Naturschutzgebiet dem Vogelschutz gewidmet. Es darf nur zeitweise betreten werden.

Rondbuisson (Rundbusch)

300 Jahre altes, wildromantisches Buchenrund zwischen den Schneisen Dûrèt

und Porfay nahe der oberen Soor. Ein seltenes Naturdenkmal, von Professor Freyens als „Waldheiligtum" bezeichnet. Sein ehemaliger Schüler Paul Freres aus Essen hat hier am 17. Oktober 1981 an einer mächtigen Buche eine Gedenkplatte anbringen lassen zu Ehren von Antoine Freyens, dem großen Vennfreund und Streiter für diese einmalige Landschaft.
Um den Fortbestand der Buchen zu sichern, hat die Forstverwaltung 1965 auf Anregung der „Amis de la Fagne" am Rand eine Anzahl junger Bäumchen anpflanzen lassen.

Rond Chêne
Der Vennwald westlich des Fraineuvenns trägt seinen Namen vermutlich nach einem alten Grenzbaum, einer Eiche an der Grenze zwischen Francorchamps und Malmedy.

Rondfahay
Sprachlich abzuleiten vom lat. *fagetum* = Buchenwald. Die Bezeichnung „runder Buchenwald" tragen zwei Waldstücke, zum einen westlich des Wihonfagne und zum anderen nördlich der Statte.

Rosi, Le
Name des Waldstücks am Zusammenfluß von Tarnionbach und Eau Rouge am Frédéricq-Gedenkstein. Er ist vermutlich abgeleitet aus dem frz. *roseau* = *Schilf*.

Rossai-Fange
Das kleine Waldstück nördlich der Hoegne, früher ein Venngebiet, wurde schon 1595 so benannt. Der Name wird sprachlich abgeleitet vom lat. *russus* und frz. *roux* = *rot, fuchsig*. Dabei handelt es sich zweifelsohne um einen Spitznamen des Besitzers.

Rostfarbene Flocken auf Gewässern
Diese findet man im Hohen Venn oftmals auf Tümpeln, Pfützen, Rinnsalen und Sickerstellen. Die Flocken enthalten Eisenhydroxide, entstanden durch die Oxidation von Eisenkies (FeS_2) in einfacher chemischer Reaktion oder durch Beteiligung von Eisenbakterien. Die Eisenhydroxide schlagen sich nieder, setzen sich ab und bilden auf der Wasseroberfläche rostfarbene Flocken.

Rothenbüschel (Ruede Böschel)
Alte Flurbezeichnung zwischen Steinleyvenn und Kutenhart (Nahtsiefvenn).

Roubrouck

Der Name des östlich von Heisterberg gelegenen Teils des Hertogenwaldes stammt aus dem mundartlichen *Rodebroeck* = roter Bruch.

Rû de Taureau

Dieser kleine Vennbach entspringt westlich von Plènesses im Waldgebiet Les Weyhais. Seinen Namen erhielt er vermutlich nach einem kleinen Vennstück, auf dem die Bewohner von Jalhay den Gemeindebullen weiden ließen (frz. *taureau = Bulle, Stier*).

Rû des Waidages

Dieser Nebenbach der Hill bildet die Grenze zwischen dem Hohen Moor (Zweiserienvenn) und dem Wallonischen Venn. Er verläuft parallel der Piste Michel Culot. Sein Name läßt erkennen, daß er die Grenze des Weidelandes von Sourbrodt markierte.

Ruinen von Brandehaag

Linksseits der Hill gelegen, etwa 250 m südlich der Einmündung des Raalbachs. Schon im 16. Jh. wurde in diesem Teil des Herzogenwaldes Schiefer abgebaut. Die Ruinen an der Hill zeugen davon. Das winzige Gebäude aus Trockenmauern wurde im 19. Jh. benutzt und war sowohl Unterkunft für die Arbeiter als auch Werkstatt für das Behauen des Schiefers.

Ruitshof

Von der Rur, dem Schwarzbach und dem Klüserbach großräumig umgrenzter, zu Kalterherberg gehöriger Weiler mit einigen Gehöften. 1205 erstmals urkundlich erwähnt, gehörte es mit Gut Bredtbaum zur Gründungsstiftung des Herzogs Walram II. von Limburg und seiner Frau Jutta von Geldern und Wassenberg für das Prämonstratenserkloster Reichenstein.
Bei der sog. Jülicher Fehde, den Kämpfen zwischen Herzog Wilhelm von Cleve-Jülich-Berg und Kaiser Karl V., wurden Ruitshof und Bredtbaum 1543 – später auch das Kloster Reichenstein – durch Brand völlig zerstört. Ruitshof wurde später wiederaufgebaut und besteht heute noch, das älteste Haus des Weilers stammt von 1781.
Jahrhundertelang verlief durch Ruitshof die Fortsetzung der etwas nördlich vor dem Vennhof sich vereinigenden Aachener und Stolberger Linie der früheren Kupferstraße.
Nach dem Zweiten Weltkrieg wurde Ruitshof zur deutschen Enklave westlich der belgischen Vennbahn.

Rur (Roer, Roûle)

Dieser Vennbach entspringt im Wallonischen Venn aus zwei Hauptquellen nahe Botrange und Drello und zahllosen Rinnsalen. In der Nähe des Zusammenflusses der beiden Quellarme befindet sich die Pietkinquelle (Pouhon Pietkin), eine eisen- und schwefelhaltige Mineralquelle. Nach der Bosfagnebrücke (Weg Sourbrodt-Kalterherberg) vorbei am früheren russischen Gefangenenlager, durchläuft sie das Rurvenn, weiter über Grünkloster, durch ein Waldtal entlang der Vennbahn. Bei Küchelscheid nimmt sie den vom Kaltenborner Wald kommenden und im Schwarzbachsee gestauten Schwarzbach auf und verläßt Belgien. Sie umrundet den steilen Felskegel des ehemaligen Klosters Reichenstein.

Bei Dreistegen nimmt die Rur den Schwalmbach auf, der seit dem 16. Jh. auch Perlenbach genannt wird. Mit Monschau, das Rurwasser zum Tuchmachen benutzte, verläßt die Rur das Gebiet des Hohen Venns. Durch die Rurtalsperre, über Düren und Jülich, nimmt sie bei Kempen die Wurm auf, verläßt bei Karken deutsches Gebiet und fließt bei Roermond (Rurmündung) in die Maas.

Die Schreibweise Rur war bereits im Jahr 847 üblich. Das Quellgebiet liegt 700 m hoch, die Mündung 22 m, der Flußlauf ist 165 km lang. Der Rurgraben bildete sich erst zum Ende der Eiszeit, vorher durchflossen Rur, Maas und Rhein ein großes Delta. In seinem Mittel- und Unterlauf brachte der harmlose Bach aus dem Wallonischen Venn Segen und Gefahr zugleich. Er überflutete zur Schneeschmelze ganze Landstriche und änderte ständig sein Bett.

Die Rur war früher sehr fischreich, in ihrem weichen Wasser lebten Lachse, Hechte, Aale, Forellen, Eschen, Barben, Weißfische, Salme und Gründlinge. Die Grafen und späteren Herzöge von Jülich besaßen bedeutende Fischereirechte von der Quelle bis zur Mündung, die sie als Fanggerechtsame an Adelssitze, Klöster und Anlieger verliehen. Im 16. Jh. war die Rur teilweise schiffbar. Sie gehörte als „des Königs Straße" dem Reich.

Mit der Stromhoheit (Stromregal) wurden schon 1407 und 1414 die Herzöge von Jülich und Geldern belehnt. Urkunden vom 25. September 1511 und 20. Oktober 1544 gestatteten Düren, Holz aus Heimbach und Monschau in die Stadt zu flößen. Bis 1570 verkehrten kleine Handelsschiffe von Roermond nach Jülich. Der Schiffsverkehr erlag wegen Senkung des Wasserspiegels. Eine Bittschrift der Ruranlieger von 1859 an den in Aachen weilenden Kronprinzen brachte nur kurzfristig wirksame Regulierungen von Flußabschnitten durch die preußische Landesregierung.

1895 erstellte Prof. Otto Intze vom Polytechnikum Aachen im Auftrag der Rheinischen Landesregierung ein Gutachten. Am 28. März 1899 wurde daraufhin die Rurtalsperren GmbH gegründet und 1900-1904 die Urfttalsperre mit dem Kraftwerk Heimbach erbaut.

Die Wasserführung wurde 1932-34 ausgeglichen durch die Staubecken Heimbach und Obermaubach. 1934-38 entstand die Rurtalsperre Schwammenauel; sie wurde 1958/59 aufgestockt. Am 13. Januar 1955 erfolgte die Gründung des Rurwasserverbandes zur streckenweisen Regulierung des Rurbetts unter Wahrung der eigentümlichen Rurlandschaft sowie ihrer Fauna und Flora. Durch das Gesetz über den Wasserverband Eifel-Rur vom 7. Februar 1990 gingen die Aufgaben der Einzelverbände zum 1. Januar 1993 auf diese Körperschaft des öffentlichen Rechts über.

Rurbusch (Bois de Calbour; wall. lû Rôbrû oder lû grand bwas = der große Wald)
Gelegen am Ostrand des Wallonischen Venns zwischen den ebenfalls naturgeschützten Vennstücken Nesselo (Zwischenbuschvenn) und dem Schwarzen Venn. Das weite Waldgebiet, im 15. Jh. noch natürlicher Buchenwald, gehörte seit jeher bis 1794 zum Herzogtum Luxemburg und war von 1815 bis 1920 deutsch, seitdem belgisch. Es reichte vom Wallonischen Venn bis Küchelscheid. Der östliche Teil, jetzt Küchelscheider Wald (Bois de Küchelscheid), ist inzwischen ausschließlich mit Fichten besetzt, der westliche, noch Rurbusch genannte, besteht überwiegend aus Fichten.
Durch Holzkohlegewinnung (erstmals 1162 urkundlich erwähnt) verringerte sich der Buchenbestand zunehmend. Das natürliche Nachwachsen der Buche war ab dem 16./17. Jh. durch starke industrielle Nachfrage nach Holzkohle nicht mehr möglich.
Zur Eisen- und Kupferverarbeitung in Aachen und Stolberg wurde die Holzkohle über die sog. Kupferstraße befördert, das fertige Messing umgekehrt zu den Hammerwerken im Maastal und in Nordfrankreich.
Zahllose Meiler erkennt man heute noch an den runden, lichten Stellen, insbesondere an den Waldrändern. Zeitweise war der Rurbusch auch Viehweide und Jagdgebiet für die Bewohner der umliegenden Dörfer in der Herrschaft Bütgenbach.

Rurhof
1901 unter preußischer Herrschaft erbaut, gelegen etwa einen Kilometer nordöstlich des Sourbrodter Bahnhofs. Er ist mit einer Fläche von 232 ha der bedeutendste Gutshof in dieser Gegend (heute eine Ferienanlage mit Reithof).

Rurvenn
Weites, nicht geschütztes Vennstück im Tal der Kleinen Rur (Petite Roer, P'tite Roule), nördlich von Sourbrodt.

Sart Lerho
Bezeichnung für ein Waldstück nördlich vom Kreuz der Verlobten. Der Name stammt aus dem wall. *sart = gerodetes Gelände*, und dem Familiennamen *Lerho*.

Sawe
Kleiner Vennbach von 5 km Länge, entspringt im Großen Moor (Grande Fange) nahe dem Pingo Grande Vivier, durchquert die früheren Viehweiden von Plènesses und mündet nach einem romantischen Waldtälchen in die Statte, die sich unterhalb von Solwaster in die Hoegne ergießt. Die weiten Fichtenbestände des Sawetals wurden um 1840-60 angelegt. Der Bachname wird in der keltischen Wurzel *sav* vermutet, was etwa *tropfen, fließen* oder *rinnen* heißt.

Schäferei
Am Kreuzungspunkt der Landstraße Eupen-Malmedy und der Forststraße La Robinette befand sich früher eine der Schäfereien des Hertogenwaldes. Die größten waren: Porfays, La Robinette, Schornstein und Hattlich.

Schafherden im Hohen Venn
Jahrhundertelang nutzte man die Ödflächen und Heiden des Hohen Venns als Schafweiden. Im Hertogenwald gab es vier große Schafställe: Porfays, La Robinette, Schornstein und Hattlich. Walhorn hatte 1808 sechs Schafhirten und 523 Schafe. Am längsten hielt sich die Schafzucht in den Venndörfern Mont, Xhoffraix, Longfaye, Ovifat, Sourbrodt, Elsenborn, Kalterherberg, Weywertz und Mützenich. Durch Aufforstung ging die Schafzucht immer mehr zurück. Die Zahl der Schafe sank im Kreis Malmedy zwischen 1828 und 1910 von 30.117 auf 735. Die letzte Herde stand in Elsenborn. Mit dem Verschwinden der Schafherden verloren die Venndörfer einen großen Teil ihrer Poesie und die Heimstätten der Vennbewohner das letzte Überbleibsel uralter Tradition.

Schanzenkopf
Ein im Waldgebiet zwischen Roetgen und Fringshaus gelegener, etwa 400 m langer, bogenförmiger Graben (lat. *vallum*) aus vermutlich römischer Zeit. Er ermöglichte es, die nördlichen Zugänge nach Konzen zu schützen und zu beobachten. Beim nahen Grünklosterberg ist ein römischer Beobachtungsturm (lat. *turris speculatoria*) zu vermuten.

Schaumkronen auf Vennbächen
Nach starken Regenfällen und der Schneeschmelze treiben auf den Vennbächen

häufig weiße Schaumballen oder flächige Schaumkronen. Sie entstehen durch Vermischung zersetzter pflanzlicher und tierischer Verwesungsstoffe mit fein verteiltem Ton, aufgeschleudert durch den wirbelnden Wasserfluß.

Scheidbach
Dieser Nebenbach der Rur entspringt am Nordrand des Nesselovenns, durchfließt dieses und bildete in seinem Mittellauf früher die Grenze (Scheide) zwischen Robertville und der Herrschaft Bütgenbach im Herzogtum Luxemburg.

Schornstein
Dieser Nebenbach der Hill entspringt in einem gleichnamigen Waldstück des Hertogenwaldes. Hier befand sich früher einer der vier großen Schafställe (Schäfereien) des herzoglichen Waldes: Schornstein, Hattlich, Porfays und La Robinette.
Als Namensursprung vermutet Jean de Walque: In früherer Zeit stand hier ein Häuschen, von dem nach Verfall oder Brand nur der gemauerte Kamin übrig blieb. Dieser war ein auffälliges Merkzeichen im Wald und wurde um die Mitte des 17. Jh. namengebend.

Schutzplan Hohes Venn
Seit 1957 beschränkten sich die zuständigen Forstverwaltungen auf das Anlegen von Knüppelpfaden und das Aufstellen von Hinweistafeln an den Zugangswegen in die Naturschutzgebiete. Da der zunehmende Tourismus bleibende Schäden in den empfindlichen Moorgebieten verursachte, wurde auf Antrag des Beirats des Naturschutzgebietes und der Wallonischen Region 1986 ein neuer Schutzplan für das gesamte Naturschutzgebiet Hohes Venn beschlossen.
Folgende Maßnahmen wurden geplant:
1. Die weitere Austrocknung der letzten Hochmoore verhindern, neue Techniken zur Wiederherstellung der Hochmoore und des gestörten Wasserhaushalts untersuchen.
2. Pflege der trockenen Heidegebiete und Erhalt ihrer Tier- und Pflanzenwelt.
3. Die zunehmende Bewaldung des Naturschutzgebietes verhindern und nichtheimische Baumarten (u. a. Fichte) entfernen.
4. Anlegen von Knüppelpfaden zur Verhinderung des direkten Betretens unter Schonung störungsempfindlicher Gebiete.
5. Anlegen natürlicher Pufferzonen zwischen den Naturschutzgebieten und den Produktionswäldern. Diese Maßnahmen werden zentral geleitet von der Wissenschaftlichen Untersuchungsstation des Hohen Venns (Prof. R. Schumacker) und zentral durchgeführt von einem Forstingenieur der Wallonischen Region.

Schutzplan - Schwarze Brücke

Folgende Maßnahmen wurden bereits durchgeführt:
- die unzähligen Entwässerungsgräben in den Mooren werden von freiwilligen Helfern der „Amis de la Fagne" mit Fichtenzweigen und Grassoden abgedämmt;
- mit einem leichten Raupenfahrzeug (1500 kg) und doppeltem Mähbalken werden vergraste Heideflächen (Pfeifengras) gemäht. Mit diesem Fahrzeug und einem zusätzlichen Plaggspaten soll das Moorgebiet Dûrèt geplaggt werden. Das Abstechen der oberen Bodenschicht stellt die nährstoffarmen Voraussetzungen wieder her und fördert die Ansiedlung selten gewordener Moorpflanzen;
- in den offenen Moorgebieten werden Bäume und Sträucher gefällt und abtransportiert; das Sägemehl wird an einzelnen Feuerplätzen verbrannt;
- Wanderpfade werden angelegt und mit verrottungsfesten Fichtenbrettern verplankt. Zum Schutz von Brutplätzen und trittempfindlichen Pflanzen werden frühere Wanderwege gesperrt;
- seit dem 1. Januar 1992 sind bestimmte Venngebiete als C-Zonen ausgewiesen und dürfen nur von amtlich begleiteten Gruppen betreten werden;
- wegen Brandgefahr und zum Schutz des Birkhuhns gelten bestimmte Sperrzeiten;
- Langlaufpisten werden angelegt, unterhalten und überwacht. Mit der Raupe (Flexomobil) und zwei Schneebrettern werden Loipen gespurt. Die Benutzung der Loipen ist gebührenpflichtig (50 BEF täglich oder 300 BEF pro Saison);
- das Naturschutzgebiet wird von freiwilligen Helfern beaufsichtigt, die bei Übertretungen mittels Funkgerät den diensthabenden Förster zur Strafanzeige veranlassen.

Schwarzbachsee

Stausee des Schwarzbachs am Südrand des Bergervenns. Er dient wassernden Zugvögeln als Ruhe- und Landeplatz. Der aus dem Kaltenborner oder Cléfayvenn kommende Schwarzbach fließt bei Kalterherberg in die Rur.
Von hier bis zum Einlauf des Kluserbachs war er Grenzbach zwischen den Herzogtümern Jülich und Luxemburg. Der Name ist entstanden nach der dunklen Färbung des Wassers, besonders in den moorigen Abschnitten.

Schwarze Brücke (Pont Guerrier)

Die Steinbrücke über die Soor erinnert in der frz. Schreibweise an den Forstingenieur Guerrier, auf dessen Anregung sie 1890 erbaut wurde. Die deutsche Bezeichnung leitet sich ab von dem schwarzen Plattenbelag, mit dem sie anfänglich versehen war. Sie liegt unmittelbar vor der Einmündung der Soor in die Hill.

Schwarzes Venn
Naturgeschütztes, waldumsäumtes Vennstück nördlich von Grünkloster, nur bis zu den Waldrändern zugänglich. Der Name geht auf die dunkle Farbe des Moorwassers zurück.

Schwerzfeld
Früheres fränkisches Hofgut, 1544 erstmals erwähnt als „swerzell in dem venne gelegen". Heute Ortsteil von Roetgen.

Schwingrasen
Nährstoffreiche Stillgewässer neigen zur Verlandung. Wenn übermäßiger pflanzlicher und tierischer Abfall von den Bakterien und Pilzen im Bodenschlamm nicht mehr völlig mineralisiert werden kann, führt die zunehmende Ansäuerung des Wassers zur Verlangsamung und letztlich zum Stillstand des Abbaus. Gleichzeitig werden vom Ufer her die sogenannten Verlandungsbildner tätig, die freie Wasserfläche wird durch Schwingrasen zunehmend eingeengt. So bildet sich ein Niedermoor. Es kann Endstadium sein, durch Samenanflug baumförmiger Pflanzen aber auch in einen Bruchwald übergehen. Schwingrasenflächen sind meist nicht trittfest, daher gefährlich und nur bedingt begehbar. Sie finden sich u. a. bei den Drei Grenzsteinen (Trois Bornes) in der Nähe des Maria-Theresia-Steins und auf der Piste du Noir Flohay.

Sechs Buchen (Les six Hêtres)
Stimmungsvoller, von 6 uralten Buchen gesäumter Rundplatz im Lonlou, gut erreichbar vom Sétayvenn rechts der Landstraße Mont-Rigi-Malmedy (Parkplatz Trôs Marets). Die bis zu 300 Jahre alte Buchengruppe war früher ein schattiger Rastplatz für die Schäfer der Umgebung. Sie ist gelegen am alten Weg von Hockai über Hoffrai und Ovifat nach Sourbrodt. Die seit 1936 als Naturdenkmal geschützte Buchengruppe ist auch heute noch ein beliebter Wanderrastplatz.

Sentier du Facteur (Postbotenweg)
Am nördlichen Ufer der Gileppetalsperre im Waldgebiet Pierreuse Heid gelegener Weg, den vor 1869 regelmäßig vor allem der Postbote aus Dolhain benutzte, um die Zustellung im Forsthaus Heisterberg zu besorgen. Mit dem Bau der Talsperre wurde die alte Wegverbindung unterbrochen.

Sétayvenn
Naturgeschütztes Vennstück rechts der Landstraße Mont Rigi – Malmedy, im

südlichen Teil begrenzt vom Vennbach (Trôs Marets). An seinem Westrand ein altes Wegstück der Eisenstraße (Voie du Fer), die vom 15. bis zum Ende des 18. Jh. als Transportweg für Schleidener Eisen über das Bayehontal und Hockai nach Lüttich diente. Der Name ist nicht gedeutet.

Sicco Campo

Im Jahre 670 legte der Frankenkönig Childerich II. in einer lateinisch abgefaßten Urkunde die Grenzen des ursprünglich größeren Klosterbezirks Stablo-Malmedy neu fest. In diesem sogenannten Diplom wird die höchste Erhebung des Hohen Venns, Botrange, mit *„Sicco campo"* (lat. *an trockener Stelle*) bezeichnet. Dieser Name hat sich im wallonischen Sprachgebrauch erhalten für das heutige Waldstück Sètchamp (trockenes Feld) zwischen Baraque Michel und Mont Rigi südlich der Straße. Auch ein Vennstück südlich unterhalb von Botrange, genannt „duzo setche champs", erinnert noch an das römische Sicco campo. Den Turm von Botrange, 1934 erbaut, schmückte bis Kriegsende eine eiserne Wetterfahne mit dem ausgesparten Namen Sicco Campo. Sie ist seitdem nicht mehr vorhanden.

Siebeneichen (Seveneiken)

Sie befanden sich an einer Kreuzung der alten Wege Jalhay – Konzen und Eupen – Porfays. Hier ist der geometrische Punkt des Hertogenwaldes. Seit etwa 1780 ist hier eine Forsthütte nachgewiesen. Man vermutet, daß hier im späten Mittelalter ein Forstgericht mit einem Forstmeister und sieben Beisitzern getagt hat.

Siedlungs- und Herrschaftsgeschichte

Um 8000 v. Chr. (Altsteinzeit): erste nachgewiesene menschliche Besiedlung in Felshöhlen der Maas und Lesse
bis 4000 v. Chr. (Mittelsteinzeit): Steinwerkzeuge im Eupener Land und im Vivier Marquet des Hohen Venns (Nähe Poleurvenn)
3500-2500 v. Chr. (Jungsteinzeit): Feuersteinbergwerke (Flint, Silex) im belgischen Revier (Tiefbau)
2000-1000 v. Chr. (Bronzezeit): Hügelgräber im deutsch-belgischen Grenzraum (Hügelgräberkultur)
um 500 v. Chr.:Besiedlung durch die indogermanischen Kelten, deren Namensgebung noch zu erkennen ist: Ardennen (Ardbinna), Our (Ura), Ourthe (Urta), Rur (Rura). Die Kelten (Belgen, u. a. Eburonen, d. h. Eibenleute) wurden unterwandert von Germanen. Keltisch-germanische Fliehburgen (Tchessions) sind erhalten in Walk und bei Xhoffraix/Longfaye.

58 v. Chr.- 400 n. Chr. : Römische Herrschaft über die im Ardennenraum (*Arduinna silva*) siedelnden germanisch-keltischen Belgen, d. h. Eburonen. Dieses Gebiet gehört zur Provinz Niedergermanien (*Germania inferior*). Die Hill ist streckenweise Grenze zwischen den römischen Siedlungszentren Tongeren (*civitas tungrensis*) und Köln (*civitas coloniensis*). Große Heer- und Handelsstraßen verbinden die Siedlungszentren miteinander: Köln-Reims (über Rocherath, Büllingen) und Köln-Bavai (über Limburg, Baelen). Die Via Mansuerisca war Siedlerstraße und Querverbindung der großen römischen Reichsstraßen zwischen Tongeren und dem Neuwieder Becken. Römische Gebäude sind u.a. nachgewiesen für Neu-Hattlich, Büllingen, Drossart, Elsenborn, Grünkloster, Konnerz Mur und Raeren. Brochepierre diente als Steinbruch für den Bau der Via Mansuerisca.

480-721: Merowinger (salische Franken) verdrängen die röm. Besatzung. 496 beginnt König Chlodwig I. mit der Christianisierung. Das Bistum Lüttich entsteht 721. Der Merowingerweg bei Brochepierre wird um 672 datiert.

751: Pippin der Kurze (geb. um 715 in Herstal bei Lüttich) entmachtet den letzten Merowingerkönig Childerich III. und begründet die karolingische Epoche des Frankenreichs.

768-814: Karl der Große entwickelt das Dreieck Aachen-Lüttich-Maastricht, gelegen im Landesteil Austrien, zum Zentrum seines europäischen Reichs.

843: Im Vertrag von Verdun wird das Karolingerreich geteilt. Kaiser Lothar I. erhält Lotharingien, das Gebiet östlich der Schelde.

880: Im Vertrag von Ribemont wird der nördliche Teil dieses Mittelreichs dem Ostfränkischen Reich zugesprochen, dem Hl. Römischen Reich Deutscher Nation.

936: Otto I. läßt Lüttich durch seinen Freund und Ratgeber, Bischof Notger, zum Fürstbistum erheben. Es umfaßt die Hälfte des heutigen Belgien und die Städte Aachen und Maastricht.

ab 919: Der zentralistische fränkische Staat Karls des Großen zerfällt in Stammesherzogtümer, unser Gebiet gehört zum Herzogtum Niederlothringen. Das Lehnswesen läßt zahlreiche territoriale Herrschaftsgebiete entstehen: Limburg, Luxemburg, Jülich als weltliche, Fürstbistum Lüttich und Fürstabtei Stablo-Malmedy als geistliche.

1288: Das Herzogtum Brabant, entstanden auf dem Gebiet des Herzogtums Niederlothringen, gewinnt die Oberhoheit über das Herzogtum Limburg in der Schlacht bei Worringen.

1406: Das Herzogtum Brabant fällt an das Herzogtum Burgund unter Karl dem Kühnen. Dieser fällt 1477 bei Nancy.

1482: Der Habsburger Maximilian I. heiratet Maria von Burgund, die Erbtochter Karls des Kühnen, und erwirbt Burgund. Das bereits 1467 von Karl dem Kühnen eroberte Fürstbistum Lüttich und das Herzogtum Limburg werden habsburgisch wie auch das im 14. Jh. von Burgund erworbene Luxemburg.

1548: Kaiser Karl V. aus dem Hause Habsburg verbindet die 17 niederländischen Provinzen, darunter das heutige Belgien, zum Burgundischen Kreis des Deutschen Reiches.

1555: Kaiser Karl V. überträgt seinem Sohn, Philipp II., König von Spanien, die 17 niederländischen Provinzen (Spanische Niederlande).

1714: Nach dem spanischen Erbfolgekrieg gegen Frankreich erhält Österreich im Frieden zu Utrecht die katholischen Südprovinzen, das heutige Belgien.

1789: Aufstand der (belgischen) Südprovinzen unter dem Einfluß der Frz. Revolution und Proklamation der „Vereinigten Belgischen Staaten".

1790: Niederschlagung der (belgischen) Volkserhebung durch die Österreicher.

ab 1792: Frz. Revolutionstruppen erobern die belgischen Provinzen, Aachen und die Eifel.

1797: Napoleon erhält im Frieden von Campo Formio die österreichischen Niederlande und das linke Rheinufer. In der „Batavischen Republik" werden die niederländischen Nordprovinzen und die belgischen Südprovinzen vereinigt unter frz. Herrschaft.

Die Herzogtümer Jülich, Limburg und Luxemburg werden aufgelöst, das Fürstbistum Lüttich, die Fürstabtei Stavelot-Malmedy und das Kloster Reichenstein aufgehoben (säkularisiert). Gliederung der eroberten Gebiete in Departements: Ourthe (Lüttich), Rur (Aachen) und Niedermaas (Maastricht) als Verwaltungsbezirke. Gewerbefreiheit, gemeinsame Währung und die Kontinentalsperre gegen England fördern die Wirtschaft im Raum Lüttich, Verviers und Aachen.

1805 - 1811: Bau der *route impériale* von Aachen nach Monschau über das Venn.

1815: Am grünen Tisch beschließt der Wiener Kongreß das „Königreich der Vereinigten Niederlande". Dessen erster König ist Wilhelm I. von Nassau-Oranien. Die Kreise Eupen und Malmedy werden preußisch, Stavelot dagegen belgisch.

1830: Aufstand der Belgier gegen die niederländische Herrschaft aus sprachlichen, religiösen und wirtschaftlichen Gründen. Eine provisorische Regierung ruft ein unabhängiges Königreich Belgien aus.

1831: Prinz Leopold von Sachsen-Coburg-Gotha wird als Leopold I. erster König der Belgier. Anerkennung Belgiens durch die europäischen Großmächte im Londoner Vertrag.

1839: Unterzeichnung des Abkommens über die endgültige Grenzziehung durch König Leopold I.

1920: Durch den Versailler Vertrag erhält Belgien die Kreise Eupen und Malmedy.
1940-44: Kurzfristig werden die Kreise Eupen-Malmedy bis zum Einmarsch der amerikanischen Truppen wieder deutsch; außerdem die bis 1920 neutrale Gemeinde Kelmis (La Calamine) sowie die „altbelgischen" Gemeinden Gemmenich, Hombourg, Moresnet, Montzen, Henri-Chapelle, Welkenraedt, Baelen, Membach und Sippenaeken.
1948: Belgien, die Niederlande und Luxemburg bilden die Zoll- und Wirtschaftsunion Benelux.
1976: Gründung der Arbeitsgemeinschaft EUREGIO Maas-Rhein zur Unterstützung des europäischen Gedankens im Dreiländereck.
1993: Aufhebung der Grenzkontrollen innerhalb der EU.

Solvay-Gedenkstein
Am Rand einer Schneise auf der Höhe Dickelt bei Elsenborn erinnert eine Rundsäule an Paul Solvay (1901 – 1935), der hier am 24. 11. 1935 tot aufgefunden wurde, nachdem er allein auf die Jagd gegangen war.

Soor
Dieser Vennbach entspringt im Naturschutzgebiet Hohes Moor (Dûrèt oder Zweiserienvenn) nordwestlich des Geitzbuschs. Die Soor fließt durch den Hertogenwald mit starkem Gefälle nach Eupen und vereinigt sich vor der Stadt an der Schwarzen Brücke mit der Hill. 1952 wurde die Soor über einen 3 km langen Stollen mit der Gileppe-Talsperre verbunden, um dieser im Bedarfsfall Wasser zuzuführen. Beim Bau des Soor-Staubeckens kamen durch eine Sturzflut aufgrund vorangegangener starker Regenfälle am 8. Juli 1952 fünf italienische und ein flämischer Arbeiter ums Leben. Von den plötzlichen Wasserfluten wurden sie in den Stollenmund hineingerissen. Die letzten beiden Opfer wurden erst in der Nacht vom 9. auf den 10. Juli nur 110 m von der Gileppe entfernt geborgen. Bei den Bergungsarbeiten kam ein siebter Arbeiter, ein italienischer Kranführer, ums Leben. Einem Zufall war es zu verdanken, daß die an der Gileppe tätigen Arbeiter für ihren Rückweg zu ihrem Lager bei Heisterberg (Hestreux) am Unglückstag nicht den Tunnel als Abkürzung benutzten. 20 weitere Arbeiter hätten sonst Opfer der Sturzflut werden können. Am Rande des Soor-Staubeckens erinnert ein großer Naturstein mit einer Gedenktafel und den Namen aller verunglückten Arbeiter an dieses tragische Ereignis. Bereits seit 1770 wurden der Soor wegen der Eupener Wollfabrikanten über den Eupener Graben (Fossé d'Eupen) die Quellbäche der Hill zugeleitet. Der Name Soor ist vom germ. *saura* geprägt, d.h. feuchter, nasser Boden.

Sourbrodt

1534 errichtete Johan Sourbroit am Südrand der Vennhochfläche beim Averscheider Wald eine Vennherberge. Die verkehrsgünstige Lage an der großen Überlandstraße von Limburg nach Luxemburg nahe den Abzweigungen Hockai-Ovifat und Kalterherberg-Mützenich förderte die Wahl dieses Standorts. Bereits 1566 wurde der Weiler richtungsweisend mit „Sourbrot" vermerkt auf den großen Wegezeichen Hauptmann- und Panhaussäule.

Das „große Haus von Sourbrot" („den großen Bheut ahn Sourbrot", „le grand logis de Sourbrot") wurde Keimzelle eines neuen, gleichnamigen Venndorfs. Es stand nahe dem heutigen Pietkin-Denkmal auf der damaligen Grenze zwischen dem Herzogtum Luxemburg und der Fürstabtei. Sümpfe und Heideflächen wurden urbar gemacht. Durch Zuzug aus Robertville, Faymonville und Outrewarche vergrößerte sich das Dorf ständig, da die weiten Flächen des Wallonischen Venns durch den Prozeßbeschluß von Mechelen ab 1607 den Sourbrodtern zur Nutzung übertragen wurden und 1708 die gesamten Pachtrechte durch den Vertrag von St. Vith. Sourbrodt wurde eines der wohlhabendsten und viehreichsten wallonischen Dörfer.

Durch den Vertrag von Malmedy kam es 1807 gegen eine Kaufsumme von 10.000 Franken in den Besitz des Wallonischen Venns. Die Raten waren 1830 abbezahlt. 1886 wurde Sourbrodt Bahnstation an der Vennbahn, die seit 1990 wieder als touristische Attraktion betrieben wird. Der Gasthof des Johan Sourbroit wurde lange von seinen Nachfahren fortgeführt, verfiel jedoch nach 150jährigem Bestehen zusehends. Um 1700 waren nur noch die Stallungen vorhanden. Der Ort ist überwiegend wallonisch, doch hat sich im Bahnhofsviertel mit Verladestation für den Truppenübungsplatz Elsenborn eine deutschsprachige Minderheit gehalten.

Sourenplein

Zwischen Hattlich und Ternell gelegene Waldfläche, die sprachlich als sauer oder sumpfig bezeichnet ist.

Spohrbach (Spoorbach, Spulbach)

Er entspringt im südlichen Brackvenn am Westhang des Hahnheisterbergs in einer Höhe von etwa 615 m. In ihn mündet das Südende des Eupener Grenzgrabens von 1774. Der Spohrbach fließt nach kurzem Lauf beim Herzogenhügel in die Hill. Bis 1794 war er Grenzbach zwischen den Herzogtümern Jülich und Limburg. Der Name ist nicht gedeutet; alte Schreibweisen sind Spulbach und Spahrbach, auch Spauebach.

Statte

Der Vennbach Statte entquillt dem Wihonfagne (Bienenvenn), wird im Waldstück Biolètesvenn zum Sturzbach, bildet die Nutonswasserfälle (Cascades de Nutons), umrundet den kambrischen Felsabbruch Bilisse (Bilissefelsen) und fließt unterhalb des Dorfes Solwaster nach einem Lauf von 8 km in die Hoegne. Ab der Höhenlinie 500 im Biolètesvenn beschleunigt sich der Bach. Hier befinden sich Geröllfelder einer einstigen Endmoräne eines Venngletschers, der jahrtausendelang auf der Vennhochfläche gestanden hat. Der Bach kam also einst aus den Schmelzhöhlen dieses Gletschers.

Stavelot (6200 Einw.)

Eine der beiden Hauptstädte des bis 1794 bestehenden reichsunmittelbaren Abtei-Fürstentums Stablo-Malmedy. Gegründet 650 vom hl. Remaklus an der Amel nahe Malmedy. Der Ort weist noch viele Sehenswürdigkeiten seiner reichen Geschichte auf: Abtei des hl. Remaklus (16.-18. Jh.), Rathaus (1785), Kirche St. Sebastian mit kostbaren Resten des Abteischatzes und der Reliquie des hl. Remaklus, alte Gerbereien von 1500 mit Gerbereimuseum, Perron mit Brunnen (1769) und bemerkenswerte alte Bürgerhäuser. Stavelot beherbergt ein Museum für den Dichter Guillaume Apollinaire (1880-1918), der hier 1899 weilte. Als Heimstätte der „Blancs Moussis" ist die Stadt durch den Karneval bekannt. Stavelot gehörte seit jeher zum Bistum Lüttich und kam daher 1815 beim Wiener Kongreß zu den Vereinigten Niederlanden und 1830 zu Belgien.

Steinleyvenn

Urwüchsiges und unwegsames Venngebiet zwischen Brachkopf (569 m) und Steling (660 m), östlich begrenzt vom Entenpfuhler Weg und durch den Reinartzhofer Weg südlich getrennt vom Allgemeinen Venn. Im Norden das Weserquellgebiet Balloch und das Aachener Weg-Kreuz, im Süden am Reinartzhofer Weg das Arnold- und Bilfingerkreuz. Das Steinleyvenn beherbergt zahlreiche eiszeitliche Ringwallweiher (Pingos) und Palsen.
Mit dem Allgemeinen Venn und dem Nahtsiefvenn (Kutenhart) bildet es ein großes, zusammenhängendes Naturschutzgebiet. Der uralte Name leitet sich von den zahlreichen Quarzitblöcken ab, die hier vorkommen.

Steinmann

Pyramidenförmig aufgetürmte Vennwacken zur Kennzeichnung der mittleren von drei Ausgrabungsstellen der Via Mansuerisca, die der Malmedyer Vennforscher Abbé Bastin im Sommer 1932 freilegen ließ. Lage zwischen Brochepierre und Mockelkreuz im Zweiserienvenn (C-Zone).

Steinströme

Die Stein- oder Blockströme an den Hängen der Vennbäche sind Gesteinsschutt aus dem Eiszeitalter des Quartärs. Unter dem Einfluß der nordeuropäischen Vereisungen herrschte Dauerfrost. Die Landschaft war nur mit einer kärglichen Tundrenvegetation bedeckt. Auf dem fast ungeschützten und in den kurzen Sommern nur oberflächig auftauenden Dauerfrostboden führte im ständigen Wechsel von Gefrieren und Auftauen die Frostsprengung (Spaltenfrost) zur Lockerung und Loslösung von Gesteinsbrocken.

Diese wanderten, dem Gesetz der Schwerkraft folgend, auf den über dem Dauerfrostboden oberflächig getauten und gleitfähig durchweichten Tonschlämmen durch Bodenfluß (Solifluktion) langsam talwärts. Heute bedecken Blockströme und Wanderschutt die Hänge und Betten vieler Vennbäche.

Steling

Höchste Erhebung des östlichen Venns (belg. Messung 660 m) und des Monschauer Landes (deutsche Messung 658 m). Lag im Mittelalter an der wichtigen Nord-Süd-Verbindung durch die Westardennen (Ösling), am sog. Öslinger Weg von Aachen-Köpfchen über Berlotte, Raeren-Neudorf, Reinartzhof, Steling, Mützenich, Reichenstein, Kalterherberg und weiter nach Trier. Der Name ist vermutlich eine sprachliche Abwandlung von Steinley.

Stockai, Les

Südlich des Dehottaykreuzes am Tarnionbach gelegenes Waldstück. Sprachlich betrachtet bedeutet Stock = Baumstamm, die ursprüngliche Bezeichnung für einen Niederwald in Stockausschlagwirtschaft.

Strengslager

Südwestlich des Venngebiets Misten stand seit Mitte des 17. Jh. ein Schafstall der Gemeinde Mützenich, bis das Gelände 1774 in limburgischen Besitz überging. Das Schafslager hatte in dieser hohen Lage eine „strenge" Witterung.
Gebäudereste aus Bruchstein in den Ausmaßen 5 x 4 m waren noch 1956 vorhanden. Sie wurden beim Anlegen eines Abflußgrabens von Bulldozern abgetragen.
Der sog. Strengstein nördlich der Schafspferch bezeichnete bis 1774 die Mützenicher Nutzungsrechte am Westrand des Misten. Die Standortbezeichnung hat sich erhalten.

Stuhl (Stoel)

Waldgebiet im Bereich der Raerener Waldungen, das ursprünglich im Besitz der

Reichsstadt Aachen war und im Verlauf des 15. Jh. an das Herzogtum Limburg gelangte. Seinen Namen leitet es ab vom „Aachener Erzstuhl des Reichs". Nordwestlich der Querensteinschneise ist es Staatswald (Stuhl seiner Majestät), südöstlich Walhorner oder später Raerener Stuhl.

Talsperre von Robertville

Die „untere Warchetalsperre" wurde 1925 bis 1928 von dem belgischen Stromversorgungsunternehmen ESMA erbaut. Sie faßt 8,2 Millionen Kubikmeter Wasser bei einer Wasseroberfläche von 63 ha, gesperrt von einer 182 m langen und 54,5 m hohen Mauer. Je Sekunde können 200 Kubikmeter Wasser abgezogen werden, das über eine 5 km lange Stollenleitung zum Elektrizitätswerk in Bévercé geführt wird. Außerdem liefert die Talsperre Trinkwasser für Malmedy und Umgebung. Auf dem See sind alle Arten von Wassersport erlaubt, beim Freibad Robertville sogar Wasserski. Motorboote sind jedoch nicht zugelassen. Die Haelenbrücke (Pont de Haelen) in der Seemitte gründet auf einem 51 m tiefen Pfeiler.

Tarnionbach

Der wallonisch Rû de Tarnion genannte Vennbach enstpringt beim preußisch-belgischen Grenzstein 146 nördlich der Straße Mont – Hockai. Bis zu seiner Einmündung in den Rotwasserbach bei Grenzstein 142 war er von 1815 bis 1920 Grenzbach zwischen Preußen und dem Königreich der Vereinigten Niederlande, bzw. seit 1830 zu Belgien.

Kurz vor seinem Zusammenfluß mit dem Eau Rouge im Waldstück Le Rosi befindet sich auf der rechten Seite der Frédéricq-Gedenkstein. Den Namen leitet A. Counson aus dem keltischen Stammwort „*Tarn*" ab, demnach Ufer oder Flußlauf. A. Carnoy dagegen deutet aus dem keltischen „*Talerno*" einen Bach mit leichtem Gefälle.

Tchession Walk (Fliehburg Walk)

Vermutlich keltisch-germanische Fliehburg bei Walk auf einer Bergnase unmittelbar an der Talsperre von Robertville. Beide Seiten des dreieckigen Bergvorsprungs fallen steil in den Stausee ab, die Landseite ist geschützt durch drei bis 20 m breite Gräben und zwei mächtige Steinwälle. Links neben der Fliehburg mündet der Rû de Poncé (Poncébach) in die Talsperre in einer tief ins Land einschneidenden Bucht.

Die beiden großen Gräben der Fliehburg wurden 1922 archäologisch untersucht, jedoch ergaben sich keine Funde. Wegen der privaten Besitzverhältnisse im Bereich der Fliehburg müssen Durchgangsverbote beachtet werden.

Tchession Xhoffraix-Longfaye (Fliehburg von Xhoffraix-Longfaye)

Vermutlich keltische Fliehburg zwischen den Venndörfern Xhoffraix und Longfaye auf einem steilen Felsvorsprung, seitlich umflossen vom Pouhonbach und dem einmündenden Rognaybach in 500 m Höhe. Die Zufluchtstätte ist geschützt durch die steilen Talhänge der beiden Wasserläufe, die freie Rückseite war durch drei Gräben und Steinwälle abgeriegelt. Das Gelände wurde in den 70er Jahren wieder aufgeforstet, die Anlage ist daher nicht gut erkennbar. Man vermutet darin eine Fliehburg, die Vercingetorix, der Anführer der gallischen Aufstände gegen Caesar, einem Verwandten gegen das Vordringen der Römer hat errichten lassen. Vercingetorix wurde von Caesar besiegt und 46 n. Chr. in Rom hingerichtet. Tchession oder Chession ist abgeleitet vom lat. *castellum*.

Flieh- oder Fluchtburgen waren ursprünglich mächtige Höhenfestungen der Kelten und wurden später von den Germanen übernommen. Hier sammelten sich die Krieger zum Angriff, auch waren sie Schlupfwinkel für die kampfunfähige Bevölkerung mit Habe und Vieh. Die Abwehrstellungen bestanden aus Ringwällen, die durch vorgelegte, aus Steinen geschichtete Mauern und Holzriegel verstärkt waren und vor denen ein Graben verlief. Man wählte dafür die schon von Natur aus geschützten Stellen auf Bergen oder hinter Sümpfen.

Ternell

Eine alte Ansiedlung im Hertogenwald an der Landstraße Eupen-Mützenich-Monschau in 505 m Höhe, zwischen Meyers Kreuz und Neu-Hattlich. Um 1773 ließ Wilhelm Scheibler, der Begründer der Monschauer Tuchindustrie und erste Bewohner des dortigen Roten Hauses (erbaut 1756), hier ein Jagdhaus errichten, das etwa 1780 in Staatsbesitz überging, seit 1920 auch als Zollhaus und bis in die 70er Jahre dieses Jahrhunderts als Forsthaus genutzt wurde. Ein neues Forsthaus als schmuckloser Zweckbau wurde gegenüber errichtet. Ein Nebengebäude des alten Forsthauses aus späterer Zeit, das als Gastwirtschaft diente, brannte 1913 ab. Bis zum 10. Mai 1846, als die Staatsstraße Eupen-Monschau über Ternell eingeweiht wurde, wickelten sich die regen Handelsbeziehungen zwischen den beiden Städten auf einem zerfahrenen Karrenweg ab.

Schon 1834 wurde von Eupener und Monschauer Fabrikanten der Bau einer Staatsstraße vorgeschlagen, die von der preußischen Regierung zwischen 1844 und 1846 errichtet wurde. Die Behördenleiter und Festgäste trafen sich, von Monschau kommend, in Ternell mit den Eupener Festteilnehmern. Gemeinsam zog man nach Eupen.

1990 wurde im alten Forsthaus, jetzt „Haus Ternell", von der Deutschsprachigen Gemeinschaft in Zusammenarbeit mit der Forstverwaltung ein Waldmuseum eingerichtet und eine naturkundliche Bildungsstätte eröffnet, die das

Abschlußdiplom als Naturführer verleiht. Angeschlossen ist eine kleine meteorologische Station. Eine kleine, urige Gaststätte lädt Wanderer zur Stärkung ein. Die Bezeichnung Ternell ist vermutlich niederdeutsch *ter nell* = *zur Hill*. Einer anderen Deutung zufolge soll es heißen *zur Lichtung*.

Ternell, Haus
1990 wurde im alten Forsthaus rechts der Straße Eupen-Mützenich von der Deutschsprachigen Gemeinschaft in Zusammenarbeit mit der Forstverwaltung, Politikern und Naturfreunden ein Waldmuseum eröffnet. Angeschlossen ist eine naturkundliche Bildungsstätte, die einzige deutschsprachige Belgiens (Tel. 080/55.23.13). Die „Studenten" erwerben hier das Abschlußdiplom als Naturführer und damit die Befähigung für Gruppenführungen durch die C-Zonen des Naturschutzgebietes Hohes Venn.
Angeschlossen ist auch eine meteorologische Station. Durchgeführt werden Boden- und Wasseranalysen sowie Windmessungen bis zu 200 km/h auf dem 12 m hohen Turm. Geplant ist der Ankauf weiterer Forstgebäude zur Einrichtung einer Schule mit zweijähriger Ausbildungszeit für Forst- und Umweltschutzhelfer sowie eines Waldschulheims mit Übernachtungsmöglichkeit. Ein geologischer Lehrpfad, gestaltet unter Mitwirkung des Instituts für allgemeine, regionale und historische Geologie der RWTH Aachen, soll den Baumgarten (Arboretum) mit dem Wasserlchrpfad zur Wesertalsperre zum naturwissenschaftlichen Rundgang verbinden.

Theux
Einstige Hauptstadt der Grafschaft Franchimont (Marquisat de Franchimont) mit zahlreichen historischen Bauwerken am Unterlauf der Hoegne: romanische Kirche St. Hermes, St. Alexander (11. Jh.) mit Turm aus dem 8. /9. Jh. , Perron als Wahrzeichen der Stadtfreiheit von 1768 und schöne Bürgerhäuser im Stil der Lütticher Renaissance. Die beeindruckenden Ruinen der Burg Franchimont aus dem 12. Jahrhundert, 1794 von den französischen Revolutionsheeren zerstört, erinnern an die einstige Grafschaft (Marquisat), die vom Fürstbistum Lüttich abhängig war.

Tierwelt im Hohen Venn (eiszeitliche und nacheiszeitliche)
Von den vier Eiszeiten des erdgeschichtlichen Pleistozäns prägte vor allem die letzte, die Würm-Eiszeit des Jung-Pleistozäns etwa vor 100.000 bis 10.000 Jahren, die Landschaft des Hohen Venns. In der arktischen Kälte und kargen Vegetation der Tundra weideten Rentiere und Riesenhirsche. Polarfüchse und Vielfraße jagten Lemminge, nordische Wühlmäuse und Schneehasen. Etwa 8000

Jahre vor unserer Zeitrechnung begann die Nacheiszeit (Holozän). Das wärmere Klima ließ lichten Wald aufkommen, die sog. Taiga. Elche, Edelhirsche, Wisente und Braunbären gehörten zur Tierwelt dieser Periode. In der nächsten Umgebung des Torfmoors Alt-Hattlich bei Ternell wurden 1888 unter einer 2,20 m dicken Torfschicht eine Elchschaufel und zahlreiche schwere Knochen gefunden. Obwohl der zuständige Hegemeister P. Schumacher die Behörde verständigte, wurde der Fund nicht ausgewertet. Die Knochen gingen verloren, die Schaufel schenkte der Hegemeister 1926 dem Aachener Studienrat Dr. Pabst, seinem Jagdfreund. Im nachfolgenden Atlantikum (5500 bis 3000 v. Chr.) lagen die Temperaturen etwa 3° bis 4°C höher als heute, und die Niederschläge nahmen zu. Elche, Wisente und Bären folgten der Taiga nordwärts. Je nach Bodenbeschaffenheit bildete sich Mischwald (Eichen, Ulmen, Hasel) oder Birkenbruchwald; dies bestätigen auch die von alten Torfstechern gefundenen Baumreste. In diesen Wäldern lebten bereits unsere heutigen Tiere, von denen Luchs und Wolf inzwischen ausgestorben oder ausgerottet sind.

Tierwelt des Hohen Venns
Die Fauna der Hochmoore zählt nur wenige Arten, angepaßt an die kalt-feuchte Umgebung.
Kerbtiere (Insekten): Alle Libellenarten bevorzugen Moortümpel (Kolke) mit offenem Wasser, frühere Frosthügel (Palsen) sowie nasse Schlenken. Vorkommende Arten sind Torf-Mosaikjungfer, Kleine Moosjungfer, Frühe Adonislibelle, Speer-Azurjungfer, Plattbauchlibelle und Vierflecklibelle. Wasserjungfern fliegen langsam flatternd, Libellen reißend und sehr wendig. Der Braunfleckige Perlmutterfalter und der große Heufalter kommen in Bruch- und Auwäldern und auf feuchten Wiesen vor.
Die Hochmoorschwebfliege lebt im Torfmoos des Hochmoors. Sie hat einen schwarz-gelb gestreiften Hinterleib. Sack- und Kreuzspinnen bevorzugen Heidegesträuch und Pfeifengras.
Kriechtiere (Reptilien): Die Waldeidechse bewohnt moorige Heideflächen und feuchte Hochmoore. Bei Gefahr stößt sie ihren Schwanz ab, um ihren Feind abzulenken. Dies tut auch die Blindschleiche, eine Eidechsenart ohne Beine. Die graubraune Ringelnatter, die bis zu anderthalb Meter lang wird, ist völlig ungefährlich.
Lurche (Amphibien): Der Grasfrosch, rötlich braun und dunkelbraun gefleckt, ist recht häufig anzutreffen, während der ähnlich aussehende verwandte Moorfrosch immer seltener wird.
Vögel : Das Birkhuhn, ursprünglich ein Hühnervogel aus der Taiga, ist im Hohen Venn, dessen Wappentier es ist, besonders durch den Menschen gefährdet,

aber auch durch Vergrasung der Heideflächen, Austrocknen der Moore und letztlich wegen seiner besonderen Lebensweise – der Abhängigkeit von seinem nur begrenzt vorhandenen Lebensraum und seinen Lebensgewohnheiten. Derzeit leben auf der Vennhochfläche noch etwa 60 Exemplare. Seit 1987 sind seine Balz- und Brutgebiete im Hohen Venn vom 15. April bis 30. Juni gesperrt. Diese Zeitspanne sichert eine ungestörte Balz, die Brutzeit von etwa 25 Tagen und drei weitere Wochen bis zur Flugfähigkeit der Küken. Birkhühner ernähren sich von den Blütenähren des Scheidigen Wollgrases sowie von Moos- und Krähenbeeren; Ameisenpuppen, Insekten und Schnecken werden auch nicht verschmäht. Im Winter gräbt sich das Birkhuhn in den lockeren Schnee ein und verharrt regungslos in seinem Schneeloch, spart dabei Wärme- und Bewegungsenergie. Nur zum Fressen verläßt es seinen Unterschlupf und ernährt sich von Blättern und Schößlingen der Heidel-, Preisel- und Rauschbeere. So überdauert es mit seinen Reserven problemlos den Winter, wenn es nicht von sorglosen Wanderern und Querfeldeinskiläufern aufgescheucht wird.

Die Moorschnepfe (Bekassine), ein brauner Sumpfvogel, brütet in den niedermoorigen Sumpfgebieten entlang der Rur. Hier ist auch das Braunkehlchen heimisch. In sumpfigen Birken- und Erlenwäldern nisten Fitis, eine Zeisigart, Zilpzalp und Weidenmeise, seit etwa 20 Jahren auch der Birkenzeisig. In Eichen-, Birken und Buchenwäldern findet man Kleiber und Baumläufer, der Waldlaubsänger zieht Buchen- oder alte Nadelwälder vor. Spechte sind häufig vertreten, insbesondere Bunt- und Kleinspecht. Der Schwarzspecht, der hier erst seit 1882 mit der Fichtenaufforstung heimisch geworden ist, macht sich mit dem Vertilgen von Borkenkäferlarven nützlich.

Seitdem Greifvögel geschützt sind, tauchen auch Habicht und Mäusebussard wieder vermehrt auf. Der Kranich nutzt die moorigen Heiden während seiner Züge Anfang November und ab Mitte März gerne als Rastplatz. Die großen Stelzvögel mit einer Spannweite von 2,20 m und einer Körperhöhe von 1,20 m beginnen ihren Herbstzug in ihren Brutgebieten Osteuropas und Skandinaviens. Über eine rund 150 km breite Schneise geht der Kranichzug in Keilform über unser Gebiet nach Spanien und Afrika. Aachen liegt am nördlichen Rand dieser Flugbahn. Im Volksmund bedeutet ein früher Kranichzug – schon Mitte Oktober z. B. – einen frühen Winter. Um die Märzmitte werden die Kraniche als Frühlingsboten begrüßt. In unregelmäßigen Abständen nistet die Sumpfohreule im Hohen Venn. Ihr Nest legt sie in einer Mulde im hohen Pfeifengras an. Eindringlinge verjagt sie mit wilden Schreien.

Säugetiere : Für Mauswiesel, Hermelin, Dachs und Rotfuchs sind die Wälder des Naturschutzgebietes eine willkommene Zuflucht, ebenso für die Wildkatze. In den Nadel- und Mischwäldern ist der Baummarder durch den starken Freizeitbetrieb selten geworden. Im dichten Unterwuchs der Eichen-Birkenwälder lebt die orangefarbene Haselmaus. Rothirsch und Reh haben in den Heiden des Hohen Venns die Aufgabe der früheren Weidetiere Schaf und Ziege übernommen, doch verschmähen sie das harte Pfeifengras. Die kapitalsten Hirsche sind meist Überwechsler aus der nahen Eifel, da der Vennhirsch nicht sehr stark wird. Im Unterwuchs gemischter Laub- und Nadelwälder verbirgt sich tagsüber das Wildschwein. Es wühlt mit seinem kegelförmigen Rüssel auf der Suche nach Wurzeln von Kräutern und Gräsern den Boden um und hinterläßt auf den breiten Grünschneisen sichtbare Spuren seiner Wühlarbeit. Bei Gefahr kann ein Wildschwein in einer Nacht bis zu 80 km zurücklegen.

Torfstechen
In der zweiten Hälfte des 16. Jh. lernte ein Bewohner von Longfaye bei gelegentlichen Besuchen im Moorgebiet des Kempenlandes bei Antwerpen das Torfstechen zur Gewinnung von Hausbrand kennen. Seitdem war der Torf (Truff, trouf, tourbe) bis in die 60er Jahre des 20. Jh. für die Vennbewohner ein gutes und billiges Heizmittel mit einer höheren Heizkraft als Braunkohlebriketts. Urtruff, eine Art Anthrazittruff, kam den besten Kohlen gleich. Gegen Entrichtung einer geringen Gebühr erhielt jeder Haushalt von der Gemeindeverwaltung ein Torflos. Die Länge der Torfstiche entsprach der Zahl der Familienmitglieder, gemessen als Menschenkette mit seitlich ausgestreckten Armen. Die Torfgewinnung war eine schwere, mühevolle Arbeit. Sie erforderte kräftige, junge Leute. Die jungen Torfstecher (troufleûr, tourbier) trugen den schmalen Torfspaten (chupe de troufe), die Karrenfahrerinnen schoben die Schubkarre zum Torfstich. Das Torflos wurde zunächst mit grünen Reisern abgesteckt. Die Arbeit vollzog sich in Abschnitten. Sie begann im Mai.
Abschälen: Die oberste Schicht aus Grassoden und Pflanzenwurzeln wird zunächst in langen rechteckigen Placken säuberlich abgeschält und zu einem kleinen Damm nach hinten abgeworfen. Mit den Placken wird die Torfgrube nachher wieder belegt, so daß eine ebene Fläche zu neuem Wachstum zurückbleibt.
Stechen : Zwischen Torfmauer und Damm steht der Torfstecher in seinem Graben. Zunächst wird die Torfmauer der ganzen Länge nach von oben nach unten 30 cm tief eingeschnitten. Dann wird durch waagerechte Stiche eine Serie von vier Briketts wie Ziegelsteine von der Wand gelöst. Diese wirft er hinter sich auf den Damm.
Trocknen: Die Karrenfahrerin fährt sie mit der Karre ab und stellt sie weiter rückwärts in Einzelreihen zum Trocknen auf. Die angetrockneten Stücke werden „gerückdert" zu kleinen Häufchen von vier oder fünf. Endgültig werden

kegelförmige Haufen von rund 50 Briketts geschichtet.

Einfahren: Bei viel Sonne und Wind verging nur ein Monat, bei häufigem Nebel und Regen dauerte der Trockenvorgang den ganzen Sommer. Meist wurde das trockene, steinharte Brennmaterial im August eingefahren, überwiegend mit zweispännigen Ochsenkarren. Zum Wintervorrat gehörten 20 und mehr Karren. Zu Hause wurden die Torfstücke säuberlich in Truffställchen aufgeschichtet. Eine Familie verbrauchte 15.000 bis 20.000 Torfbriketts im Jahr. Insgesamt wurden 200 ha Moorfläche in den Öfen der Vennhäuser verbrannt.

Auch nach Errichtung der Naturschutzgebiete (1957) blieben die Abbaurechte für die Bewohner der umliegenden Dörfer bestehen. Noch bis 1967 wurde im Wallonischen Venn Torf für den Hausbrand gestochen. Die industrielle Ausbeutung eines 265 Morgen großen Moorgeländes des Ortes Sourbrodt von 1889 bis 1902 durch einen Oberst a. D. von Giese scheiterte. Die am Bahnhof Sourbrodt errichtete Torfstreu- und Torfmullfabrik mit Dampfbetrieb sowie eine Preßtorffabrik und Ziegelei kamen gegen den besseren Torf der friesischen Moore nicht an. Die Folgen des Torfstechens sind unumkehrbar, die Torfschicht baut sich nicht wieder auf.

Auf den abgegrabenen Torfböden entstanden moorige Heiden mit Glockenheide, Rasensimse, Wollgras und weitflächigem Pfeifengras. Nur an den besonders nassen Stellen bildeten sich Niedermoore, erkennbar an Seggen und Binsen, Sumpfveilchen und Sumpffieberklee. Bei Mützenich wurde noch kürzlich in kleinen Mengen Torf für unentbehrliche Heilzwecke des Aachener Landesbades gewonnen. Zwei Torfstiche werden noch betrieben, der eine im Nutzungsrecht einer Sourbrodter Familie, der andere zu Schauzwecken (im Poleurvenn). Das Wort Torf stammt aus dem indogermanischen *dhorbhos* und bedeutete ursprünglich *Grasbüschel*.

Toussaint, François (1882-1964)

Pfarrer Toussaint aus Waimes war ein bekannter Vennforscher. In den 30er Jahren untersuchte er die Linienführung der Via Mansuerisca. Er stützte sich auf das Diplom des Merowingerkönigs Childerich II. sowie die römische Gepflogenheit der geradlinigen Straßenverbindungen und kam so zu völlig anderen Ergebnissen als Abbé Bastin.

Ein Gedenkstein an der Fischbachkapelle erinnert an sein verdienstvolles Wirken.

Tranchot-Pyramide

Nach dem Frieden von Luneville (1801) auf Botrange errichteter Vermessungspunkt 1. Ordnung. Benannt nach dem franz. Oberst Jean Joseph Tranchot (1752-1815), dem fähigsten und berühmtesten Kartographen seiner Zeit. Oberst Tranchot war u. a. Leiter der kartographischen Heeresabteilungen der vier linksrheinischen frz. Departements. Er nahm 1803-1807 auf Anordnung Napoleons die erste genaue Vermessung des linken Rheingebietes vor und schuf Landkarten für dieses Gebiet. Er bestimmte dafür drei Ausgangspunkte:

- Südostspitze des Lousbergs in Aachen, 236,8 m, 1804 bestimmt, Obelisk errichtet am 22. Juli 1807;
- trigonometrischer Punkt „Kerschtgesgrath" auf dem Schwarzen Mann in der Schnee-Eifel, 697 m;
- Botrange als stumpfer Scheitelpunkt dieses länglichen Vermessungsdreiecks, 694 m.

Die Errichtung der 80 cm hohen Tranchotpyramide aus Kalkstein wird für 1810 angenommen. Das gleichseitige Dreieck mit der Zahl 1 bezeichnet den trigonometrischen Punkt, die drei Kreise darunter kennzeichnen einen TP erster Ordnung. Inschrift: „Botranche A Tranchot". Das A ist bisher nicht erklärt.

Nach den Befreiungskriegen setzte der preußische Generaloberst Freiherr von Müffling die von Tranchot begonnenen Vermessungsarbeiten fort. 300 Kartenaufnahmen des Rheinlands durch Tranchot und von Müffling, entstanden zwischen 1803 und 1820, sind im Besitz der Stiftung preußischer Kulturbesitz. Nachdrucke durch die Landesvermessungsämter sind käuflich zu erwerben. Die Pyramide ist heute belgischer trigonometrischer Punkt 2. Ordnung. Sie befindet sich in unmittelbarer Nähe des Turms von Botrange (Signal de Botrange).

Trierer Weg

Die tief eingeschnittene Gracht (Hohlweg) im Waldgebiet Hasenell nördlich der Staumauer der Wesertalsperre ist der noch heute erkennbare Verlauf eines alten Weges von Eupen nach Trier. Er war ein Teilstück des Pilgerpfades von Erkelenz nach Trier aus dem 13. Jh.

Trôs Brôli

Im Naturschutzgebiet Großes Moor westlich von Baraque Michel gelegenes Vennstück, das lange durch die Bewohner von Jalhay ausgetorft wurde. Viele Wasserabzugsgräben sind noch sichtbar. Der Name *Brôli* bedeutet auf wallonisch S*umpfloch, Morast, Schlammpfütze*.

Trôs Marets (Vennbach)

Der Vennbach entspringt dem Sétayvenn, fließt am Fraineuvenn entlang und mündet bei Bévercé in die Warche. Er hat eine Gesamtlänge von etwas mehr als 6 Kilometern. Auf dieser kurzen Strecke hat er in seinem Unterlauf tiefste Täler mit stellenweise lotrechten Wänden in den felsigen Untergrund geschnitten und die Vennhochfläche in eine wildromantische Gebirgslandschaft verwandelt. Im Herbst und nach der Schneeschmelze schwillt er zum schäumenden Sturzbach an. In seinem Bachbett, das im Sommer nahezu austrocknet, sind rostrote Quellen (Pouhon des Cuves) erkennbar. Der wallonische Name bedeutet *Trô = Senke, Tal, Marets = Sumpf, Morast (frz. marais)*.

Trou Malbrouck

Das Waldgebiet östlich der Gileppetalsperre ist benannt nach dem englischen Herzog General John Churchill von Marlborough (1650-1722), Oberbefehlshaber im Spanischen Erbfolgekrieg. Er belagerte 1703 die Festung Limburg und hatte einen Teil seiner Truppen hier an der Gileppe stationiert. Aus diesem Ereignis entstand die volkstümliche Bezeichnung.

Truppenübungsplatz Elsenborn (Camp d'Elsenborn)

1893 wurde ein geeignetes Gelände für einen Truppenübungsplatz für das VII. Rheinische Armeekorps gesucht.
1895 entschloß man sich für das Heide- und Ödland nördlich von Elsenborn, etwa 7 km lang und 6,3 km breit. Die Bauern wurden enteignet. Im August 1895 übten hier bereits 4000 Infanteristen, in Zelten untergebracht. Bereits 1896-97 erhielten die Mannschaften Wellblechbaracken und die Offiziere Steinbaracken. Mit Verwaltungsgebäuden, Kommandatur, Lazarett und Kanalisation wurde das Lager endgültig eingerichtet. Die Sprüche der Landser sind heute noch bekannt:

„O Elsenborn, o Elsenborn, dich schuf der Herr in seinem Zorn" oder „O Elsenborn, hoch in der Eifel, dich schuf kein Gott, dich schuf der Teufel".
Sourbrodt wurde Verladebahnhof. Da die Straße vom Bahnhof zum Lager der hohen Belastung nicht standhielt, wurde 1899 bis 1901 parallel zur Straße eine etwa 3 km lange Militärbahn angelegt mit einer Spurbreite von 0,60 m. Diese Kleinbahn nannte man den „Feurigen Elias" oder „das Bähnchen". Es wurde erst 1939 abgebaut. Nach anfänglichen Zweifeln und auch Widerständen in der Bevölkerung hat der Truppenübungsplatz den umliegenden Dörfern in diesem Notstandsgebiet einen wirtschaftlichen Aufschwung gebracht. Nach dem Ersten Weltkrieg übernahm die belgische Armee das Gelände. Heute ist es ein NATO-Truppenübungsplatz.

Truschbaum
Uralte, gespaltene Buche in einem Fichtenrund an der Sourbrodter Straße von Sourbrodt nach Elsenborn am Rande des Truppenübungsplatzes, umgeben von Grenzsteinen J(ülich) und L(uxemburg) mit der Jahreszahl 1791. Vermutlich ein alter Richt- und Treffpunkt wallonischer und deutscher Handelsleute. Versuche, den Namen zu deuten, gehen von „Rausse" und „Rusch" (steiniges Gelände) bis zu Trusch für Strauß, Bündel, mithin eine Anzahl Bäume, letztlich ein Gebüsch.

Vekée, Alte
Frühmittelalterliche Straße von Stoumont über Malchamps und Hockai nach Longfaye. Da sie bis Hockai die südliche Grenze des Fürstbistums Lüttich bildete, wurde sie Bistumsstraße genannt (lat. *episcopata*, frz. *évêquée, vequée, vekée*). Eine heute noch bestehende Abzweigung dieser alten Vekée führt von Hockai über die Hoegnebrücke (Pont du Centenaire) bis zum preußisch-belgischen Grenzstein 149, von wo sie leicht links abbiegend zum Venn hinaufzog. Die heute als Verbindungsweg zur Baraque Michel gern begangene Waldschneise entlang der früheren preußisch-belgischen Grenze (Grenzsteine 149-154) vorbei am Kreuz der Verlobten wird zur Unterscheidung Neue Vekée genannt.

Vekée, Neue
Neuer Weg in Fortsetzung der Alten Vekée als Waldschneise entlang der früheren preußisch/deutsch-belgischen Grenze vom Grenzstein 149 bis 154. In diesem Jahrhundert als bequemer Verbindungsweg von Hockai zur Baraque Michel gerne benutzt und bekannt geworden, da Hockai als Bahnstation an der Strecke Spa-Stavelot Touristen und Wanderern den kürzestmöglichen Zugang zur Vennhochfläche bot.

Vom Grenzstein 149 über den Pont du Centenaire nach Hockai besteht noch ein Teilstück der Alten Vekée.

Venn

Das Wort bedeutet je nach Verwendung Sumpf, Moor, Torfland, Marsch. Im lateinisch abgefaßten sog. Diplom des Frankenkönigs Childerich II. von 670 n. Chr. zur Festlegung der Grenzen des Doppelklosterbezirks Stablo-Malmedy ist es als „*fania*" erwähnt. Vom gotischen *fani* leiten sich das niederdeutsche *Fehn* oder *Fenn*, das niederländisch-flämische *Veen* und das hochdeutsche *Venn* ab. Französisch *fagne*, wallonisch *fange* und italienisch *fango*.

Vennbahn

Eine Eisenbahnverbindung Aachen-Luxemburg wurde schon seit 1855 von der Aachener Industrie, den Städten Stolberg und Eupen sowie den Kreisen Monschau und Malmedy angestrebt. Auch die luxemburgische Eisenbahngesellschaft plante, ihre Nordverbindung zu verlängern. König Wilhelm I. von Preußen genehmigte den Streckenbau am 15. 5. 1882 von Aachen nach St. Vith, am 4. 4. 1884 bis zur luxemburgischen Grenze gemäß dem deutsch-luxemburgischen Staatsvertrag vom 24. 7. 1883. Für den Bahnbau sprachen gewichtige Gründe: Elsaß-Lothringen war nach dem dt.-frz. Krieg 1871 Deutschland angegliedert worden, Luxemburg durch Zollunion mit Deutschland verbunden, die belgischen Erze durch die belgische Roheisensteuer von 1853 verteuert. Zudem war der Transport der luxemburgisch-lothringischen Minette-Erze zu den Eisenhütten im Aachener Raum über die Strecke Luxemburg-Spa-Herbesthal-Aachen zu aufwendig. Ausschlaggebend war auch die wirtschaftliche Förderung der abgelegenen Kreise Monschau und Malmedy. Nach Baubeginn 1883 wurde die Strecke abschnittsweise eröffnet:

1885 Aachen/Rothe Erde – Monschau – Weismes;
1887 Weismes – St. Vith;
1888 St. Vith – Lommersweiler;
1889 Lommersweiler – Ulflingen (Troisvierges)

Von den insgesamt 115 km liegen 6 km auf luxemburgischem Gebiet. Folgende Bahnhöfe und Haltepunkte liegen an der Bahnstrecke: Aachen/Rothe Erde, Brand, Kornelimünster, Walheim, Raeren, Roetgen, Lammersdorf, Konzen, Monschau, Kalterherberg, Sourbrodt, Bütgenbach, Weismes, Montenau, St. Vith, Lommersweiler, Reuland, Oudler, Lengeler (Reichsgrenze), Wilwerdingen, Ulflingen mit Anschluß nach Luxemburg. Auch die Malmedyer Gerbereien und die Eupener Textilindustrie wurden durch Seitenverbindungen gefördert:

1885 Weismes – Malmedy und 1887 Raeren – Eupen. Bereits aus militärischstrategischen Gründen wurde der bis dahin eingleisige Betrieb zwischen 1893 und 1909 von Walheim bis Lommersweiler zweigleisig ausgebaut. Die Abschnitte Rothe Erde – Walheim und Lommersweiler – Ulflingen blieben eingleisig. Strategische Gründe hatte auch die Anbindung der Vennbahn an die Hauptstrecke Köln – Trier: Weywertz – Losheim – Jünkerath (1908-1912) und St. Vith – Gerolstein (1883-1888). Militärische Aufmarsch- und Nachschubstrecken sind die westlichen Seitenverbindungen:
Januar 1914 von Malmedy nach Stavelot;
Januar 1917 von Born über Recht nach Vielsalm für den Nachschub in Richtung Lüttich und Flandern;
April 1917 von St.Vith nach Gouvy für den Nachschub nach Nordfrankreich (Sedan, Verdun). Die Kriegsbahn war noch bis 1963 in Betrieb.

Durch den belgischen Grenzvertrag vom 6. 11. 1922 kam auch der Bahnkörper des auf deutschem Gebiet verbliebenen „Raerener Bogens" zwischen Raeren und Kalterherberg unter belgische Hoheit – zur Vermeidung einer nochmaligen militärischen Nutzung. Die neue Grenzziehung unterband die Kohle- und Erztransporte; der Güterverkehr verfiel in den 30er Jahren. Neue strategisch-militärische Bedeutung erhielt die Vennbahn im Zweiten Weltkrieg. Ihr größter Knotenpunkt, St. Vith, wurde bei der Ardennenoffensive 1944 von alliierten Bombern vollständig zerstört. In den 50er Jahren wurde der Personenverkehr, in den 60er Jahren der Güterverkehr eingestellt. Durch die Stillegungen Waimes – St. Vith (1982) und Raeren – Sourbrodt (1989) war das Ende der Vennbahn besiegelt. Auf Anregung von Joseph Maraite, Minister für Tourismus der Deutschsprachigen Gemeinschaft, und des Trägervereins „Vennbahn VoE" fährt die Vennbahn seit Juni 1990 wieder auf der nördlichen Teilstrecke von Eupen bis Büllingen über Raeren, Roetgen, Lammersdorf, Konzen, Monschau, Kalterherberg, Sourbrodt, Weywertz und Bütgenbach. Im Einsatz sind vierachsige Diesel-Streckenloks der Nationalen Belgischen Eisenbahngesellschaft.

Die touristische Vennbahn
Die Wiedergeburt eines Teils der historischen Vennbahn von 1885 begann 1989 mit der Gründung des Vereins „Vennbahn VoE" durch Eisenbahner, die ihren Beruf zum Steckenpferd machten. Dieser Verein ohne Erwerbszweck mit Sitz in Raeren wurde unterstützt von der Deutschsprachigen Gemeinschaft und vom Europäischen Fonds für regionale Entwicklung (EFRE). Am 2. Juni 1990 war die feierliche Eröffnungsfahrt. 127 Millionen BEF kostete die Verwirklichung dieses Projekts, davon allein 80 Millionen das Anpachten des von der belgischen Eisenbahngesellschaft SNCB aufgegebenen Streckennetzes und die

Instandsetzung der Gleisanlagen. 12. 500 Schwellen und knapp 350 Schienen wurden ausgewechselt. Der Trägerverein kaufte von der SNCB zwei schwere Dieselloks, fünf Erste-Klasse-Wagen, einen Packwagen für Fahrräder, drei Güterwagen und einen Buffetwagen. Bereits 1990 wurden 12. 936 zahlende Fahrgäste gezählt. Geplant war ein Anschluß zwischen Raeren und dem deutschen Streckenabschnitt Walheim-Stolberg. Dies scheiterte lange an den hohen Kostenforderungen der Bundesbahn. Der Stolberger Förderverein Vennbahn e.V. betreibt seit 1994 den deutschen Abschnitt Hbf. Stolberg, Stolberg-Hammer, Aachen-Walheim bis Raeren mit einem historischen Schienenbus im Tarifverbund mit der belgischen Strecke. Im Hbf. Stolberg entstand ein Vennbahn-Museum. Seit dem 12. Dezember 1992 verfügt der Bahnhof Raeren über eine ölgefeuerte Dampflokomotive der Baureihe Franco-Belge von 1942 aus dem Bestand der Reichsbahn in Meiningen/Thüringen. Die Jungfernfahrt fand im Frühjahr 1993 statt.

Vennbahnviadukt Reichenstein
Die Vennbahn war zunächst eine eingleisige Sekundärbahn, das Ermesbachtal bei Reichenstein erhielt demzufolge 1884 eine eingleisige Talbrücke. Wegen Überlastung und erhöhter Unfallgefahr (schweres Eisenbahnunglück vom 14. September 1890 zwischen Monschau und Kalterherberg) beschloß die preußische Regierung 1893 den Ausbau zur zweigleisigen Vollbahn. Der zweigleisige Streckenausbau Monschau-Sourbrodt erfolgte 1907-1909 (wegen vieler Kurven und des Neubaus des Viadukts sehr langwierig und teuer: 1.610.000 Reichsmark). Der neue Reichensteiner Viadukt wurde einige Meter höher neben den

alten gesetzt. Über drei Jahrzehnte standen die beiden Viadukte nebeneinander, der alte wurde nicht mehr befahren. Am 12. September 1944 wurde die Talbrücke Reichenstein von der Wehrmacht gesprengt, die zwei zerstörten Bögen wurden bald darauf von amerikanischen Truppen notdürftig wiederhergerichtet. In den 60er Jahren hat die belgische Eisenbahnverwaltung den Reichensteiner Viadukt wieder instandsetzen lassen. Dabei wurden die Reste des ersten Viadukts abgebaut. Von diesem ist nur noch das ansetzende Mauerwerk an den Hangseiten zu sehen. Der Reichensteiner Viadukt zwischen Monschau und Kalterherberg mit 3 Pfeilern und 4 Bögen ist 64,5 m lang und rund 20 m hoch. Er ist ein typisches Beispiel der Verkehrsarchitektur seiner Zeit.

Vennbrände

Brände haben das Hohe Venn seit Menschengedenken heimgesucht, meist verursacht durch Sorglosigkeit und menschlichen Leichtsinn. Deshalb sind offene Feuer und Rauchen im Venn verboten. Die häufigeren Oberflächenbrände zerstören die Pflanzen- und Tierwelt nachhaltig. Besonders groß ist die Brandgefahr im trockenen vorjährigen Venngras im Frühjahr nach der Schneeschmelze. Erst wenn der junge Graswuchs sich Ende Mai durchgesetzt hat, läßt die Brandgefahr wieder nach. Der Branderkennung und -abwehr dienen hohe Feuerwachttürme, z. B. beim Brackvenn an der Landstraße Eupen-Mützenich, Brandwachen und zeitweilige Zutrittsverbote, angezeigt durch rote Fahnen an den Zugangswegen. Eine altüberlieferte Form der Brandbekämpfung ist allen Vennbewohnern geläufig: Ein Fichtenwedel, von oben nach unten geknickt und möglichst angefeuchtet, wird wie eine Feuerpatsche von außen nach innen gegen die Flammen geschlagen. Man arbeitet dabei gegen den Wind, stets zu mehreren im Gleichtakt. Auch Dürrezeiten und trockene Sommer begünstigen Vennbrände, so in den Jahren 1911, 1947 und 1971. Diese Feuer erfassen außer der Pflanzenoberfläche auch die Torfböden, die im allgemeinen zwischen 2 und 3 m, selten bis zu 7 m tief sind, manchmal bis zur Grundschicht. Diese Torfbrände sind nicht zu löschen; man versucht sie durch tiefe Gräben einzudämmen. Nach einem Brand dauert es Jahre, bis die Pflanzenwelt sich wieder erholt hat; statt aktiver Torfmoose wächst vielfach Pfeifengras nach.

Verheerende Vennbrände gab es in den Jahren 1684, 1876 und 1911. Im heißen, trockenen Sommer des Jahres 1911 mit Temperaturen bis 37 Grad brannten vom 6. bis 16. August Venn und Wald westlich von Baraque Michel in Richtung Jalhay, Sart und Hockai. Die Löscharbeiten wurden unterstützt von über 2000 Soldaten (Pioniere aus Lüttich und Infanteristen des 25. Inf.-Regiments von Lützow aus Aachen). Am 9. November 1911 brannte der Wald zwischen Malmedy, Mont Rigi und Sourbrodt. Im Sommer 1947 wurden 1782 ha Wald und Venn durch Brände im Brackvenn und im Kgl. Torfmoor, im Steinleyvenn, in den Venngebieten Kutenhart und Raerener Stuhl vernichtet. Am 27. 10. 1971 vernichteten weitflächige Brände im Hohen Moor 900 ha Venn und Wald; insbesondere Noir Flohay und Geitzbusch waren stark betroffen. Auch die tieferen Torflagen wurden bis zur Grundschicht erfaßt.

Vennbrand 1971
Der Brand begann am 27. 10. 1971 östlich von Noir Flohay und breitete sich schnell aus bis zum Geitzbusch, nach Deux Séries, Biolettes, Porfays, Les Potales, Mockelkreuz, Belle Croix, Priorkreuz, Fontaine Perigny und Les Wéz. Abends gegen 21 Uhr waren die Brandherde weitgehend eingedämmt. Insgesamt verbrannten 850 ha Venn und 50 ha Wald.

Vennhaus
Erste urkundliche Erwähnungen für die Besiedlung des Hohen Venns gibt es aus 1140 (Longfaye), 1188 (Xhoffraix) und 1334 (Kalterherberg). Das Vennhaus ist eine Weiterentwicklung der eingegrabenen Dachhütte der Vorzeit. Das rechteckige Einhaus mit tiefgezogenem Dach, auf der Wetterseite fast bis auf den Boden, hat seitlich fensterlose Bruchstein- oder Fachwerkwände, die lediglich das Dach stützen. In der Mitte des vorderen Fachwerkgiebels steht der vorspringende, aus Bruchstein gemauerte Kamin, nach oben verjüngt. Der in den Wind gestellte rückwärtige Giebel ist fensterlos und meist holzverschalt. Durch die Haustür betritt man zunächst den Wohnteil. Von der Küche geht links das Stübchen und rechts die zwei Stufen erhöhte Stube ab. Dahinter liegen der Stall und am Ende, mit seitlicher, zurückfallender Einfahrt, die Scheune. Sie teilt sich in Tenne und Bansen (Lagerraum für Stroh und Geräte). Von der Küche führt eine enge Stiege zu zwei winzigen Dachkammern. Das Dach ist strohgedeckt und moosbewachsen. Zur Windseite ist das Haus durch Buchenhecken geschützt, vielfach auf Erdwällen und das Dach überragend. Vennhäuser dieser Art gibt es noch im Norden (Kalterherberg, Höfen, Alzen) und im Süden (Xhoffraix, Mont) des Hohen Venns.

Vennhäuschen
Auf der rechten Seite der jetzt Vennstraße (früher Kornbahn) genannten Straße zwischen Vennkreuz und Petergensfeld stand bis 1881 ein Fachwerkhaus mit Stallungen, um 1865 von dem Raerener Ehepaar Johann Nikolaus Emonts (1836-1902) und Helene Laschet (1835-1882) auf Pachtgelände des Grafen Karl von Nellessen erbaut. Die Eheleute betrieben eine Landwirtschaft und ein Holzfuhrgeschäft, außerdem die Gaststätte „Vennhäuschen", eine Fuhrmanns-

kneipe, in der auch Förster, Wilderer, Jäger und Wanderer gerne einkehrten. Während des Besuchs der Christmette in Raeren im Jahr 1881 brannte das Anwesen ab. Es wurde nicht wieder aufgebaut. An diese Stelle erinnern nur noch alte Weißdornsträucher neben einem Tümpel. Auf dem überwachsenen Schutthaufen mag man noch einzelne Ziegelsteine und zerbrochene Dachpfannen finden.

Vennheu
In den Venndörfern wurde überwiegend Vieh gehalten. Wenn die verfügbaren Wiesen nicht ausreichten, wurde der Grasaufwuchs in den Venngebieten in Graslosen versteigert. Die einzelnen Losbezirke wurden mit Ästen abgesteckt, an deren Spitze ein Graswisch angebunden war. Gemäht wurde mit der Sense. Das gemähte Gras trocknete in der Sonne, mußte gespreitet und gewendet werden. Das Heu schichtete man zu bienenkorbähnlichen runden Haufen, die man zunächst mit dem Rechen abkämmte und als Regenschutz mit Fichtenästen abdeckte. Mit Pferd und Wagen wurde das Heu in den Heusöller eingefahren. Aus Mangel an Weidegelände im Dorf wurden die Kühe auch in den Wald getrieben. Man nannte sie „Waldkühe", die von Kuhhirten in die zugewiesenen Weidegänge geführt wurden. Jede Kuh trug am Hals eine scharftönende Glocke. So konnte der Hirt die Tiere im Gebüsch leichter wiederfinden.

Vennhof
Großer Gutshof nordwestlich von Reichenstein oberhalb des Gasthofs Leyloch. Zwischen dem alten Gutshof und dem östlich gelegenen Neubau von 1935 verlief die frühere Kupferstraße als Fortsetzung der sich kurz vorher vereinigenden Aachener und Stolberger Linie. Die Spuren sind im Wiesengelände noch deutlich zu sehen. Der Vennhof wird bereits um 1600 als „Venhaus" erwähnt.

Vennmarkt
Alljährliche weihnachtliche Handwerker- und Künstlerausstellung (vom 12. Dez. bis 3. Jan.) im Naturparkzentrum Botrange mit altem Handwerk, Kunsthandwerk und regionalen Spezialitäten.

Venn- und Seenroute (Route Fagnes et Lacs)
143 km lange, markierte Straßenroute von Malmedy über Baraque Michel, Hertogenwald, Eupen, Mützenich, Kalterherberg nach Malmedy.

Vennwacken
Graublaue bis schwarze Felsbrocken, häufig von weißen Adern durchzogen,

sichtbar im Pfeifengras oder an den Ufern der Moorbäche. Vor etwa 500 Mio Jahren, im Kambrium, sanken Sand und Ton der vorkambrischen Gebirge durch deren Verwerfung auf den Boden des Ozeans. Im Devon, vor 400 Mio Jahren, entstand durch die kaledonische Faltung das Ardennengebirge.
Die alten Ablagerungen gelangten in den Felsboden, und in einer Umwandlung entstanden über mehrere Mio Jahre harte Quarzit-, Quarzphyllit- und Phyllitschichten der Ardennen. Deren Bruchstücke findet man heute im Venn. Die Quarzitblöcke sind entstanden durch chemische Veränderungen des kambrischen Gesteins im Tertiär vor 65 bis 2 Mio Jahren. Abtragung (Erosion) hat sie vom feinen Gesteinsschutt getrennt, Schlammströme haben sie je nach Bodenbeschaffenheit unterschiedlich schnell transportiert.
In den Eiszeiten der 2 Mio Jahre des Quartärs hat vermutlich die Blockhebung aus dem Boden stattgefunden, bedingt durch den Wechselrhythmus von Gefrieren und Auftauen. Ähnliche Erscheinungen sind aus Sibirien und Nordkanada bekannt.

Verbrannte Brücke
Bezeichnung für die Stelle bei der Getzfurt, an der früher im Verlauf des Verbindungsweges von Mützenich über den Kaufmannsgraben zu den Reinartzhöfen eine Brücke über die Getz führte.

Vergade
Alte Flurbezeichnung südlich der Rurbrücke Bosfagne bei Sourbrodt. Hier verlief über eine Rurfurt der alte Weg Kalterherberg – Sourbrodt. Der Name ist verballhornt aus dem altfrz. *wad (lat. vadum)* = *Furt* und dem kelt. *ver* = *obere*, letztlich die obere Furt über die Rur.

Vermessungs- und Aussichtsturm bei Baraque Michel (Signal géodésique)
Standort bis zum Abriß Ende der 80er Jahre schräg gegenüber der Baraque Michel, von der Landstraße erreichbar über einen gepflasterten Zugangsweg. Noch Anfang der 70er Jahre nur gegen Eintrittsgeld zugänglich; ein kleines Kassenhäuschen stand an der Landstraße. Der erste Turm an dieser Stelle wurde 1893 von der deutschen Verwaltung einvernehmlich mit der belgischen Regierung errichtet. Er diente Vermessungszwecken und war aus Holz. Schon 1909 ersetzte Belgien den verwitterten deutschen Turm durch eine neue Holzkonstruktion, die sich nach oben kegelförmig verjüngte und mit einem spitzen Blechdach abschloß. In ebendieser Form entstand 1933 eine stabile Eisenkonstruktion, die, wie auch der Botrangeturm, ein weithin sichtbarer Richtpunkt für Wanderer wurde und in gewisser Weise ein Wahrzeichen der Vennhochfläche. Bereits

viele Jahre vor seinem Abriß waren die Plattformen des Aussichtsturmes wegen Baufälligkeit nicht mehr zugänglich. Die erste Markierung für eine Landvermessung (Triangulation) wurde hier 1866 aufgestellt. Der jetzige Vierkant mit pyramidenförmiger Spitze wurde 1888 vom geografischen Institut des belgischen Militärs errichtet.

Via Mansuerisca (lat. mansuarius = Siedler; „Straße der Siedler")
Einstige römische Siedlerstraße von Heisterberg (Hestreux) bis Sourbrodt als wichtige Querverbindung zwischen verschiedenen römischen Reichsstraßen von Tongeren zum Neuwieder Becken. Nach der Radiokarbon-Methode C 14 ist sie im Mittelwert um 208 n. Chr. entstanden mit einer Spanne von ± 119 Jahren. Aufgrund neuerer pollenanalytischer Untersuchungen wäre es möglich, daß die Via Mansuerisca um 745 von den Franken angelegt wurde. Einige hundert Jahre nach ihrem Bau war sie bereits vom Moor überwuchert, seit dem 11. Jh. vermutlich bereits nicht mehr passierbar. Sie ist etwa 6 m breit, mit quergeschichteten Birkenknüppeln und einer Auflage von großen Quarzitblöcken belegt. Diese sind mit Schotter aufgefüllt und geebnet. Holz und Steine stammen aus der umliegenden Landschaft (z. B. Brochepierre = Steinbruch). Erstmals erwähnt findet man den Namen „Via Mansuerisca" in einer Urkunde des Frankenkönigs Childerich II. von 670 über die Neufestlegung der Grenzen des Klosterbezirks Stablo-Malmedy. 1728 entdeckte sie Ignaz Roderique in einer Charta (Urkunde) dieser Abtei wieder als Nordostgrenze des Abteigebiets und vermerkt sie in einer Karte (sog. Roderiquekarte) als Beilage zu seinem Buch „Disceptationes de abbatus stabulensis et malmundariensis". Er weckt damit das Interesse der Geschichtsforscher und Wissenschaftler an dieser frühen Vennstraße.

Forstmeister Peter Felden, von 1743 bis zu seinem Tode 1779 in limburgischen Diensten, entdeckte die Via Mansuerisca 1768 in der Nähe von Petershaus (Mon Piette) erstmals wieder bei der Planung einer Straße von Eupen nach Sourbrodt. Er nannte sie „altes Pflaster" (ancien pavé). Sein Nachfolger, Ignaz Augustin de la Saulx, seit 1779 herzoglich limburgischer Forstmeister, setzte die Planungen fort und nannte die Straße „levée romaine". Er versuchte 1781 den österreichischen Kaiser Joseph II. anläßlich seines Besuchs in Limburg für den Straßenbau Eupen-Sourbrodt unter Verwendung der alten Römertrasse zu gewinnen. Die Brabanter Revolution 1789 und der Einmarsch der französischen Revolutionsheere in Eupen am 17. Dezember 1792 vereitelten die Pläne.

1804 nahm de Perigny, Unterpräfekt des Arrondissements Malmedy, den Gedanken auf, die alte Römerstraße als Grundlage für einen neuen Straßenbau zu verwenden. Seine Bemühungen waren vergeblich. Nach ihm wurde eine der beiden Hillquellen benannt. 1932 fand Abbé Bastin die Linienführung der Via Mansuerisca zwischen Drossart und Les Wéz auf einer Länge von 7 km. Er legte drei Ausgrabungsstellen an: an der Hill bei Les Wéz, im Gebiet von Brochepierre (Steinmann) und im Waldgebiet Les Biolettes (Pavé Charlemagne). 1977 wurde anläßlich des Nationalen Archäologenkongresses in Kelmis in der Nähe des Mockelkreuzes ein weiteres Teilstück von M. H. Corbiau freigelegt.

Viebig, Clara (1860 Trier – 1952 Berlin-Zehlendorf)
Die deutsche Schriftstellerin verband in ihren Prosawerken gehobene Unterhaltung mit Sozialkritik, Milieustudien und der Beziehung von Mensch und Landschaft. So auch in dem heute noch bekannten Roman „Das Kreuz im Venn" (1908), in dem sie die sozialen Mißstände in den Venngemeinden aufdeckt. Das „Kreuz im Venn" auf der Richelsley bei Kalterherberg ist für sie das Kreuz der Armut, das die Menschen dieses Landstrichs lebenslang zu tragen hatten.

Viehtrift (Triftschneise)
Alter Weg von der Hohen Mark über die Schwalm und durch das Venngebiet Dickelt nach Weißfeld. Heute als Forststraße befestigt.

Vier Buchen (Les quatre Hêtres)
Malerische Gruppe alter Buchen im Wallonischen Venn unmittelbar beim Großen Oneux (Gros-Oneux, Groneux). Ehemals ein trockener und schattiger Rastplatz für die Hirten von Sourbrodt mit ihren Schaf- und Rinderherden. Bei Tagesanbruch wurde das Vieh auf die als Gemeindeweiden genutzten Venngrasflächen getrieben, mittags wurde hier gerastet, und abends kehrte der Hirte mit der Herde ins Dorf zurück.
Im wallonischen Sprachgebrauch hießen diese Rastwäldchen „prandj'lâhe", eine heute noch gebräuchliche Bezeichnung für eine Raststelle im Großen Moor unweit der Panhaussäule. Die abweichende Schreibweise „prandjelohes" läßt die germanische Endsilbe -lo für Wald erkennen. Die Vorsilbe bedeutet lat. *prandium = Mittagsmahlzeit.*

Vivier Marquet (Marquetweiher)
Kleiner Pingo im Waldstück zwischen Polleurtal (Beaulou oder Bôleu) und der Landstraße Mont Rigi-Mont. Der Oberförster Joseph Marquet († 1958) unterstützte zwischen 1935 und 1939 den Prof. Raymond Bouillenne von der wissenschaftlichen Station Mont Rigi bei der Erforschung dieses Pingos. Man fand Holzbohlen einer Fachwerkkonstruktion und behauene Feuersteine.
Joseph Marquet gilt als der letzte ortsansässige intime Kenner der Vennhoch-

fläche. Der Pingo wurde nach ihm benannt. Marquet war von 1934 bis 1952 zusammen mit Franz Fagnoul (Gastwirt) und dem Erbauer Dethier Mitbesitzer des Botrangeturms. Er übernahm 1941 nach dem Tode Franz Fagnouls die Gaststätte.

Vivier Tchôdire (Tchodireweiher)
Etwa 300 m nordwestlich des Grenzsteins 149 abseits der Neuen Vekée, am alten Weg Sart-Xhoffraix gelegener eiszeitlicher Ringwallweiher. Er ist besonders einprägsam und über 10.000 Jahre alt, inzwischen jedoch völlig verlandet. *Tschôdire* oder *chôdire* = *Quellkessel* (wallonisch).

Vorst
Der nördlich der Wesertalsperre gelegene Staatswald gehörte bis 1794 zum Herzogtum Limburg und lag teils in der Bank Walhorn und teils in der Bank Baelen.

Waidmannsruhe
Waldarbeiterhütte mit Rastplatz an der Forststraße Bellesforter Brücke – Reinartzhof unmittelbar bei der Eschbachbrücke.

Waimes (Weismes)
888 erstmals erwähntes Venndorf im Tal der Warchenne. Der Ort ist Mittelpunkt mehrerer kleiner Dörfer. Sehenswert ist die Kirche St. Saturnin aus dem Jahr 1554. Seit dem 1. Dezember 1885 ist Waimes Bahnstation an der Teilstrecke Monschau – Waimes – Malmedy der Vennbahn.
Am 28. November 1887 wurde die verlängerte Vennbahnstrecke Waimes – St.Vith in Betrieb genommen. Sie wurde ab Mai 1987 abgebaut. Der Streckenabschnitt Waimes-Malmedy besteht noch. Waimes ist ein sogenannter Inselbahnhof, das Bahnhofsgebäude steht zwischen den weiterführenden Gleisen.

Walbrück
Nordwestlich des Rurhofs gelegen, am Einlauf des Scheidbachs in die junge Rur. Hier verlief der alte Weg von Weismes nach Mützenich, auch Kalleschweg (Kaltenborner Weg), Waldweg oder Steweg (Steinweg) genannt. Der Name wird sprachlich als Waldbrücke gedeutet.

Walhorn
Der karolingische Königshof Harne (Harna, Walhorn) war im Besitz der jeweiligen Kaiser. Er lag im Hornbachtal, einer wasserreichen, stark versumpften

Gegend, die aus keltischer Zeit den namen *harna (= Sumpf, Moor)* trug. Kaiser Heinrich IV. übergab mit der Schenkungsurkunde vom 27. April 1072 den Königshof Harne mit allen zugehörigen Ländereien dem Aachener Marienstift. Diese umfaßten den größten Teil des heutigen Kantons Eupen. Die spätere Hochbank Walhorn, einer der Verwaltungs- und Gerichtsbezirke der Stammlande der Grafschaft und des Herzogtums Limburg, umfaßte folgende Orte: Walhorn, Astenet, Eynatten, Hauset, Hergenrath, Kettenis, Merols, (Raeren-) Neudorf, Rabotrath und Raeren. Der jetzige Ortsname Walhorn tauchte erst im 13. Jh. auf.

Walk
Venndorf südwestlich der Staumauer des Robertviller Warchestausees. Die Kapelle wurde in preußischer Zeit von Toussaint erbaut, 1944 durch eine deutsche V-Rakete bis auf den Sockel zerstört und später wiederaufgebaut.
Bei Walk: eine keltisch-germanische Fliehburg (Tchession Walk) auf einem Bergvorsprung unmittelbar an der Talsperre, vermutlich um 55 v. Chr. errichtet von Vercingetorix gegen das Vordringen der Römer unter Caesar.

Wallonische Sprache
Wallonisch entwickelte sich aus dem Vulgärlatein der römischen Soldaten und Beamten in den besetzten Gebieten. Es überlagerte das Keltische der ursprünglichen Bewohner und nahm bei der fränkischen Landnahme zwischen dem 5. und 10. Jh. fränkisches Sprachgut auf. Vulgärlatein bildet den Hauptbestandteil des heutigen Wallonisch, auf das Keltische gehen Flur- und Ortsnamen zurück. Die fränkischen Bestandteile aus dem ländlichen und handwerklichen Bereich sind bis zur Unkenntlichkeit assimiliert.
Die germ. Bezeichnung *Walhos* oder *Walhen* für die ihnen benachbarten Kelten gab dieser Sprache ihren Namen. Dieser Begriff wurde später für die romanischen Franzosen und Italiener benutzt, vielfach abfällig (Welsche, Welschland, Welschtirol).
Wallonisch ist keine einheitliche Sprache, es hat drei unterschiedliche Mundartbereiche: Westwallonisch um Charleroi, Mittelwallonisch um Namur, Ostwallonisch um Lüttich.
Im ostwallonischen Sprachgebiet liegt das Hohe Venn mit dem wallonischsprachigen ehemaligen Klosterbezirk Stablo-Malmedy und den Orten Malmedy, Stavelot, Xhoffraix, Longfaye, Ovifat und Robertville. Sourbrodt und Weismes (Waimes) gelten als sprachlich geteilt. Die Klostergrenzen waren und sind etwa die Sprachgrenzen zu den germanischen Mundarten. Das ostwallonische Sprachgebiet ist umgeben vom Niederdeutsch-Limburgischen im Norden

(Kanton Eupen), dem Fränkisch-Ripuarischen im Osten (z.B. Kalterherberg, Monschau) und dem Moselfränkischen im Südosten (z.B. Elsenborn, Bütgenbach, St.Vith).
Politische Einflüsse und enge Handelsbeziehungen haben bewirkt, daß in manchen Grenzlagen wallonische und deutsche Bezeichnungen nebeneindander stehen, z.B. im Wallonischen Venn.

Wallonisches Venn (Fagne Wallonne)

Landschaftlich schönster und harmonischster Teil der Vennhochfläche, gelegen nordöstlich von Botrange zwischen dem Oberlauf der Hill, Rakesprée, der Cléfayschneise (Hiche de Céfay) und der Randschneise von Haye de Souck über Lothringer Kreuz bis La Béole. Das zur Rur tief gemuldete Gelände ist etwa 3 km lang und 2,5 km breit. Das Wallonische Venn ist Quellgebiet der Rur (Roer, Roule) und wurde 1957 zum Naturschutzgebiet erklärt. Malerisch eingesprengt sind kleine Wälder: Drello (Rest), Kleiner Oneux (Petite Oneux) und Großer Oneux (Grande Oneux oder Groneux) sowie Anflugfichten.

Durch die Hill (Helle, Rû dol Dukée) schon zur römischen Zeit in Randlage zur Civitas Tungrensis (Tongeren), gehörte es zur Civitas Coloniensis (Köln) und später zum Erzbistum Köln. Lange war es Besitz der Herrschaft Bütgenbach im Herzogtum Luxemburg und fiel nach 1451 nacheinander in die Herrschaftsbereiche Burgund, Habsburg, Spanien und der österreichischen Niederlande.

Der mittelalterliche Name dieses Venngebiets war ab 1226 „Land von Nassau", ab 1451 „Land von Oranien", da die Herrschaft Bütgenbach jahrhundertelang Lehen der Grafen von Naussau und dann der Herzöge von Oranien war. Vom deutschsprachigen Bütgenbach und Nassau-Oranien her bestanden zunächst nur deutsche Namen (Hill, Drello, Nesselo, Averscheid), später mehrten sich wallonische Bezeichnungen wie Oneux (Erlenwäldchen), Cléfay (heller Buchenbestand), Les Wéz (Furt). Diese stammten von den wallonischen Einwohnern von Robertville, die mangels eigenen Venngeländes das Bütgenbacher Venn unbekümmert um Eigentumsrechte als Viehweiden und Heuwiesen benutzten. Wegen der vielen wallonischen Flurnamen wurde es von den deutschsprachigen Bütgenbächern bald das anderssprachige, das „Wallonische Venn" genannt.

Gegen Mitte des 15. Jh. wurde die Robertviller Vennutzung urkundlich gestattet, doch nachdem 1534 Johan Sourbroit am Vennrand eine Herberge errichtet hatte, wurde das Wallonische Venn zum Zankapfel. Schon um 1566 entstand die neue Gemeinde Sourbrot. Deren Nutzungsrechte bestätigte der Prozeß von Mechelen (1598-1607) gegen das Gewohnheitsrecht von Robertville. Die Konvention von 1615 gestand den Robertvillern wiederum Pachtrechte zu, die sie jedoch selbstherrlich wie Eigentümer wahrnahmen.

Im Vertrag von St. Vith erhielten die Sourbrodter 1708 die gesamten Pachtrechte über das Venn, so daß die verärgerten Robertviller ihnen den Zugang zu ihrer Kirche sperrten. 1709 bauten sich die Sourbrodter daraufhin eine eigene Kapelle. Mit Wegfall der Feudalrechte stellte Sourbrodt 1795 die Pachtzahlungen an das Fürstentum Oranien ein, doch die Batavische Republik als Rechtsnachfolger klagte. Durch den Vertrag von Malmedy wechselte zu einem Kaufpreis von 10.000 Franken 1807 das Wallonische Venn in Sourbrodter Gemeindebesitz. Preußen ermäßigte die Summe 1815 um ein Fünftel. 1830 hatte Sourbrodt die Raten abbezahlt. Durch das Reglement von 1828, bestätigt im Vertrag von Monschau 1870, wurden die Gemeindegrenzen Sourbrodts und die Vennutzung genau festgelegt. Neuansiedler wurden von der Nutzung ausgeschlossen; dies traf 1886 die Bewohner des neuen Bahnhofviertels, die jedoch Vennstücke am Schwarzhügel (Noirthier) kaufen konnten. Die Weide-, Heu- und Torfrechte im Sourbrodter Gemeindebesitz Wallonisches Venn waren damit modern und verwaltungsmäßig geregelt, die unbekümmerte Ausnutzung endlich zu Ende. Noch bis 1967 wurde im Wallonischen Venn Torf für den Hausgebrauch gestochen.

Warche

Ihr Quellgebiet liegt nahe dem Grenzübergang Losheimergraben. Der Name stammt aus dem indogermanischen *Wark* oder *Work* = *fließen, strömen*. Bereits 670 n. Chr. wurde sie im Diplom des Frankenkönigs Childerich II. als „Warcinna" erwähnt, in einer Urkunde der Fürstabtei Stablo-Malmedy von 1140 mit der lat. Bezeichnung *„Warca"*. Der Name *„Work"* ist bereits durch die Römersiedlung „Worrica" nachgewiesen, die sich heute auf dem Grund der Bütgenbacher Talsperre befindet. Daran erinnert der Freizeitpark *„Worriken"*. Ihr Lauf geht über Büllingen, sie speist die Talsperren von Bütgenbach und Robertville, fließt im Tal unterhalb der Burg Reinhardstein, nimmt in Malmedy die Kleine Warche (Warchenne) auf, mündet östlich von Stavelot in die Amel und fließt mit dieser in die Ourthe. Ihre gesamte Länge beträgt 37 km.

Waroneux

Name verschiedener Waldgebiete, teils an der Gileppetalsperre, teils zwischen Drossart und Mockelkreuz. Der Name stammt vermutlich vom Erlenwald (frz. *aulne = Erle*), der einem gewissen Waron gehörte.

Wasser im Moor

Im unberührten Hochmoor liegt der Wasserspiegel fast ständig nahe der Mooroberfläche, und nur eine dünne Bodendecke ist durchlüftet. Unter diesen extremen Bedingungen gedeihen nur „Spezialisten", rote und grüne Torfmoose und das Scheidige Wollgras. Bereits bei schwacher Entwässerung und geringer Absenkung des Wasserstandes im Moorkörper beenden die Torfmoose ihr Wachstum bzw. sterben ab. Beim Austrocknen werden sie hell und daher auch Bleichmoose genannt. So entsteht Moorheide. Sinkt der Wasserspiegel weiter, so nimmt der Porenraum im Torf ab und das Moor sackt. Die in den Moorkörper eindringende Luft fördert das Wachstum von Heidekraut und Pfeifengras. Das Hochmoor als typischer Lebensraum ist damit zerstört (Pfeifengras-Heidestadium). Nach einem Vorwald-Stadium wird das gänzlich entwässerte Hochmoor langsam vom Wald zurückerobert.

Wasserläufe im Hohen Venn
Das Hohe Venn ist vergleichbar mit einem riesigen Schwamm, dessen Torfflächen die starken Niederschläge sammeln und in Rinnsalen und Bächen wieder abgeben. Wissenschaftler haben ermittelt, daß 100 kg Torf mehr als 1600 l Wasser speichern können. In Jahrhunderttausenden haben sich die Vennbäche mit ungeheurer Erosionskraft in die Vennhochfläche eingeschnitten, deren vielfältige Zertalung das Bild einer Gebirgslandschaft vermittelt.
Die Bachläufe sind gefüllt mit devonischen Quarzitblöcken. Wasserscheide der Vennhochfläche ist der Rücken von Botrange (694 m). Im Osten fließen Rur und Perlenbach bei Roermond in die Maas.
Alle anderen Wassersysteme des Hohen Venns entwässern bei Lüttich in die Maas: im NO die Hill, im N Soor und Gileppe, im W Taureau, Sawe und Statte, im SW der Polleurbach (in seinem Unterlauf Hoegne genannt), im S Rû des Trôs Marets (Vennbach), Bayehonbach, Warche, die über die Amel und die Ourthe in die Maas gelangen. Abweichend fließt die Weser. Vom Steling bei Monschau gelangt sie über Eupen und Verviers in die Amel und über die Ourthe bei Lüttich in die Maas. Alle Wasserläufe aus den moorigen Venngebieten sind in ihrem Ursprung braun und klar, bei saurer Reaktion weitgehend lebensfeindlich und enthalten weder Phosphate noch Nitrate. Wegen des Mangels an pflanzlichen Nährstoffen finden sich in ihnen keine Fische und kaum tierische Lebewesen.

Weißer Stein
Klobiger, flacher Felsblock von grauer Farbe im belgischen Bocksvenn auf der Höhe von Udenbreth-Neuhof. Er wird auf der Ferraris-Karte um 1770 „Wieserstein" genannt. Die Vermutung, daß es sich um einen keltisch-germanischen Kultstein handelt, hat sich bislang nicht bestätigen lassen. Erreichbar von der Landstraße Hollerath-Losheimergraben, gegenüber der Einmündung der Straße von Udenbreth-Neuhof über den belgischen Waldweg etwa 0,5 km westlich

zum unebenen und unübersichtlichen Bocksvenn. Der Felsblock liegt etwa 80 Schritte rechts vom Wegrand in einem Moorloch und ist über einen Plankenweg erreichbar. In einer Höhenlage von 692 m markiert er auf dem Gemeindegebiet Büllingen den zweithöchsten Punkt Belgiens. Der auf deutscher Seite auf der Höhe 689,25 m beim Aussichtsturm befindliche halbmeterhohe viereckige Weiße Stein ist falsch und lediglich eine Touristenattraktion.

Wéz, Les (auch Lez Wés)
Teil des Großen Moores (Zweiserienvenn) zwischen der Hillquelle und den drei Grenzsteinen (Trois Bornes). Der Name bedeutet: seichte Stelle, Furt. Die 1932 von Abbé Bastin hier ausgegrabene Via Mansuerisca lag in diesem allzeit nassen Gebiet mit ihrer Holzkonstruktion mehrmals unmittelbar auf dem tonigen Untergrund und überbrückte Rinnen oder Kanäle, durch die das reichliche Regenwasser ablief. Dies begründete den Namen dieses Vennstücks auch in frz. Sprache *(gué = Furt)*.

Weser (Vesdre)
Das umfangreiche Quellgebiet der Weser liegt am Fuße des Steling (660 m) in einer Höhe von 640 m. Die zahlreichen Rinnsale durchfließen das Steinleyvenn und vereinigen sich bald darauf am Grünheck zur Weser. Diese floß im natürlichen Lauf ursprünglich in weitem Bogen über Roetgen zur alten Brücke (Oude Brug). Um den Lauf ausschließlich über belgisches Gebiet zu führen, entstand von 1960 bis 1963 die Weserableitung (détournement de la Vesdre), die Weserwasser nur teilweise nach Deutschland gelangen läßt.
In einem 3,5 km langen Betongraben mit 2 m hohen glatten Seitenwänden wird die Weser dem Steinbach zugeführt, der in den Eschbach einmündet. Dieser fließt bei der Alten Brücke in den von Roetgen kommenden Wasserrest des alten Weserlaufs. Vorbei an den Trümmern der 1794 aufgegebenen Kupfermühle, durch die Bellesfurter Brücke, eine Furt des Öslinger Weges, nimmt sie bald den Klapperbach und den Getzbach auf, die bereits im Stauwasser der Wesertalsperre einmünden.
Durch das Eupener Langesthal und den Ortsteil Bellmerin fließt die Weser durch die Unterstadt, nimmt hier die Hill auf, umfließt den 80 m hohen Bergsporn der alten Feste Limburg, nachdem schon vorher Gileppe und Hoegne sich mit ihr vereint haben, und mündet, vorbei an Verviers, Pepinster, Chaudfontaine und Chèvremont, bei Chênée in die Ourthe. Als „*Vesera*" (= sumpfiger Bachlauf) wurde die Weser 915 n. Chr. erstmals erwähnt. Zugrunde liegt die römische Bezeichnung *visurgis* und die keltische *vis-ara* (= Wasserläufe).

Weserbrücke

Der an der Straße Roetgen – Schwerzfeld – Reinartzhof gelegene Flußübergang dürfte schon zu römischer Zeit bestanden haben. Er wird bereits 1344 erwähnt und wurde bis zum Anfang des 16. Jh. stark benutzt von den Pilgerströmen nach Aachen und Kornelimünster. Später nahmen die Pilger den Weg über die Kupferstraße und die Münsterbrücke.

Wesertalsperre

Sie nutzt wie alle Talsperren Ostbelgiens den Wasserreichtum des Hohen Venns und wird gespeist von der Weser (Vesdre) und der Getz (Gethe). Sie ist die größte Talsperre Belgiens. Schon 1901 plante die Stadt Eupen den Bau einer großen Talsperre an der Weser. Aufgrund ihrer damaligen Grenzlage verhandelten die Regierungen Preußens und Belgiens wegen der für den Bau benötigten 100 Morgen belgischer Geländeteile. Der belgische Staat war zur Abtretung bereit, forderte jedoch den preußischen Verzicht auf jegliche Ansprüche in Neutral-Moresnet. Die Verhandlungen scheiterten. Der Bau wurde 1935 – 1942 begonnen, nach dem Zweiten Weltkrieg im 2. Bauabschnitt von 1946 bis 1949 fortgesetzt und 1951 eingeweiht.

Die Sperrmauer ist 409 m lang und 63 m hoch. Die Dicke liegt zwischen 55 m an der Sohle und 11 m an der Krone. Zur Errichtung der Mauer wurden 450.000 Kubikmeter Beton gegossen. Vorher wurden etwa 300.000 Kubikmeter Erdmassen ausgehoben. Sie staut 25.125.000 Kubikmeter Wasser, wovon 71.000 Kubikmeter täglich abgegeben werden können. Die Wasserfläche beträgt 126 ha.

Durch Einleitung von Hillwasser über einen Stollen in die Getz wird ein Niederschlagsgebiet von 10.579 ha erfaßt. Der Stollen, die sog. Hillüberleitung (Aquaeduc Helle-Gethe), ist 1,2 km lang und hat einen Durchmesser von 2,30 m.

Die Wesertalsperre liefert Trinkwasser für das Eupener und Herver Land und die Umgebung Lüttichs; versorgt werden auch die Eupener Industrie und die Domäne von Sart-Tilman. Die Wasseraufbereitungsanlage (Station d'épuration) kann ganzjährig von Gruppen besichtigt werden. Der beliebte Rundweg um den See ist etwa 14 km lang. Der Aussichtsturm an der Gaststätte ist 33 m hoch.

Weyhais, Les

Waldgebiet westlich von Plènesses mit den Quellen der Taureaubaches. Der Name erklärt sich aus dem wall. *wayî = eine Furt durchschreiten, durch den Sumpf waten*.

Weywertz
Großflächiges Dorf am Südhang der Warche zwischen den beiden Warchestauseen Bütgenbach und Robertville. Die im Krieg zerstörte St. Michaelskirche wurde 1959 wiederaufgebaut. Die dreihundertjährige Linde vor der Kirche soll 1668 bei der Einsegnung der ersten Weywertzer Kapelle vom Kölner Bischof gepflanzt worden sein. Sie ist über 20 m hoch und hat einen Stammdurchmesser von mehr als 4 m.

Wihonfagne (Bienenvenn)
Gelegen nördlich des Südwestendes der Neuen Vekée; an seinem Rand befindet sich das Quellgebiet des Vennbachs Statte. Es ist benannt nach den Bienenkörben, die die Imker aus Solwaster früher hier aufstellten.

Wintersport im Hohen Venn
Das Naturparkzentrum Botrange unterhält im Hohen Venn ein weitflächiges Netz von Langlaufpisten, das dem Wintersportler ein abwechslungsreiches Landschaftsbild gewährt und die Tier- und Pflanzenwelt dennoch vor Schäden bewahrt. Die bis zu 20 km langen Loipen werden mit einem Raupenfahrzeug und zwei Schneebrettern regelmäßig gespurt und sind gut beschildert. Die Benutzung der Loipen ist gebührenpflichtig (Tageskarte 50 BEF, Winterkarte 350 BEF, Kinder unter 12 Jahren kostenlos). Langlaufzentren befinden sich u. a. in Büllingen (Rotheck), Bütgenbach (Worriken), Elsenborn (Herzebösch), Eupen (Ternell), Faymonville (Plaine Blanche), Malmedy (Mont-Spinette, Les Crêtes de Xhoffraix, Val d'Arimont, Domaine de Chôdes), Robertville (Naturparkzentrum Botrange, Signal de Botrange), Sourbrodt (Domäne Rurhof), Rocherath (Krinkelt), Weywertz (Zum Himmelchen) und Wirtzfeld (Am Wirtzbach). Alpiner Skisport ist möglich in Malmedy-Bévercé (Ferme Libert) und in Robertville-Ovifat. Dort befinden sich auch Skilifte. An der Gaststätte „Mont Rigi" gibt es eine1 km lange Rundbahn für Schneescooter, ebenso in Baugnez zwischen Malmedy und Waimes. Der Hinweis „A chacun sa piste" (Jedem seinen Weg) macht auf die getrennten Pisten für Skiläufer und Wanderer aufmerksam und bittet um Rücksicht für die empfindliche Pflanzen- und Tierwelt des Hohen Venns. Verschont werden sollen alle Hochmoorpflanzen, das Birkhuhn und das Schalenwild. Die der Mehrsprachigkeit wegen mit Tiersymbolen gekennzeichneten Loipen liegen in unempfindlicheren Landschaftsbereichen. Auskünfte über die Wintersportbedingungen erfährt man über den täglichen Schneelagebericht des Verkehrsamtes der Ostkantone in der Mühlenbachstraße 2 in St.Vith (080/227474). Die Auslastung der 29 Wintersportzentren in Ostbelgien ist abrufbar beim Berichtsdienst in Mont Rigi (Tel. 080/444977).

Wissenschaftliche Station Hohes Venn der Universität Lüttich
(Station scientifique des Hautes Fagnes, Université de Liège)

1924 rechts neben dem Hotel Mont Rigi erbaut und nach Kriegszerstörungen 1947 vergrößert wiedererrichtet. Die Station bearbeitet vorbereitend alle das Hohe Venn betreffenden Fragen, vornehmlich die naturwissenschaftlichen. Seit 1974 ist die Station mit zwei Laboratorien ausgestattet, einem für das wissenschaftliche Personal und einem für die Studenten. Etwa 40 Personen können hier untergebracht werden (Schulklassen, Mitglieder von Naturvereinigungen). Möglich sind Untersuchungen über die Tier- und Pflanzenwelt des Hohen Venns sowie auch Pollenanalysen. Die Erkenntnisse werden vom Beirat des Naturschutzgebietes Hohes Venn bei ökologischen Schutzmaßnahmen verwertet. In diesem Beirat sind Wissenschaftler, Vertreter von Naturvereinigungen und die Forstverwaltung der Wallonischen Region vertreten. Der maßgebliche Anstoß zum Bau der Wissenschaftlichen Station auf Mont Rigi kam von Baron Léon Frédéricq (1851-1935), Professor für Allgemeine Physiologie an der Universität Lüttich. Er betrieb die erste grundlegende Erforschung des Hohen Venns auf geologischem, botanischem und klimatischem Gebiet und forderte schon 1911 die Schaffung eines Naturparks auf der Vennhochfläche.

Wolfshag (Haie du Loup)

Im Hertogenwald gelegenes Waldstück des Reviers Bergscheid nahe Eupen. Der Name erinnert an die ehemalige Wolfsplage im Hohen Venn. Gegen Ende der Franzosenzeit, noch vor dem Wiener Kongreß, erließ am 8. Dezember 1814 die provisorische Landesverwaltung von Aachen aus eine Bekanntmachung über die Vernichtung der Wölfe und setzte hohe Prämien aus. Zwischen 1817 und 1860 wurden im Kreis Eupen 41 Wölfe erlegt. Seit 1860 ist der Wolf im Hertogenwald ausgerottet.

Wolfsplage im Hohen Venn

Wölfe vermehrten sich besonders stark nach Kriegszeiten, zuletzt nach den Kriegswirren der frz. Fremdherrschaft von 1794 bis 1814. Sie fielen Rot- und Schwarzwild an, rissen Schafe und andere Haustiere und wurden bei nagendem Hunger sogar dem Menschen gefährlich. Schon um 1700 fand alljährlich am 3. November (Hubertustag) im Gebiet der Bank Walhorn eine Treibjagd auf Wölfe statt. Am 8. Dezember 1814 erließ der preußische Generalgouverneur von Sack im Namen der provisorischen Landesverwaltung in Aachen eine Bekanntmachung über die Vernichtung der Wölfe und setzte hohe Prämien aus. Am 6. Mai 1816 wurden im Dreiherrenwald bei Büllingen Reste eines menschlichen Körpers entdeckt, eines Opfers von Wölfen. Der Tote wurde identifiziert als der

Malmedyer Lohgerberknecht Aegidius Bauduin, der am 4. Dezember 1815 als Bote nach Schöneseiffen geschickt worden war. Die Kgl. Preußische Bezirksregierung in Aachen erhöhte am 5. Mai 1817 die Prämien, so daß für eine alte Wölfin 12 Taler, für einen jungen Wolf 8 und für einen Nestwolf 4 Taler bezahlt wurden. Die arme Bevölkerung machte nun unerbittlich Jagd auf das Raubtier. Die erlegten Tiere mußten unverändert dem Landrat vorgelegt werden, anschließend wurden ihnen die Ohren abgeschnitten. Zwischen 1817 und 1860 wurden im Kreis Eupen 41 Wölfe erlegt. Im Hertogenwald war der Wolf bereits 1860 ausgerottet, die letzte Meldung von der Erlegung eines Wolfes im Kreis Malmedy stammt vom 11. Mai 1870. Er wurde getötet im Gebiet Herbofaye bei Baraque Michel. Der Wolfsplatz (Haie du Loup) im Hertogenwald zwischen Soor und Hill erinnert noch heute an die Wolfsplage im Hohen Venn.

Wolfsvenn

Vermutlich eine forstamtliche Bezeichnung aus der Mitte des 19. Jh., da hier der Wolfsbach entspringt. Es wurde im 15. Jh. als „Markvenn" (Grenzvenn) bezeichnet. Hier verlief die Grenze der Herrschaften Bütgenbach und Monschau, also der Herzogtümer Luxemburg und Jülich.

Wollerscheider Venn

Quellvenn des Dreilägerbachs links der Landstraße Fringshaus-Lammersdorf. Einziges und letztes Vennstück im Monschauer Land, naturgeschützt dank der Bemühungen des Vennforschers und Botanikers Prof. Eberhard Schwickerath. Es enthält einen 10.000 Jahre alten eiszeitlichen Ringwallweiher (Pingo). Leider wurde noch in den 60er Jahren ein weites Vennstück durch Fichtenanpflanzungen in „nutzbringendes Gelände" verwandelt.

Xhoffraix

Altes wallonisches Venndorf links der Straße von Mont Rigi nach Malmedy. Der Benediktinermönch Renier de Briamont aus Malmedy gründete hier 1484 eine Kapelle, um den Weg zur Mutterkirche in Malmedy abzukürzen. Zur Behebung des wirtschaftlichen Notstandes gründete hier Pfarrer Clemens Beckmann aus Malmedy 1897 eine Genossenschaftsmolkerei, eine Genossenschaft für Futtermittel und Dünger, die er dem „Konsum" anschloß und eine Spar- und Darlehenskasse. Auf seine Anregung hin entstand auch eine Filiale der erfolgreichen Beerengenossenschaft aus Waimes. Waren- und Geldversand erforderten schon bald ein Postamt. 1900 wurde im Pfarrhaus eine „Kaiserliche Postagentur" eröffnet und der Ort an das Telefonnetz angeschlossen. Durch den Einsatz des Pfarrers Beckmann crhielt Xhoffraix bereits am 1. Februar 1902 eine Postwagenverbindung nach Malmedy für die Beförderung von Personen und Gütern. Für 20.000 Reichsmark erhielt der Ort 1903 als eine der ersten Eifelgemeinden eine Wasserleitung, gespeist aus dem Quellwasser des umliegenden Venns, zur Hälfte vom Staat, zur Hälfte aus von Pfarrer Beckmann gesammelten Spenden finanziert. Pfarrer Clemens Beckmann (1861 Malmedy - 1951 Weismes), Sohn eines westfälischen Lederfabrikanten und einer wall. Mutter, gilt noch heute als großer Wohltäter dieses Venndorfs. Seit 1868 bestand hier ein Kloster der Vinzentinerinnen, das 1981 wegen Nachwuchsmangels aufgegeben wurde. Der Ort wurde im 12. Jh. erstmals als „Scofrai" erwähnt. Er entwickelte sich aus zwei Ortsteilen, die heute „le petit village" und „La Borbotte" heißen. Die Einwohner nennen sich „Xhoffurlins". Die auffällige Kirche mit quadratischem Turm und lanzenartiger Spitze ist von 1970. Sie enthält eine Eichenorgel aus dem 18. Jh. im Lütticher Stil aus Aachen-Haaren und eine hl. Barbara aus dem 17. Jh.

Zweiserienvenn (Fagne des Deux-Series, Dûrèt, Hohes Moor)

Dieses größte geschlossene Venngebiet links der Landstraße Drossart-Baraque Michel reicht vom Herzogenwald (Dûrètschneise) bis zum Wallonischen Venn, zu dem die Vennbäche Rû de Waidages und Hill die Grenze bilden. Die weite, fast ebene Fläche steht bereits seit 1957 unter Naturschutz und gehört seit dem 1. Januar 1992 zur Schutzzone C, darf also nur noch mit amtlich anerkannten Naturführern begangen werden. Sie wird malerisch unterbrochen von den Wäldchen Brochepierre, Bouquet Bastin, Noir Flohay und Geitzbusch sowie Anflugfichten. Im Hohen Moor entspringt aus zwei Quellen die Hill und im Gebiet Dûrèt die Soor.

Anziehungspunkte für natur- und geschichtsbewußte Wanderer sind zwei Ausgrabungsstellen der Via Mansuerisca (Steinmann und Hill), Grenz- und Gedenkkreuze (Priorkreuz, Mockelkreuz) sowie Grenzsteine (FI-CI-Steine, Drei Grenzsteine). Zusammen mit dem Wallonischen Venn ist das Zweiserienvenn das einprägsamste Venngebiet der Hochfläche mit den Kuppen Noir Flohay (640 m) und Geitzbusch (ca. 600 m), einem alten Lohewald. Reste von im Moor abgestorbenen Fichtenanpflanzungen und schachbrettartige Schneisen lassen die Aufforstungsbemühungen Anfang des 20. Jh. erkennen. Um 1900 plante die belgische Forstbehörde eine Erweiterung des Hertogenwaldes in zwei Distrikten oder Serien, nämlich Dûrèt und Geitzbusch. Die dazwischen angelegte Hauptschneise wurde Zweiserienschneise genannt, das gesamte Venn erhielt später auch diesen Namen. Nach dem Vennbrand von 1911 wurden die Aufforstungsarbeiten beendet. Das Hohe Moor gehörte bis 1794 zum Herzogtum Limburg, seit 1830 zum Königreich Belgien.

Rundwanderungen durch das Hohe Venn

Rundwanderungen

Die 15 nachfolgenden Rundwandervorschläge sind bewußt kurz gehalten und keine üblichen Wegebeschreibungen. Diese hält der Buchhandel in reicher Auswahl bereit. Sie sollen Hinweise sein für den interessierten Leser, die in dieser Veröffentlichung erwähnten Sehenswürdigkeiten wandernd kennenzulernen.
Als unerläßliche Hilfe können dabei die vier Blätter der „Carte Touristique du Plateau des Hautes Fagnes" dienen.
Die Naturschutzgebiete in den C-Zonen dürfen seit Anfang 1992 nur noch in Gruppen mit diplomierten Vennführern betreten werden.

1. Von Hockai durch die Täler der Wildbäche Statte und Hoegne

Ausgangspunkt: Hockai, Parkplatz Pont du Centenaire
Streckenlänge: etwa 18 km
Streckenverlauf: Pont du Centenaire - Alte Vekée - preußisch/belgischer Grenzstein 148 - Vivier Tchôdire - Janssens- und Pairouxkreuz - Wihonfagne - Pont des Chasseurs (Jägerbrücke) - Stattetal - Nutonswasserfälle - Bilissefelsen - Dolmen - Belleheid - Hoegnetal - Pont du Centenaire

2. Vom Nahtsiefweg über Kaiser-Karls-Bettstatt und Steling durch das Steinley- und Brackvenn

Ausgangspunkt: Parkplatz Nahtsiefweg links der Landstraße Eupen-Mützenich
Streckenlänge: etwa 18 km
Streckenverlauf: Vom Nahtsiefweg rechts ab Vennpfad ins nördliche Brackvenn. An Gabelungen erst rechts, dann links zur Vennrandschneise.
Kaiser-Karls-Bettstatt - Wiesenrandweg (Grenze B-D) - Steling - Grenzwaldweg - Entenpfuhler oder Konzener Weg - Waldrandpfad - Steinleyvenn - Abstecher nach rechts zum Aachener Weg-Kreuz - Weserquellgebiet Balloch - Vennrandschneise des Naturschutzgebiets Steinleyvenn - Reinartzhofer Weg - (Pilgerweg) überqueren - Rothenbüschel - Getzfurt - Nahtsiefweg - Eupener Grenzgraben - Landstraße Eupen-Mützenich überqueren - Eupener Grenzgraben - südliches Brackvenn/Kgl. Torfmoor (Misten) - Vennpfad nach links -Kutzenborner Pingo - Parkplatz Nahtsiefweg

3. Von Sourbrodt zum Bergervenn, Schwarzbachsee und Nesselo

AUSGANGSPUNKT: Parkplatz Rurbrücke Bosfagne
STRECKENLÄNGE: etwa 15 km
STRECKENVERLAUF: Averscheider Wald - Pietkinquelle - Lothringer Kreuz - Randschneise Wallonisches Venn - La Béole - Cléfayvenn (Kaltenborner Venn) - Bergervenn - Schwarzbachsee - Schwarzes Venn - Rurbusch (Bois de Calbour) - Nesselo (Zwischenbuschvenn) - Rurvenn - Kreuz der Gefangenen - Parkplatz Rurbrücke

4. Von der Botrange zu den Bayehonwasserfällen

AUSGANGSPUNKT: Parkplatz Botrangeturm
STRECKENLÄNGE: etwa 15 km
STRECKENVERLAUF: Botrangeturm (Baltiahügel, Tranchotpyramide, Preußischer Vermessungsstein) - Neûr Lowé - Adamsweg - Vennrand Sétayvenn - Didebergkreuz - Bayehontal - Eiche von Longfaye (Alte Eiche) - Eisenstraße - Bayehonwasserfälle - Waldgebiet Hastert (G'Hâster) - Trimmpfad „Parcour Vita" - Naturparkzentrum - Hauptmannsäule - Grenzstein Stavelot-Luxemburg - Parkplatz Botrange

5. Vom Drossart durch die Vennrandwälder des Hohen Moors (Zweiserienvenn)

AUSGANGSPUNKT: Parkplatz Drossart an der Landstraße Eupen-Malmedy links vor Belle Croix
STRECKENLÄNGE: etwa 15 km
STRECKENVERLAUF: Drossart (Raussart) - über den Eupener Graben - Porfelter Weg (Chemin de Porfays) - Soorbrücke - Porfayshäuschen - Forststraße halbrechts - Dûrètschneise nach rechts - ggf. Abzweig zum Rundbusch (Rondbuisson) und zurück - rechts Pavée de Charlemagne - Parkplatz Drossart

6. Vom Vennkreuz über den Raerener Stuhl durch das Eschbachtal zum Pilgerborn

AUSGANGSPUNKT: Parkplatz Raeren-Vennkreuz
STRECKENLÄNGE: etwa 14 km
STRECKENVERLAUF: Vom Parkplatz halbrechts Grünschneise abwärts - vor dem Wesertal Querschneise nach links - Pfad rechts abwärts - Vorstau der Wesertalsperre überqueren - steilaufwärts zur Forststraße - an Forsthütte links aufwärts - Raerener Stuhl - durch den Moorwald bis hinter die Forsthütte (Futterplatz) - Schneise links abwärts - Eschbachtal links abwärts - über Forststraße hinweg (Eschbachbrücke und Forsthütte Waidmannsruhe bleiben rechts) - Oude Brug (Alte Weserbrücke) - Kupfermühle - Vennberg halblinks aufwärts - Straße Eupen-Petergensfeld (Vennweg) überqueren - Toussaint-Linon-Kreuz - Birkschneise - Pilgerborn (kleine Blöße links) - Grünschneise links - Parkplatz Vennkreuz

7. Durch den Hertogenwald zur Gileppetalsperre

AUSGANGSPUNKT: Parkplatz Grisardkreuz
STRECKENLÄNGE: etwa 18 km
STRECKENVERLAUF: Grisardkreuz - Chemin de Belle Bruyère - Gileppestausee - Uferstraße nach rechts - Sperrmauer/Löwendenkmal/Aussichtsturm - Serpentinenweg bis zur ersten Linkskehre - Waldpfad halbrechts - Allée de Pierreuse Heid - Dicke Eiche (Chène du Rendez vous) - Chemin du Troup du Loup (Dreckweg) bis zur Kohlenstraße - auf dieser über Murlin durchs Soortal bis unterhalb der Bergscheider Brücke - rechtsab Chemin de Hestreux - vor Forsthaus Heisterberg Grünpfad halbrechts zur Malmedyer Straße - diese überqueren - halbrechts Vieille Route du Trou Malbrouck - Grisardkreuz

8. Von Haus Ternell durch die Bachschluchten von Getz, Hill und Ternellbach

AUSGANGSPUNKT: Parkplatz Ternell (Landstraße Eupen-Mützenich)
STRECKENLÄNGE: etwa 15 km
STRECKENVERLAUF: Haus Ternell - Forststraße gegenüber - Expéditkreuz - Forststraße stetig rechts ins Getztal - bei erster Bachberührung auf Bachpfad wechseln - linksseits bachabwärts - Getz überqueren auf Forstweg rechtsseits - vor der Wesertalsperre über die Getzbrücke - von Forststraße halblinks aufwärts zur Malmedyer Straße - nach Überqueren abwärts ins Hilltal-bachaufwärts zu den Urfichten - Bachschlucht des Ternellbachs links aufwärts - an Forsthütte Forststraße links - Parkplatz Ternell

9. Von Baraque Michel durch das Hohe Moor und Wallonische Venn zum Poleurvenn

AUSGANGSPUNKT: Parkplatz Baraque Michel
STRECKENLÄNGE: etwa 15 km
STRECKENVERLAUF: Baraque Michel - Knüppeldamm - Priorkreuz - preußisch-belgische Grenzsteine 155 und 156 - Hillquelle (Fontaine Perigny) - geradeaus talwärts - Ausgrabung Via Mansuerisca - Drei Grenzsteine - hinter Fichtenbestand rechts über Hillsteg - Michel-Culot-Weg - Randschneise des Wallonischen Venns - Botrange - links am Botrangeturm vorbei - Baltiahügel - Preußischer Vermessungssteinn - Neûr Lowé - Vennrandpfad scharf rechts ab - Landstraße Mont Rigi – Malmedy überqueren - Poleurvenn - von südlicher Randschneise auf den Lehrpfad überwechseln - rechtsseits des Polleurbaches ins asymmetrische Beauloutal - Schutzhütte - über Waldpfad im Gegenzug zurück ins Poleurvenn - halblinks über Lehrpfad zum Torfstich (Plattform) - Waldweg links - Fischbachkapelle - Boultè (gegenüber) - Bonjeangedenkstein - Parkplatz Baraque Michel

10. Durch den Hertogenwald und die Täler von Soor und Hill

AUSGANGSPUNKT: Parkplatz vor der Forstschranke hinter dem Wetzlarbad (Eupen-Unterstadt)
STRECKENLÄNGE: etwa 18 km
STRECKENVERLAUF: Hilltal - Michelkreuz - Schwarze Brücke - Soortal - Zimmermannkreuz - Soor-Überleitung mit Gedenkstein - Vieille Robinette - Zweihüttenweg (Allée des Deux Maisonettes) - Forsthütte Siebeneichen (Pavillon de Seveneiken) - über den Graesbeck in das Hilltal - Spitzkehre nach links - Chemin de la Helle - Schwarze Brücke - Michelkreuz - Parkplatz

11. Durch das Hohe Moor (Zweiserienvenn) und das Hilltal zum Wallonischen Venn, Neûr Lowé und Poleurvenn

AUSGANGSPUNKT: Parkplatz Baraque Michel
STRECKENLÄNGE: etwa 18 km
STRECKENVERLAUF: Knüppeldamm - Priorkreuz - Hillquelle -Hillweg - Ausgrabungsstelle Via Mansuerisca - Drei Grenzsteine - Vennpfad am linken Hillufer - Rakesprée - Cléfayschneise rechts aufwärts - Randschneise des Wallonischen Venns über Haie de Souck und Botrange (Aussichtsplattform) folgen bis Petite Hesse - links zur Straße Mont Rigi - Sourbrodt - diese überqueren - zum Rand des Neûr Lowé - diesem rechts folgen - Straße nach Malmedy überqueren - durch das Poleurvenn (Lehrpfad) - Baraque Michel

12. Von Ternell durch das Nahtsiefvenn (Kutenhart) zum Reinart

AUSGANGSPUNKT: Parkplatz Ternell (Landstraße Eupen-Mützenich)
STRECKENLÄNGE: etwa 14 km
STRECKENVERLAUF: Forststraße gegenüber - Expéditkreuz -Waldpfad - geradeaus abwärts - Getztalstraße überqueren - hangabwärts zur Getz - durch oder über die Getz - nach rechts ansteigen - über den Nahtsiefbach nach rechts in die Vennrandschneise - Benneltjen - oberhalb der Getzfurt scharf links in den Kaufmannsgraben - durch Moorbirkenwald zu den Ruinen des Oberhofs - Kapelle „Unsere liebe Frau vom Reinart" - Gedenkstein - (links Mäzje Pad = Marienpfad = alter Pilgerweg) - Fahrweg abwärts - Neickenkreuz - Forststraße nach links - Forsthütte Waidmannsruh bleibt rechts - Eschbachbrücke links bachaufwärts - (Kinktenhard links auf der anderen Bachseite) - Bachseite wechseln - über den Feuerschutzrand des Nahtsiefvenns bis zur

Fahrstraße nach Reinartzhof - nach rechts über einen alten Wirtschaftsweg ins Kutenhartvenn - an seinem gesperrten Ende nach rechts abknicken zur Waldecke - am Waldrand links abwärts - Benneltjen - auf dem Hinweg zurück - Parkplatz Ternell

13. Von der Höfener (Perlenbacher) Mühle durch das Naturschutzgebiet Perlenbachtal (Schwalmbachtal) und zum Lützevenn

AUSGANGSPUNKT: Wanderparkplatz Höfener Mühle
STRECKENLÄNGE: etwa 16 km
STRECKENVERLAUF: Perlenbachtal - Pfaffensteg - Bachseite wechseln - Galgenberg - Galgendamm - Bieley - über den Steingenssief - über den Vokkesbach - an diesem rechtsseits aufwärts - Bachseite wechseln - Krokkesbach - Erkelenzer Kreuz - Naturschutzgebiet Lützevenn bis zu einem den Krokkesbach überquerenden Fahrweg - links hangaufwärts bis zur Forststraße - Monschauer Pfad - links bis zum Großen Stern (Straßenkreuzung) - über Grenze in bisheriger Richtung weiter - rechts in die querlaufende Jägersiefstraße - bei Abzweigung nach links - abwärts ins Naturschutzgebiet Fuhrtsbachtal - Parkplatz Höfener Mühle

14. Von der Ferme Libert zum Trôs Marets, Moûpa und Rotwasser (Eau Rouge)

AUSGANGSPUNKT: Parkplatz Ferme Libert (über Bévercé)
STRECKENLÄNGE: etwa 10 km
STRECKENVERLAUF: Waldweg mit starker Linkskehre zum Trôs Marets Bach - an diesem entlang und hinüber - auf der rechten Bachseite bergauf - nochmals nach links wechseln bis Forststraße - diese nach rechts - an Kreuzung nach links - Naturschutzgebiet Duzos Moûpa - Forststraße setzt als Wanderpfad fort - Schutzhütte Eau Rouge - rechtsseits des Tarnionbachs talwärts - Monument Frédéricq - preußisch-belg. Grenzstein 142 - rechtsseits des Eau Rouge - pr.-belg. Grenzstein 141 - Waldweg links - Fahrstraße rechts - Bernister - Ermitage - Parkplatz Ferme Libert

15. Von der Trôs-Marets-Brücke über Sechs Buchen zu den Vennbächen Tarnion und Eau Rouge

AUSGANGSPUNKT: Parkplatz Trôs-Marets-Brücke (Landstraße Mont-Hockai)
STRECKENLÄNGE: etwa 13 km
STRECKENVERLAUF: Vom Parkplatz nördlich rechts des Vennbachs am Fraineuvenn entlang - am Linksknick des Venns entlang - Cabane de Negus - links auf der Vennrandschneise - Waldschneise rechts - Sechs Buchen - Waldschneise links - Delvoiekreuz mit achteckigem Grenzstein P-B Nr. 147 - Straße Mont-Hockai überqueren - entlang der alten Grenze mit den Steinen 146, Dehottaykreuz, 145, 144, 143 und dem Grenzbach Tarnion - Schutzhütte Eau Rouge - Frédéricq-Gedenktafel - Grenzstein 142 - Rotwasserbach überqueren - auf dem nahen Fahrweg nach links - Les Planérèces - Vennpfad links abwärts - Pas Bayard (Vier Haimonskinder) - Frédéricq-Eichen - Waldstraße nach rechts - Boltéfavenn - über den Trôs Marets (Brücke) - Waldpfad links - Parkplatz

Wichtige Telefonnumern auf einen Blick

Allgemeine Auskünfte und Beratung: Signal de Botrange 080/44.72.73

Hinweise über Sperrungen im Hohen Venn:
080/44.71.95 oder 080/44.67.92

Naturkundliche Bildungsstätte Haus Ternell:
080/55.23.13

Naturparkzentrum Botrange:
080/44.57.81

Auskünfte über Wintersportbedingungen und die aktuelle Schneelage:
Verkehrsamt der Ostkantone, Mühlenbachstraße 2, 4780 St.Vith,
080/22.74.74

Auskünfte über die jeweilige Auslastung der Wintersportzentren im Hohen Venn: Mont Rigi 080/44.49.77

Quellen- und Schrifttumverzeichnis

H. Bertram, F.J. Bertram, 100 Jahre Öcher Tram
1. Auflage 1980 Aquensia-Klette Verlag, Aachen

Der deutsch-belgische Naturpark Nordeifel-Hohes Venn/Eifel, Bd. 18
Mercator-Bücherei, Duisburg

Die Eifel, Zeitschrift des Eifelvereins, Heft 1, Jan./Febr. 1987

Dreiländerland Aachen Lüttich Maastricht 1. Aufl. 1986,
Alano-Verlag, Aachen

Eifel-Jahrbuch 1991, Eifelverein Düren

Geschichte der Vennbahn, Heimatblätter des Kreises Aachen 3-4/1989
und 1-2/1990

Viktor Gielen, Eupen zwischen Ost und West
Markus-Verlag, Eupen 1971

Viktor Gielen, Der Kreis Eupen unter preußischer Herrschaft 1815-1920
Markus-Verlag, Eupen 1972

Viktor Gielen, Das Kreuz der Verlobten
Markus-Verlag, Eupen 1973

Viktor Gielen, Zwischen Aachener Wald und Münsterwald
Markus-Verlag, Eupen 1975

Viktor Gielen, Raeren und die Raerener im Wandel der Zeiten 2. Aufl.
1976 Markus-Verlag, Eupen

Viktor Gielen, Geliebtes Hohes Venn
Grenz-Echo Verlag, Eupen 1985

Karl Guthausen, Sagen und Legenden aus Eifel und Ardennen, Bd. 1
Meyer & Meyer Verlag, Aachen, 1992

Quellen- und Schrifttumverzeichnis

Dr. Albert Huyskens, Aachener Heimatgeschichte
Nachdruck der Erstausgabe 1924, Alano-Verlag, Aachen 1984

Carl Kamp, Das Hohe Venn – Gesicht einer Landschaft
3. Aufl. 1964 und 4. Aufl. 1974, Eifelverein Düren

Gottfried Loup, Die Geschichte der Vennstraße
Grenz-Echo Verlag, Eupen 1990

Walfried Mathée, Wanderfibel Hohes Venn
Rheinischer Landwirtschaftsverlag GmbH, Bonn 1989

Hans Naumann, Wanderführer Hohes Venn
Deutscher Wanderverlag Dr. Mair & Schnabel & Co., Stuttgart 1991

Eckart Pott, Naturführer 143 Moor und Heide
BLV-Verlagsges. mbH, München 1985

Walter Queck, Wandern durch unsere schöne Heimat
1. Aufl. 1961 Aachener Volkszeitung

Christian Quix, Beiträge zu einer historisch-topographischen
Beschreibung des Kreises Eupen 1837, Nachdruck 1978

Reisebuch Ostbelgien, VHS der Ostkantone 2. Aufl. 1988
Grenz-Echo Verlag, Eupen

Reiseführer Aachen-Dreiländereck 4. Aufl. 1990+91
Polygott-Verlag, München

Dr. Dieter Richter, Aachen und Umgebung – Nordeifel und Nordardennen mit Vorland, Sammlung geologischer Führer, Bd. 48, 2. Aufl., 1975 Gebr. Borntraeger, Berlin-Stuttgart

Stadtführer Eupen, Jahrg. 1983
Hrsg. Stadtverwaltung

Steinzeug aus dem Aachener Raum
Aachener Beiträge für Baugeschichte und Heimatkunst, Bd. 4
Verlag I.A. Mayer, Aachen 1977

Carine Taffein - Michel Decleer
Das Hohe Venn - Bedrohter Zauber wilder Natur
Grenz-Echo Verlag, Eupen 1991

Rheinische Landschaften
Schriftenreihe für Naturschutz und Landschaftspflege -
Heft 14 Das Hohe Venn, 1. Auflage 1978

Dr. Otto Heinrich Müller, Deutsche Geschichte, 6. Aufl. 1952
Hirschgraben-Verlag, Frankfurt am Main

Emil Nack, Germanien
Gondrom-Verlag GmbH & Co. KG, Bindlach 1977

Der neue Brockhaus
F.A. Brockhaus, Wiesbaden, 5. Aufl. 1974

Duden-Lexikon
Bibliog. Institut Mannheim/Wien/Zürich 1984

A.S.B.L. Haute Ardenne
Im Wallonischen Venn, 1991

Dr. R. Collard et V. Bronowski, Guide du Plateau des Hautes Fagnes
Edition „Les Amis de la Fagne", Verviers 1977

Gisbert Kranz, Morde im Wald
Helios Verlags- und Buchvertriebsges. Aachen 1994

Außerdem zahlreiche Veröffentlichungen in den Tageszeitungen
Grenz-Echo, Aachener Nachrichten, Aachener Volkszeitung

Stichwortverzeichnis

Aachener Weg (s. Aachener Weg-Kreuz)	68
Aachener Weg-Kreuz (Croix du Sentier d'Aix)	68
Adamsweg (Vôye Adam)	6
Allée de l'incendie	6
Allée des Deux Maisonettes (Zweihüttenweg)	6
Allées des Deux-Series (Zweiserienschneise)	6
Allée du Grand Fossé (Dûrètschneise)	29
Allée du Tir	6
Allgemeines Venn	6
Alliiertenkreuz (Croix aux Alliés)	68
Alte Brücke (Oude Brug)	109
Alte Eiche (Eiche von Longfaye, Vieux chêne, Tschâne âs tschânes)	30
Alte Fichten (Urfichten, Vieux Epicéas)	7
Alter Weg Sourbrodt - Jalhay - Limburg	7
Amerikanisches Fliegerdenkmal (Monument Americain)	7
Anglo-kanadisches Fliegerdenkmal (Monument Anglo-Canadien)	8
Anpflanzen von Fichten	8
Apfelbaum Herrestadt	9
Apollinaire, Guillaume (1880-1918)	9
Aquaeduc Helle - Gethe (Hill-Überleitung)	59
Ardennenoffensive	9
Arnoldkreuz (Croix Arnold)	68
Arnoldy, Gerhard Joseph (s. *Kalterherberg* u. *Kreuz im Venn*)	63 u. 80
Asymmetrische Täler	10
Auberge de la Belle Croix (Gasthaus „Zum schönen Kreuz")	42
Auberge de Jeunesse (Jugendherberge Mont)	62
Averscheider Wald (Bois d'Averscheid)	10
Balloch	11
Baltiahügel (Butte Baltia)	11
Baraque Michel	11
Bastin, Joseph, Abbé (1870-1939)	13
Bastinwäldchen (Bouquet Bastin)	20
Bayehonbach (Bayehon)	14
Bayehonmühle (Moulin de Bayehon)	14
Beaupainkreuz (Croix Beaupain)	69
Beckmann, Clemens (s. Drei Buchen u. Xhoffraix)	25 u. 175
Beirbum (Birnbaum, Vennhorn)	14
Belgische Hauptwanderwege (Sentiers de Grande Rondonnée)	15
Belle Croix (Schönes Kreuz)	69
Bellesforter Brücke	15
Benneltjen	15
Béole, La	15
Bergervenn	15
Bergscheidleger	15
Berisennekreuz (Croix de Berisenne / Croix du Colonel)	71

STICHWORTVERZEICHNIS

Bieley	*16*
Bienenvenn (Wihonfagne)	*173*
Bilfingerkreuz (Croix Bilfinger)	*69*
Bilisse-Felsen (Rocher de Bilisse)	*16*
Biolettes	*16*
Birnbaum (Beirbum, Vennhorn)	*14*
Bleihaag	*16*
Blockhebung (s. Große Steine am Oneux u. Vennwacken)	*48 u. 162*
Bois d'Averscheid (Averscheider Wald)	*10*
Bois de Calbour (Rurbusch)	*135*
Bois de la Dukée (Hertogenwald, Herzogenwald)	*54*
Bois Raquet	*16*
Bolettekreuz (Croix Bolette)	*71*
Bongard, Grand et Petit (Bungert, Großer und Kleiner)	*23*
Bonjean-Gedenkstein (Monument Bonjean)	*16*
Bornes FI-CI (FI-CI-Steine)	*36*
Botrange	*17*
Botrangeturm (Signal de Botrange)	*17*
Bouhon do Leup (Buisson du Loup)	*19*
Boulté	*19*
Bouquet Bastin (Bastinwäldchen)	*20*
Bouré, Felix (s. *Gileppetalsperre*)	*46*
Bouvygraben (Fossé Bouvy)	*20*
Bovel (Pannensterzkopf)	*111*
Bovellervenn (s. *Ermessief*)	*31*
Brachkopf (Brackkopf)	*20*
Brackvenn	*21*
Brand	*21*
Brandehaag	*21*
Briamontkreuz (Croix Briamont)	*70*
Brochepierre	*21*
Bruno-Mayeres-Kreuz (Croix Bruno Mayeres)	*70*
Bütgenbacher Talsperre (Lac de Bütgenbach)	*22*
Buisson du Loup (Bouhon do Leup)	*19*
Bulten und Schlenken	*22*
Bungert, Großer und Kleiner (Grand Bongard, Petit Bongard)	*23*
Butte Baltia (Baltiahügel)	*11*
Cabane de Negus (Negushütte)	*23*
Calvaire de Gospinal (Kreuzigungsgruppe von Gospinal)	*70*
Camp d'Elsenborn (Truppenübungsplatz Elsenborn)	*155*
Centre Nature Botrange (Naturparkzentrum Botrange)	*104*
Chapelle Fischbach (Fischbachkapelle)	*37*
Charliermühle (Weserfurt)	*23*
Château Sagehomme	*24*
Chemin de Moréfange (s. *Bruno-Mayeres-Kreuz*)	*70*
Chemin de la Robinette (*s. Alliiertenkreuz*)	*68*
Chêne du Rendez-Vous (Dicke Eiche)	*25*

Stichwortverzeichnis

Christ de la Petite Vèquée, Le	70
Christianekreuz (Croix Christiane)	71
Christian-Jansen-Kreuz	70
Collinkreuz (Croix Collin)	71
Cléfayvenn (Fagne de Cléfay, Kaltenborner Venn, Fagne de Calbour)	24
Colonne Hauptmann (Hauptmannsäule)	51
Colonne Panhaus (Panhaussäule)	110
Communes Saint-Michel	24
Cossonfay	24
Courtil Piette (s. *Petershaus*)	113
Creu d'Vekée (Vekéekreuz)	70
Croix Arnold (Arnoldkreuz)	68
Croix aux Alliés (Alliiertenkreuz)	68
Croix de Bérisenne/Crois du Colonel (Berisennekreuz)	71
Croix Bilfinger (Bilfingerkreuz)	69
Croix Jean-Guillaume Bolette (Bolettekreuz)	71
Croix Briamont (Briamontkreuz)	70
Croix Bruno Mayeres (Bruno-Mayeres-Kreuz)	70
Croix des Charbonniers (Köhlerkreuz)	78
Croix Christiane (Christanekreuz)	71
Croix Celestin J. Collin (Collinkreuz)	71
Croix Dehottay (Dehottaykreuz)	74
Croix Delfosse (Delfossekreuz)	71
Croix Delvoie (Delvoiekreuz)	74
Croix de Dickelt (Dickeltkreuz)	72
Croix Dideberg (Didebergkreuz)	75
Croix du Dûrèt (Dûrètkreuz)	75
Croix d'Eupen (Eupener Kreuz)	75
Croix des Fiancés (Kreuz der Verlobten)	81
Croix Gaspar (Gasparkreuz)	76
Croix Jean-Joseph Gazon (Jean-Joseph-Gazon-Kreuz)	76
Croix Olivier Gazon (Olivier-Gazon-Kreuz)	76
Croix Grisard (Grisardkreuz)	77
Croix Guillaume (Guillaumekreuz)	72
Croix Honin (Honinkreuz)	72
Croix Janssens et Pairoux (Janssens- und Pairoux-Kreuz)	78
Croix de Justice	72
Croix Kunow et Rösner (Kunow- und Rösnerkreuz)	82
Croix Lallemand (Lallemandkreuz)	82
Croix Stéphane Lecock (Lecockkreuz)	72
Croix Leonard ou du Taximan (Leonard- oder Taxifahrerkreuz)	73
Croix Lorins (Lothringer Kreuz)	82
Croix de la ferme de Malchamps (Hofkreuz von Malchamps)	72
Croix de la ferme Marie-Thérèse (Hofkreuz Maria-Theresia)	72
Croix Meyer (Meyers Kreuz)	83
Croix Michel (Michelkreuz)	83
Croix Mockel (Mockelkreuz)	84
Croix de Moréfange (Kreuz von Moréfange)	73

Stichwortverzeichnis

Croix de Moûpa *ou* de Rondchène (Kreuz von Moûpa)	73
Croix Noel (Noelkreuz)	84
Croix Noire (Schwarzes Kreuz)	86
Croix des Planérèces (Kreuz von Planérèces)	73
Croix de la Petite Vekée	73
Croix Pikray (Pikraykreuz)	85
Croix Piqueray (Piqueraykreuz)	73
Croix Pottier (Pottierkreuz)	73
Croix Prieur (Priorkreuz)	85
Croix aux prisonniers alliés (Kreuz der Gefangenen)	79
Croix Quoirin (Quoirinkreuz)	86
Croix Sarlette (Sarlettekreuz)	74
Croix Schumacher (Schumacherkreuz)	86
Croix du Sentiers d'Aix (Aachener Weg-Kreuz)	68
Croix de Sétay (Kreuz von Sétay)	74
Croix de Seveneiken	74
Croix de Solhaé / M. Dedebaer (Solhaé-Dedebaer-Kreuz)	74
Croix St. Expédit (Expéditkreuz)	75
Croix de Tapeux (Tapeuxkreuz)	86
Croix Jean Toussaint Linon (Toussaint-Linon-Kreuz)	79
Croix de Vennhof (Vennhofkreuz)	87
Croix Wathy (Wathykreuz)	74
Croix Heinz Weynand (Weynandkreuz)	87
Crolés sapés (Noir Flohay)	*108*
Dehottaykreuz (Croix Dehottay)	74
Delfossekreuz (Croix Delfosse)	71
Delvoiekreuz (Croix Delvoie)	74
Dethierkreuz	74
Deutsch-Belgischer Naturpark (Parc Naturel Germano-Belge)	24
Dicke Eiche (Chêne du Rendez-Vous)	25
Dickeltkreuz (Croix de Dickelt)	72
Didebergkreuz (Croix Dideberg)	75
Disonmühle (Moulin de Dison)	25
Dolmen	25
Dreckweg (Trou du Loup) (s. *Alliiertenkreuz*)	68
Drei Buchen (Trois Hêtres)	25
Drei Eichen (Les Trois Chênes)	25
Drei Grenzsteine (Les Trois Bornes)	26
Dreiherrenstein	26
Dreiherrenwald	26
Dreikantenstein (Pierre à 3 cornes, Pierre à 3 coins)	27
Dreilägerbachtalsperre	27
Drello (Drèlô)	28
Drossart (Raussart)	28
Dûrèt, Le (Hohes Moor, Fagne des Deux-Séries, Zweiserienvenn)	29
Dûrètkreuz (Croix du Dûrèt)	75

193

Stichwortverzeichnis

Dûrètschneise (Allée du Grand Fossé)	29
Duzo setche champs (s. *Botrange* u. *Sicco campo*)	17 u. 140
Duzos Moûpa	29
Eau Rouge (Rotwasserbach)	29
Eckel	29
Eiche von Longfaye (Alte Eiche, Vieux chêne, Tschàne às tschànes)	30
Einsiedelei von Bernister (Ermitage)	31
Eisenstraße (Voie du fer)	30
Elsenborn	30
Englisches Fliegerdenkmal (Monument Anglais)	30
Entenpfuhl	30
Entenpfuhler Weg	31
Erkelenzer Kreuz (Matthiaskreuz)	75
Ermessief	31
Ermitage (Einsiedelei von Bernister)	31
Erschootkreuz	75
Eschbach	31
Eupen	32
Eupener Graben (Fossé d'Eupen)	33
Eupener Grenzgraben	33
Eupener Kreuz (Croix d'Eupen)	75
Expéditkreuz (Croix St. Expédit)	75
Fagne d'Ardenne	33
Fagne de Calbour (Kaltenborner Venn, Cléfayvenn)	24
Fagne des Deux-Series (Zweiserienvenn, Hohes Moor)	176
Fagne Fraineu (Fraineuvenn)	39
Fagne Lambotte	33
Fagne Leveau	34
Fagne de la Poleûr (Poleurvenn)	119
Fagne Rasquin	34
Fagne du Steinley (Steinleyvenn)	145
Fagne Wallonne (Wallonisches Venn)	168
Fagnoul, Franz (1883-1941)	34
Fagnoulweiher (Vivier Fagnoul)	34
Faymonville	34
Ferme Grosfils (Gutshof Grosfils)	49
Ferme Libert	35
Fichten im Hohen Venn	35
FI-CI-Steine (Bornes FI-CI)	36
Fischbach, Henri	36
Fischbachkapelle (Chapelle Fischbach)	37
Flahis	38
Fliegenvenn (Moxheuse Fagne)	38
Fliegerkreuz	76
Fliehburg von Hoffrai-Longfaye (Tchession Xhoffraix-Longfaye)	148
Fliehburg Walk (Tschession Walk)	147

STICHWORTVERZEICHNIS

Flughügel	38
Forsthaus Botrange	38
Forsthaus Mospert	38
Forsthaus Schwarzes Kreuz (Maison Forestier Croix Noire)	38
Forsthütte Hasenbusch (Pavillon de Hasenbusch) (s. *Allée du Tir* u. *Allée des deux Maisonettes*)	6
Forsthütte Siebeneichen (Pavillon de Seveneiken) (s. *Allée des deux Maisonettes*)	6
Fossé Bouvy (Bouvygraben)	20
Fossé d'Eupen (Eupener Graben)	33
Fraineuse, La	39
Fraineuvenn (Fagne Fraineu)	39
Frédéricq, Léon (s. *Frédéricq-Gedenktafel* u. *Wissenschaftliche Station Hohes Venn*))	39 u. 174
Frédéricq-Eichen (Les chênes Frédéricq)	39
Frédéricq-Gedenktafel (Monument Frédéricq)	39
Frehes Mougnes	40
Freyens, Antoine (1897-1978)	40
Fringshaus	40
Fürstabtei Stablo-Malmedy	41
Galgendamm	42
Gasparkreuz (Croix Gaspar)	76
Gasthaus „Zum schönen Kreuz" (Auberge de la Belle Croix)	42
Gayetai	43
Jean-Joseph-Gazon-Kreuz (Croix Jean-Joseph Gazon)	76
Olivier-Gazon-Kreuz (Croix Olivicr Gazon)	76
Gedenkkreuze Cuvelier-Hilgers-Müller	76
Geitzbusch (Longue Hâye)	43
Genagelter Stein	43
Genster	44
Geografie des Hohen Venns	44
Geologie des Hohen Venns	45
Getz (Gethe)	45
Getzfurt (Gethvaerde)	45
Gileppe	45
Gileppe-Aussichtsturm	46
Gileppetalsperre (Lac de la Gileppe)	46
Ginsterbach (s. *Alliiertenkreuz*)	68
Gnitzen (Bartmücken)	46
Gospinal, Kreuzigungsgruppe von (Calvaire de Gospinal)	70
Graesbeck	47
Graff-Gedenktafel, Emile	47
Grande Fange (Großes Moor)	47
Grand Vivier (Vivier Frédéricq)	47
Grisardkreuz (Croix Grisard)	77
Grolisbach (s. *Genagelter Stein*)	43
Gros-Oneux (Groneux, Großer Oneux)	47
Großes Kreuz von Sourbrodt	77

STICHWORTVERZEICHNIS

Großes Moor (Grande Fange)	47
Große Steine am Oneux	48
Großgängsbroich	48
Grünes Kloster	48
Grünkloster (Trou de l'Abbaye)	48
Grünklosterberg (s. *Schanzenkopf*)	136
Guillaumekreuz (Croix Guillaume)	72
Gut Heistert (s. *Bieley* u. *Perlenbachtal*)	16 u. 112
Gutshof Grosfils (Ferme Grosfils)	49
Gutshof Maria-Theresia (Ferme Marie-Thérèse)	49
Haelenbrücke (s. *Talsperre von Robertville*)	147
Hahnheister	49
Haie Grosjean (Hirschhag)	59
Haie du Loup (Wolfshag)	174
Haie des Morts	49
Haie des Pauvres	49
Haie du Procureur	50
Haie du Renard (Vosseboecker)	50
Haie de Souck	49
Haie Henquinet	50
Haimonskinder, Die vier	50
Halefagne	50
Hall-Gedenkstein (Monument Hall)	50
Harroy, Elisée (1841-1905)	51
Hasemeier-Eulenbruch, Maria (s. *Marienkapelle*)	98
Hattlich, - Alt	51
Hattlich, - Neu	51
Hauptmannsäule (Colonne Hauptmann)	51
Anna Hauseuer-Kreuz	77
Hèdge	53
Heinenkreuz	77
Heisterberg (Hestreux)	53
Helle (Hill, Rû dol Dukée)	56
Hellenketel (Höllenkessel)	60
Herbofaye	53
Herrschaftsbereiche des Mittelalters im Hohen Venn	53
Hertogenwald (Herzogenwald, Bois de la Dukée)	54
Herzogenhügel	55
Herzogenvenn	55
Hestreux (Heisterberg)	53
Hêtre de Cléfay	55
Hêtre Gulpin	55
Hêtre de Rondfahay	55
Hêtre Winbiette	56
Hèvremontkreuz	77
Hexenbesen	56
Hill (Helle, Rû dol Dukée)	56

Hillgranit	58
Hillquellen	58
Hillstaubecken Millescheid	58
Hill-Überleitung (Aquaeduc Helle-Gethe)	59
Hirschhag (Haie Grosjean)	59
Hl. Remaklus	130
Hoboster	59
Hockai	59
Hock-Gedenkstein, Lucien	59
Hodbômâles, Les	59
Höfener Mühle (Perlenbacher Mühle)	59
Hofkreuz Maria-Theresia (Croix de la ferme Marie-Thérèse)	72
Hofkreuz von Malchamps (Croix de la ferme de Malchamps)	72
Hoegne	60
Höllenkessel (Hellenketel)	60
Hoenes Hüsske (Lu barake da Victor Chmit)	61
Hoffrai (Xhoffraix)	175
Hohe Mark	60
Hohes Moor (Dûrèt, Fagne des Deux-Series, Zweiserienvenn)	29
Hohlenborner Venn	60
Honinkreuz (Croix Honin)	72
Hoscheit	61
Im Hau (Im Königlichen)	61
Irisierende Pfützen	61
Issenweg	62
Jajesnicakreuz	78
Jalhay	62
Janssens- und Pairouxkreuz (Croix Janssens et Pairoux)	78
Jugendherberge Mont (Auberge de Jeunesse)	62
K - Grenzsteine	62
Kaiser-Karls-Bettstatt (Lit de Charlemagne)	62
Kaltenborner Venn (Fagne de Calbour, Cléfayvenn, Fagne de Cléfay)	24
Kalterherberg	63
Katharinenbusch	63
Kaulen	63
Kirchhofsweg	63
Klapperbach	63
Klingskreuz	78
Klumpenmacherhaus (Klompenhaus) (s. *Belle Croix* u. *Gasthaus „Zum Schönen Kreuz"*)	69 u. 42
Kluserbach	63
Kluseteiche	64
Knippschneise (Tranchée Leroy)	64
Knüppeldamm	64
Köhlerei	64

STICHWORTVERZEICHNIS

Köhlerkreuz (Croix des Charbonniers)	78
Königliches Torfmoor (Misten)	65
Kohlenstraße	65
Kolke (Mooraugen)	101
Konnerz Mur (Konnerzmauer)	65
Konnerzfelder (s. *Allgemeines Venn*)	6
Konnerzvenn (s. *Allgemeines Venn*)	6
Konzen	66
Kornbahn	66
Kreuz von Bernister	78
Kreuz von Brochepierre	79
Kreuz der Gefangenen (Croix aus prisonniers alliés)	79
Kreuz Grüne Heck (Pilgerkreuz)	85
Kreuz von Jean Toussaint-Linon (Croix Jean Toussaint-Linon)	79
Kreuz von Moréfange (Croix de Moréfange)	73
Kreuz von Moûpa (Croix de Moûpa)	73
Kreuz von Planérèces (Croix des Planérèces)	73
Kreuz von Reinartzhof	80
Kreuz von Sétay (Croix de Sétay)	74
Kreuz von Siebeneichen (Croix de Seveneiken)	74
Kunow- und Rösnerkreuz (Croix Kunow et Rösner)	82
Kreuz im Venn	80
Kreuz der Verlobten (Croix des Fiancés)	81
Krokkesbach (s. *Erkelenzer Kreuz*)	75
Krummen Ast	88
Kuckucksspeichel	88
Küchelscheid	88
Kulturlandschaft Hohes Venn	88
Kupfermühle	90
Kupferstraßen	91
Kutenhart (Nahtsiefvenn)	91
Kutzenborner Pingo	91
Lac de Bütgenbach (Bütgenbacher Talsperre)	22
Lac d'Eupen (Weserstalsperre)	172
Lac de la Gileppe (Gileppetalsperre)	46
Lac de Robertville (Talsperre von Robertville)	147
Lallemandkreuz (Croix Lallemand)	82
Lambrecht, Nanny (1868-1942)	92
Landstraße Aachen-Monschau (B 258)	92
Landstraße Eupen-Malmedy (N 68)	93
Landstraße Eupen-Mützenich (N 67)	93
Landstraße Eynatten-Raeren	93
Landstraße Mont Rigi-Sourbrodt (N 676)	94
Landstraße Jalhay-Belle Croix (N 672)	94
Lecockkreuz (Croix Stéphane Lecock)	72
Lederstraße (Voie des cuirs)	94
Legras-Gedenktafel (Monument Legras)	94

Leykaul	94
Libert, Marie-Anne (1782-1865)	94
Lit de Charlemagne (Kaiser-Karls-Bettstatt)	62
Lohegewinnung	95
Longchamp	95
Longue Hâye (Geitzbusch)	43
Lonlou	95
Lothringer Kreuz (Croix Lorins)	82
Louba	96
Lützevennmännchen	96
Lys (Petit Lys, Grand Lys)	96
M-Grenzsteine	96
Mäzje Pad (Mazdepfad)	97
Maison du Sabotier (s. *Belle Croix* u. *Gasthaus „Zum Schönen Kreuz"*)	69 u. 42
Maison Forestier Croix Noire (Forsthaus Schwarzes Kreuz)	38
Malchamps, Hofkreuz von (Croix de la ferme de Malchamps)	72
Malchampsvenn (s. *Anglo-kanadisches Fliegerdenkmal*)	8
Malmedy (Malmédy)	96
Manguester	97
Maria-Theresia, Hofkreuz (Croix de la ferme Marie-Thérèse)	72
Maria-Theresien-Steine (Bornes Marie-Thérèse)	98
Marienkapelle	98
Marquet, Joseph (s. *Botrange, Signal de* u. *Vivier Marquet*)	17, 165
Marquetweiher (Vivier Marquet)	165
Mathar, Ludwig (1882-1958)	98
Meilensteine (s. *Landtsraße Aachen – Monschau*)	92
Mennicken, Leonhard *(s. Belle Croix)*	69
Menzerathkreuz	83
Merowingerweg (Mérowée sous Brochepierre)	99
Meyers Kreuz (Croix Meyer)	83
Michel-Culot-Weg (Piste Michel Culot)	99
Michelkreuz (Croix Michel)	83
Miesbach	99
Mockelkreuz (Croix Mockel)	84
Mon Piette (Petershaus)	113
Mont Rigi	99
Monument Americain (Amerikanisches Fliegerdenkmal)	7
Monument Anglo-Canadien (Anglo-Kanadisches Fliegerdenkmal)	8
Monument Anglais (Englisches Fliegerdenkmal)	30
Monument Apollinaire (Apollinaire-Gedenkstein)	100
Monument Hall (Hall-Gedenkstein)	50
Monument Frédéricq (Frédéricq-Gedenktafel)	39
Monument Legras (Legras-Gedenktafel)	94
Monument Parotte (Parotte-Gedenkstein)	111
Monument Pietkin (Pietkin-Gedenkstein)	100
Moor - seine Bedeutung	100
Mooraugen (Kolke)	101

STICHWORTVERZEICHNIS

Moorbildung auf der Vennhochfläche	101
Moréfange	102
Morfa	102
Mosthaag	102
Moûpa	103
Moulin de Bayehon (Bayehonmühle)	14
Moxheuse Fagne (Fliegenvenn)	38
Münsterbildchen	84
Münsterbrücke	103
Mützenich	103
Naturparkzentrum Botrange (Centre-Nature Botrange)	104
Nachtsborn	105
Nahtsief	105
Nahtsiefvenn (Kutenhart)	91
Nahtsiefweg	105
Naturschutzpark-Gedenkstein (Stele)	105
Naturschutzzonen im Hohen Venn	105
Negushütte (Cabane de Negus)	23
Neickenkreuz	84
Nesselo (Zwischenbuschvenn)	107
Neu-Fringshaus (s. *Fringshaus*)	40
Neûr Lowé	107
Niederschläge im Hohen Venn	108
Noelkreuz (Croix Noel)	84
Noir Flohay (Crolés sapés)	108
Norbertuskapelle	109
Öslinger Weg	109
Offermannkreuz	85
Oude Brug (Alte Brücke)	109
Ovifat	110
Palsen	110
Panhaussäule (Colonne Panhaus)	110
Pannensterzkopf (Bovel)	111
Parc Naturel Germano-Belge (Deutsch-Belgischer Naturpark)	24
Parottegedenkstein (Monument Parotte)	111
Pavée de Charlemagne	111
Perlenbacher Mühle (Höfener Mühle)	59
Perlenbachtal (Schwalmbachtal)	112
Perlenbachtalsperre	112
Petergensfeld	112
Petershaus (Mon Piette)	113
Petit, Alphonse (s. *Drei Eichen*)	25
Petite Hesse	113
Pflanzengallen	113
Pflanzenwelt (Flora) des Hohen Venns	114

STICHWORTVERZEICHNIS

Pierre Carrée	115
Pierre à 3 cornes (Dreikantenstein)	27
Pierreuse Heid	116
Pietkin, Nicolas (1849-1921)	116
Pietkin-Gedenkstein (Monument Pietkin)	100
Pietkinquelle (Pouhon Pietkin)	121
Pikraykreuz (Croix Pikray)	85
Pilgerborn (Source des Pèlerins)	117
Pilgerkreuz (Kreuz Grüne Heck)	85
Pingos	117
Piqueraykreuz (Croix Piqueray)	73
Pirard, Louis (s. *Drei Eichen*)	25
Piste Michel Culot (Michel-Culot-Weg)	99
Plaine de la Grosse Pierre (Venngebiet Dicker Stein)	118
Planérèces, Les	118
Plènesses	119
Poleurvenn (Fagne de la Poleûr)	119
Polleurbach (Poleûr)	119
Pont du Centenaire (Pont de la Vequée, Jahrhundertbrücke)	120
Pont Guerrier (Schwarze Brücke)	138
Ponten, Josef (1883-1940)	120
Porfays (Porfelt)	121
Postbotenweg (Sentier du Facteur)	139
Potales, Les	121
Pottierkreuz (Croix Pottier)	73
Pouhon Pietkin (Pietkinquelle)	121
Prandj'lâhe (Prandjelohes)	121
Preußisch-belgische Grenzsteine	121
Preußischer Vermessungsstein Botrange	122
Priorkreuz (Croix Prieur)	85
Puzen	123
Pyramide Tranchot (Tranchot-Pyramide)	154
Quelle „Au Pas" (s. *Brochepierre*)	21
Querenstein	123
Quoirinkreuz (Croix Quoirin)	86
Raeren, Ort	123
Raeren, Burg	124
Raerener Pott- und Kannebäckerei	125
Raerener Stuhl (Stoel)	125
Raerener Waldungen	125
Rakesprée (Raquesprée)	126
Raussart (Drossart)	28
Reichenstein	126
Reinartzhof	127
Reinartzhofer Weg (Pilgerweg)	128
Reinhardstein (Rénarstène)	129

Stichwortverzeichnis

Remaklus, Hl.	130
Reni Rû	130
Revolte von Mützenich (s. *Mützenich*)	103
Richelsley	130
Richelsvenn	131
Rinquet, Leon (s. *Cabane de Négus*)	23
Robendell	131
Robertville	131
Robinette, La	131
Rocher de Bilisse (Bilissefelsen)	16
Rocherath	131
Rondbuisson (Rundbusch)	131
Rond Chêne	132
Rondfahay	132
Rossai-Fange	132
Rossi, Le	132
Rostfarbene Flocken auf Gewässern	132
Rothenbüschel	132
Rotwasserbach (Eau Rouge)	29
Roubrouck	133
Routes Fagnes et Lacs (Venn- und Seenroute)	162
Rû dol Dukée (Hill, Helle)	56
Rû de Tarnion (Tarnionbach)	147
Rû de Taureau	133
Rû des Waidages	133
Ruinen von Brandehaag	133
Ruitshof	133
Rundbusch (Rondbuisson)	131
Rur (Roer, Roûle)	134
Rurbusch (Bois de Calbour)	135
Rurhof	135
Rurvenn	135
Sart Lerho	136
Sawe	136
Schäferei	136
Schafherden im Hohen Venn	136
Schanzenkopf	136
Schaumkronen auf Vennbächen	136
Scheidbach	137
Schlenken und Bulten	22
Schmitz, Michel (1758-1819) (s. *Baraque Michel*)	11
Schmugglerweg (Chemin des fraudeurs) (s. *Eisenstraße*)	30
Schönes Kreuz (Belle Croix)	69
Schornstein	137
Schumacherkreuz (Croix Schumacher)	86
Schusterhaus (s. *Belle Croix* u. *Gasthaus „Zum Schönen Kreuz"*)	69, 42
Schutzplan Hohes Venn	137

Schwalmbachtal (Perlenbachtal)	112
Schwarzbachsee	138
Schwarze Brücke (Pont Guerrier)	138
Schwarzes Kreuz (Croix Noire)	86
Schwarzes Venn	139
Schwerzfeld	139
Schwingrasen	139
Sechs Buchen (Les Six Hêtres)	139
Sentier du Facteur (Postbotenweg)	139
Sentiers de Grande Rondonnée (Belgische Hauptwanderwege)	15
Sétayvenn	139
Setchamps (s. *Botrange* u. *Sicco Campo*)	17, 140
Sicco campo	140
Siebeneichen (Seveneiken)	140
Siedlungs- und Herrschaftsgeschichte	140
Signal de Botrange (Botrangeturm)	17
Signale géodésique (Vermessungs- und Aussichtsturm Baraque Michel)	163
Six Hêtres, Les (Sechs Buchen)	139
Solhaé-Dedebaer-Kreuz (Croix J.J. Solhaé / M. Dedebaer)	74
Solifluktion (Bodenfluß) (s. *Geoolgie des Hohen Venns* u. *Steinströme*)	45, 146
Solvay-Gedenkstein	143
Soor	143
Sourbrodt	144
Source des Pèlerins (Pilgerborn)	117
Sourenplein	144
Spohrbach (Spoorbach)	144
Sporckkreuz	86
Station Scientifique des Hautes Fagnes, Université de Liège (Wissenschaftliche Station Hohes Venn der Universtität Lüttich)	174
Statte	145
Stavelot	145
Steinleyvenn (Fagne du Steinley)	145
Steinmann	145
Steinströme (Pieriers)	146
Steling	146
Stockai, Les	146
Strengslager	146
Strengstein (s. *Strengslager*)	146
Stuhl (Stoel)	146
Talsperre von Robertville (Lac de Robertville)	147
Tapeuxkreuz (Croix des Tapeux)	86
Tarnionbach (Rû de Tarnion)	147
Tchession Walk (Fliehburg Walk)	147
Tchession Xhoffraix-Longfaye (Fliehburg von Hoffrai-Longfaye)	148
Tchodireweiher (Vivier Tchôdire)	166
Telefonnumern auf einen Blick	185
Ternell	148

Stichwortverzeichnis

Ternell, Haus	149
Ternellbach (s. *Alte Fichten*)	7
Theux	149
Tierwelt im Hohen Venn, eiszeitliche und nacheiszeitliche	149
Tierwelt (Fauna) des Hohen Venns	150
Torfstechen	152
Toussaint, François (1882-1964)	153
Tranchée Leroy (Knippschneise)	64
Tranchot, Jean Joseph (s. *Tranchot-Pyramide*)	154
Tranchot-Pyramide (Pyramide Tranchot)	154
Triangulation (s. *Preuß. Vermessungsstein Botrange*)	122
Trierer Weg	155
Triftschneise (Viehtrift)	165
Trigonometrische Punkte (s. *Preuß. Vermessungsstein Botrange*)	122
Troix Bornes, Les (Drei Grenzsteine)	26
Troix Hêtres (Drei Buchen)	25
Trôs Brôli	155
Trôs Marets (Vennbach)	155
Trou de l'Abbaye (Grünkloster)	48
Trou Malbrouck	155
Truschbaum (Trouschbaum)	156
Truppenübungsplatz Elsenborn (Camp d'Elsenborn)	155
Tschâne âs tschânes (Eiche von Longfaye)	30
T'Serstevenskreuz	87
Urfichten (Alte Fichten, Vieux Epicéas)	7
Vekée (Vequée), Alte und Neue	156
Vekéekreuz (Creu d'Vekée)	70
Venn	157
Vennbach (Trôs Marets)	155
Vennbahn, historische	157
Vennbahn, touristische	158
Vennbahnviadukt Reichenstein	159
Vennbrand 1971	161
Vennbrände	160
Venngebiet Dicker Stein (Plaine de la Grosse Pierre)	118
Vennhäuschen	161
Vennhaus	161
Vennheu	162
Vennhof	162
Vennhofkreuz (Croix de Vennhof)	87
Vennhorn (Beirbum, Birnbaum)	14
Vennkreuz	87
Vennmarkt	162
Venn- und Seenroute (Route Fagnes et Lacs)	162
Vennwacken	162
Verbrannte Brücke	163

STICHWORTVERZEICHNIS

Vergade	163
Vermessungs- und Aussichtsturm Baraque Michel (Signal géodésique)	163
Vesdre (Weser)	171
Via Mansuerisca	164
Viebig, Clara (1860-1952)	165
Viehtrift (Triftschneise)	165
Vier Buchen (Les 4 Hêtres)	165
Vieux chène (Alte Eiche, Eiche von Longfaye, Tschâne âs tschânes)	30
Vieux Epicéas (Alte Fichten, Urfichten)	7
Vivier Fagnoul (Fagnoulweiher)	34
Vivier Frédéricq (Grand Vivier)	47
Vivier Marquet (Marquetweiher)	165
Vivier Tchôdire (Tchodireweiher)	166
Voie des cuirs (Lederstraße)	94
Voie du fer (Eisenstraße)	30
Vorst	166
Vosseboecker (Haie du Renard)	50
Vôye Adam (Adamsweg)	6
Waidmannsruhe	166
Waimes (Weismes)	166
Walbrück	166
Waldkühe (s. *Raerener Stuhl* u. *Vennheu*)	125, 162
Walhorn	166
Walk	167
Wallonische Sprache	167
Wallonisches Venn (Fagne Wallonne)	168
Warche	169
Waroneux	169
Wasser im Moor	169
Wasserläufe im Hohen Venn	170
Wathykreuz (Croix de Wathy)	74
Weismes (Waimes)	166
Weißer Stein	170
Wés (Wéz), Les	171
Weser (Vesdre)	171
Weserbrücke	172
Wesertalsperre (Lac d'Eupen)	172
Weyhais, Les	172
Weynandkreuz (Croix Heinz Weynand)	87
Weywertz	173
Wihonfagne (Bienenvenn)	173
Wintersport im Hohen Venn	173
Wisimus, Jean (s. *Drei Eichen*)	25
Wissenschaftliche Station Hohes Venn der Universität Lüttich (Station Scientifique des Hautes Fagnes, Université de Liège)	174 / 1
Wolfshag (Haie du Loup)	17439
Wolfsplage im Hohen Venn	174

205

STICHWORTVERZEICHNIS

Wolfsvenn	*175*
Wollerscheider Venn	*175*
Wolterkreuz	*87*
Worriken (s. *Bütgenbacher Talsperre* u.*Warche*)	*22, 169*
Xhoffraix (Hoffrai)	*175*
Zimmermannkreuz (Croix Zimmermann)	*87*
Zweihüttenweg (Allée des Deux Maisonettes)	*6*
Zweiserienschneise (Allée des Deux Series)	*6*
Zweiserienvenn (Hohes Moor, Dûrèt, Fagne des Deux-Series)	*176*
Zwischenbuschvenn (Nesselo)	*107*

EINZIGARTIG

Einzigartig
wie das Hohe Venn ist auch dieser Bildband
von Willi Filz
und Hermann-Josef Schüren.
Ein meditativ-poetischer Streifzug,
der vor allem die Sinne schärfen möchte.
Mit einmaligen Schwarzweißfotos.

104 Seiten, gebunden mit Schutzumschlag
ISBN 90-5433-006-6

Fragen Sie Ihren Buchhändler
oder direkt den
Grenz-Echo Verlag GEV

© 1995 by Grenz-Echo Verlag, Eupen
Alle Rechte vorbehalten

Fotos: Kurt Schreiber, Hubert vom Venn, Willi Filz, GE-Archiv
Umschlagentwurf: Spectra, Malmedy
Satz und Druck: Druckerei Grenz Echo, Eupen

ISBN 90-5433-031-7
D / 1995 / 3071 / 10

Nichts aus dem vorliegendem Werk darf in irgendeiner Form reproduziert werden ohne vorherige schriftliche Genehmigung des Verlags.